JLPT N1

문법

회화와 함께

제대로 정리하기

JLPT N1 문법
회화와 함께 제대로 정리하기

지은이 김성곤, 다나카 미유키
펴낸이 정규도
펴낸곳 (주)다락원

초판 1쇄 인쇄 2023년 3월 14일
초판 1쇄 발행 2023년 3월 28일

책임편집 한누리, 송화록
디자인 장미연, 이승현

다락원 경기도 파주시 문발로 211
내용문의: (02)736-2031 내선 460~465
구입문의: (02)736-2031 내선 250~252
Fax: (02)732-2037
출판등록 1977년 9월 16일 제406-2008-000007호

값 16,000원

ISBN 978-89-277-1272-5 13730

http://www.darakwon.co.kr

• 다락원 홈페이지에서 「JLPT N1 문법 회화와 함께 제대로 정리하기」를 검색하시거나 표지의 QR코드를 스캔하시면 학습에 필요한 자료를 이용하실 수 있습니다.

머리말

이 책은 JLPT(일본어능력시험) N1 수험에 필요한 문법을 혼자서도 마스터할 수 있도록 구성되었다.

문법은 문장을 구성하는 규칙으로, 비즈니스 문서나 이메일 등과 같은 문서 작성에 매우 중요하다. 동시에 회화에서도 당연히 사용된다. 이 책은 기존의 학습서와는 달리, 문법 학습 방법을 다양화하여, 회화에서는 어떻게 사용되는지 문법의 영역을 넓혀 더욱 자연스럽게 문법 학습을 진행할 수 있도록 집필하였다.

이 책은 최신 출제 경향을 분석하여, 출제 빈도와 난이도를 기준으로 3단계로 구성하였으며 다음과 같은 특징을 지니고 있다.

1. 핵심 포인트의 예문과 해설을 통한 표현 의도 이해: 핵심을 찌르는 예문과 해설을 통해 탄탄한 기본기를 갖출 수 있도록 하였다.
2. 핵심 포인트의 문제풀이를 통한 이해력 향상: 문제풀이를 통해 더욱 심도 있게 문법을 이해할 수 있도록 하였다.
3. 핵심 포인트를 활용한 회화문을 통한 응용력 향상: 실제 회화에서 사용되는 상황을 제시하여, 문법 포인트의 이해는 물론이고 회화 실력도 향상되도록 구성되어 있다.
4. 최종 실전 모의 테스트를 통한 실전 적응력 향상: 실제 시험과 같은 난이도로 구성된 모의 테스트가 있어서 학습을 마친 후 본인의 실력을 점검할 수 있다.

본서 학습을 통하여 철저한 능력 시험 대비는 물론이고 여러분들의 일본어 실력 향상에 도움이 되리라 확신한다.

마지막으로 이 책이 발간되기까지 많은 격려를 해주신 다락원의 정규도 사장님과 기획에서 편집에 이르기까지 수고해 주신 일본어출판부 관계자 분들께도 이 자리를 빌려서 감사의 말씀을 전하고 싶다.

저자 일동

JLPT(일본어능력시험)에 대하여

1 **목적 및 주최** 일본어가 모국어가 아닌 사람 중 일본어를 공부하거나 사용하는 사람들의 일본어 능력을 측정하고 인정하는 것이 목적입니다. 일본 정부가 세계적으로 공인하는 유일한 일본어 시험이며, 국제교류기금과 재단법인 일본국제교육지원협회가 주최합니다.

2 **실시** 1년에 2회, 7월 첫 번째 일요일과 12월 첫 번째 일요일에 실시합니다. 주최 측의 사정에 따라 일정이 변경될 수 있으므로 시험을 준비하고 있다면 미리 http://www.jlpt.or.kr 에서 확인하는 게 좋습니다.

3 **레벨** 시험은 난이도에 따라 N1, N2, N3, N4, N5로 나누어져 있으며, 수험자가 자신에게 맞는 레벨을 선택하여 접수합니다.

4 **시험 내용** 각 레벨의 인정 기준을 [읽기], [듣기]라는 언어 행동으로 나타냅니다. 각 레벨에는 이 언어 행동을 실현하기 위한 언어지식이 필요합니다.

N1	언어지식(문자・어휘・문법)・독해	110분	**읽기** 신문의 논설, 논평 등 논리적으로 약간 복잡한 문장이나 추상도가 높은 문장 등을 읽고, 문장의 구성과 내용을 이해할 수 있으며, 다양한 화제의 글을 읽고 이야기의 흐름이나 상세한 표현 의도를 이해할 수 있다. **듣기** 자연스러운 속도로 체계적 내용의 회화나 뉴스, 강의를 듣고, 내용의 흐름 및 등장인물의 관계나 내용의 논리 구성 등을 상세히 이해하거나 요지를 파악할 수 있다.
	청해	55분	
	계	165분	

5 **시험 결과 통지와 합격 여부** JLPT는 각 과목의 ① 구분 별 득점과 구분 별 득점을 합친 ② 총점을 통지하며, 이 두 가지 기준에 따라 합격 여부를 판정합니다. 즉, 총점이 합격점 이상이어야 하며 언어지식, 독해, 청해의 각 득점이 기준점(19점)을 넘어야 합니다.

JLPT N1 문법 문제 유형 분석

JLPT N1 문법 문제는 '1 문법 형식 판단', '2 문장 만들기(문맥 배열)', '3 글의 문법(문장의 흐름)'의 세 가지 유형으로 출제됩니다.

問題5 문법 형식 판단

괄호 안에 알맞은 표현을 넣어 문장을 완성하는 문제입니다. 점점 문제에 회화문이 많이 나오는 추세입니다. 총 열세 문제이며, 문제 수는 변경될 수 있습니다.

26 朝の満員電車。車内の混雑を（　　　）、私の目の前に座っている学生風の男は、平然とノートパソコンを広げて、作業に没頭していた。2016.12

1 含めて　　2 もとに　　3 除いて　　4 よそに

問題6 문장 만들기(문맥 배열)

문장을 바르게, 뜻이 통하도록 배열할 수 있는지 묻습니다. 밑줄 친 빈칸이 네 개 있고, 그 중 한 개에 ★ 표시가 되어 있습니다. 총 다섯 문제이며, 문제 수는 변경될 수 있습니다.

37 登家族の時間を大切にする夫は、つい ＿＿ ＿＿ ★ ＿＿ ありがたい存在です。2016.12

1 本当に大切なものは何なのか　　2 私に

3 仕事に夢中になりすぎる　　3 気づかせてくれる

問題7 글의 문법(문장의 흐름)

비교적 긴 지문 안에 빈칸이 있고, 그 빈칸에 들어갈 가장 좋은 것을 고르는 문제 형식입니다. 문장의 흐름에 맞는 글인지 어떤지를 판단할 수 있습니다. 빈칸에 반드시 N1 기능어가 사용되는 것은 아니며, 문장의 흐름에 맞는 문법 요소나 어휘, 접속사, 부사 등이 나오기도 합니다. 다섯 문제이며, 문제 수는 변경될 수 있습니다.

> うちで、ねこを飼い始めた当座は、何も分からなかった。吐いたりすると、それだけでびっくりしてしまった。あわてて、ねこを飼っている人に電話した。一番にかけたところが留守だと、ますます、動揺する。結局、関西の知り合いにまでかけて、「心配ありませんよ。ねこは吐くものですよ」という言葉をいただき、やっと安心。こんな具合だった。
> さて、**42** 時に、当然のことながら「ねこの飼い方」の本も読んだ。マニュアルである。なるほどーと思えることが書いてある。中でも納得したのが、**43**。

42 1 そういう　　2 する　　3 あの　　4 やろうという

43 1 トイレのことだ　　2 トイレのことであるに違いない

3 トイレだからである　　4 トイレだと聞いている

구성과 특징

표제 문형
각 문형의 난이도에 따라 STEP1, STEP2, STEP3으로 나누어 정리하였으며, 단계별로 각 **あいうえお** 순으로 배열하였습니다.

접속
문형을 각 품사에 어떻게 접속해서 사용하는지 확인할 수 있습니다.

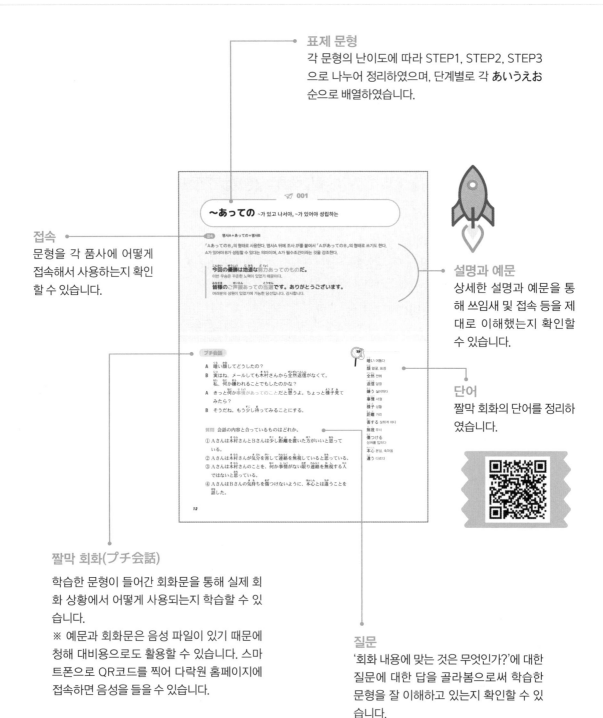

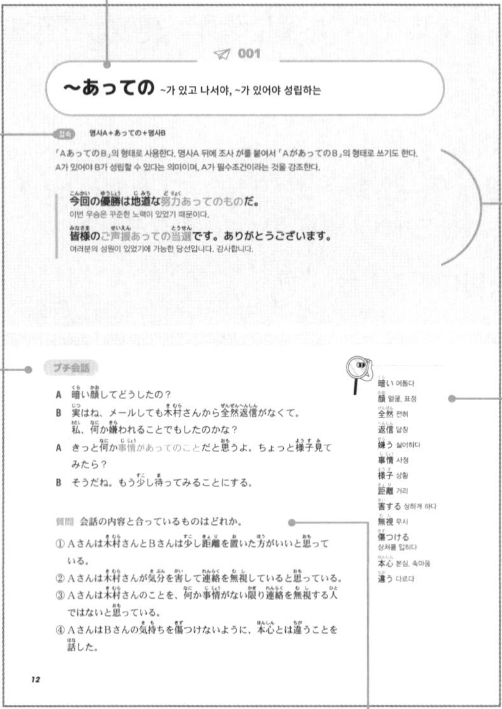

001

~あっての ~가 있고 나서야, ~가 있어야 성립하는

접속 명사A＋あっての＋명사B

「AあってのB」의 형태로 사용한다. 명사A 뒤에 조사 が를 붙여서 「AがあってのB」의 형태로 쓰기도 한다. A가 있어야 B가 성립할 수 있다는 의미이며, A가 필수조건이라는 것을 강조한다.

今回の優勝は地道な努力あってのものだ。
이번 우승은 꾸준한 노력이 있었기 때문이다.

皆様のご声援あっての当選です。ありがとうございます。
여러분의 성원이 있었기에 가능한 당선입니다. 감사합니다.

プチ会話

A 暗い顔してどうしたの？
B 実はね、メールしても木村さんから全然返信がなくて。
私、何か嫌われることでもしたのかな？
A きっと何か事情があってのことだと思うよ。ちょっと様子見てみたら？
B そうだね。もう少し待ってみることにする。

質問 会話の内容と合っているものはどれか。

① Aさんは木村さんとBさんは少し距離を置いた方がいいと思っている。
② Aさんは木村さんが気分を害して連絡を無視していると思っている。
③ Aさんは木村さんのことを、何か事情がない限り連絡を無視する人ではないと思っている。
④ AさんはBさんの気持ちを傷つけないように、本心とは違うことを話した。

暗い 어둡다
顔 얼굴, 표정
全然 전혀
返信 답장
嫌う 싫어하다
事情 사정
様子 상황
距離 거리
害する 상하게 하다
無視 무시
傷つける 상처를 입히다
本心 본심, 속마음
違う 다르다

12

설명과 예문
상세한 설명과 예문을 통해 쓰임새 및 접속 등을 제대로 이해했는지 확인할 수 있습니다.

단어
짧막 회화의 단어를 정리하였습니다.

짧막 회화(プチ会話)
학습한 문형이 들어간 회화문을 통해 실제 회화 상황에서 어떻게 사용되는지 학습할 수 있습니다.
※ 예문과 회화문은 음성 파일이 있기 때문에 청해 대비용으로도 활용할 수 있습니다. 스마트폰으로 QR코드를 찍어 다락원 홈페이지에 접속하면 음성을 들을 수 있습니다.

질문
'회화 내용에 맞는 것은 무엇인가?'에 대한 질문에 대한 답을 골라봄으로써 학습한 문형을 잘 이해하고 있는지 확인할 수 있습니다.

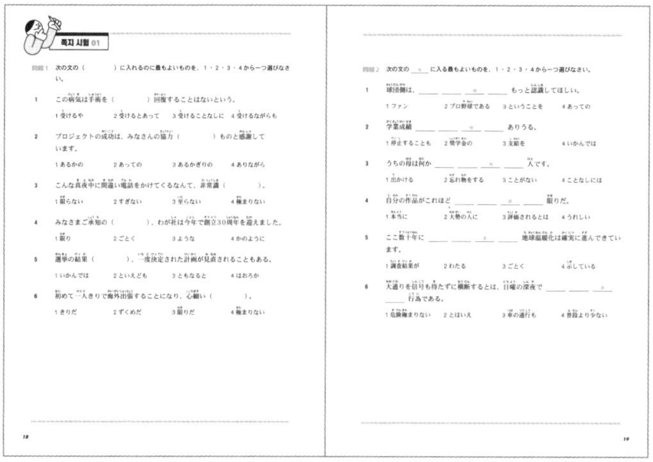

쪽지 시험

JLPT N1 문법 유형 문제1, 문제2 형식의 연습 문제를 통해 앞에서 학습한 문형을 확인합니다. 틀렸을 경우, 설명과 쓰임새를 다시 한번 숙지합니다.

해석 및 정답

짤막 회화와 쪽지 시험의 정답 및 해석을 확인할 수 있습니다.
※ 정답과 해석은 QR코드를 찍으면 스마트폰으로도 바로 확인할 수 있습니다.

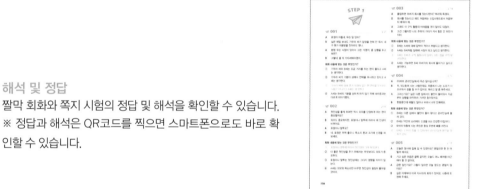

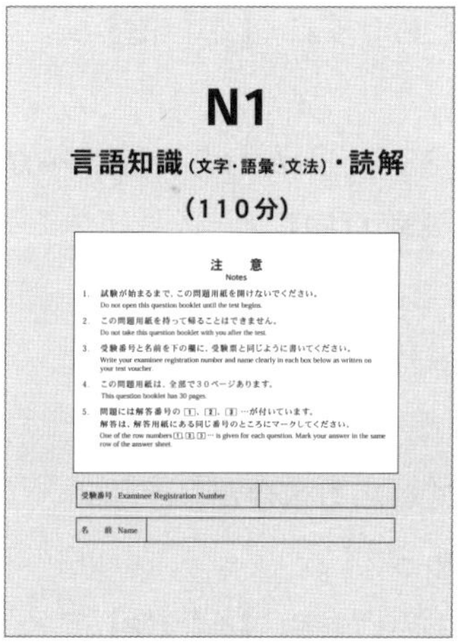

별책

실전 모의 테스트

JLPT N1 실전 모의 테스트 1회분을 풀어봄으로써
JLPT 시험에 대한 실제 감각을 키울 수 있습니다.

차례

STEP 1

001 ～あっての
002 ～いかんで
003 ～限りだ
004 ～極まる／極まりない
005 ～ごとく・～ごとき
006 ～ことなしに
007 ～始末だ
008 ～たところで
009 ～たりとも
010 ～っぱなし
011 ～であれ
012 ～であるまいし
013 ～てまで・～までして
014 ～てやまない
015 ～とあいまって
016 ～とあれば
017 ～といい～といい
018 ～といえども

019 ～ともなると／ともなれば
020 ～ないまでも
021 ～ないものでもない
022 ～なくして
023 ～ならでは
024 ～なり～なり
025 ～なりに
026 ～にかかわる
027 ～に越したことはない
028 ～はおろか
029 ～べく
030 ～もさることながら
031 ～ゆえ（に）
032 ～（よ）うが／（よ）うと
033 ～（よ）うにも～（でき）ない
034 ～を限りに
035 ～を踏まえて
036 ～をものともせずに

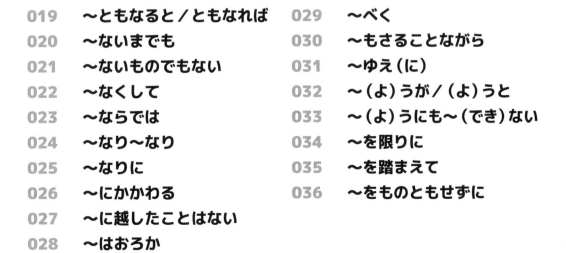

001

~あっての ~가 있고 나서야, ~가 있어야 성립하는

접속 명사A＋あっての＋명사B

「AあってのB」의 형태로 사용한다. 명사A 뒤에 조사 が를 붙여서 「AがあってのB」의 형태로 쓰기도 한다. A가 있어야 B가 성립할 수 있다는 의미이며, A가 필수조건이라는 것을 강조한다.

今回の優勝は地道な努力あってのものだ。
이번 우승은 꾸준한 노력이 있었기 때문이다.

皆様のご声援あっての当選です。ありがとうございます。
여러분의 성원이 있었기에 가능한 당선입니다. 감사합니다.

プチ会話

A 暗い顔してどうしたの？
B 実はね、メールしても木村さんから全然返信がなくて。
私、何か嫌われることでもしたのかな？
A きっと何か事情があってのことだと思うよ。ちょっと様子見てみたら？
B そうだね。もう少し待ってみることにする。

暗い 어둡다
顔 얼굴, 표정
全然 전혀
返信 답장
嫌う 싫어하다
事情 사정
様子 상황
距離 거리
害する 상하게 하다
無視 무시
傷つける 상처를 입히다
本心 본심, 속마음
違う 다르다

質問 会話の内容と合っているものはどれか。

① Aさんは木村さんとBさんは少し距離を置いた方がいいと思っている。
② Aさんは木村さんが気分を害して連絡を無視していると思っている。
③ Aさんは木村さんのことを、何か事情がない限り連絡を無視する人ではないと思っている。
④ AさんはBさんの気持ちを傷つけないように、本心とは違うことを話した。

～いかんで ~에 따라서, ~여하에 따라

접속 명사+(の)+いかんで

いかん은 한자로 如何(여하)라고 쓰며, '어떠함'이라는 뜻이다. いかん 앞에 오는 명사가 조건이 되어, 뒤따르는 결과가 바뀐다는 의미를 나타낸다. 「～いかんで」는 「～いかんによって」라고 쓰기도 한다.
いかん 앞에 오는 명사와 뒤따르는 결과가 아무런 관련이 없음을 강조할 때는, 「～いかんによらず(~여하에 관계없이), ～いかんにかかわらず(~여하에 관계없이), ～いかんを問わず(~여하를 불문하고)」의 형태를 쓴다.

> **社長の考え方いかんで計画は変更されるかもしれない。**
> 사장님 생각에 따라 계획은 변경될지도 모른다.
>
> **検査の結果いかんでは、入院が必要となります。**
> 검사 결과에 따라서는 입원이 필요합니다.
>
> **天候のいかんにかかわらず、開会式は予定通り行う。**
> 날씨와 관계없이 개회식은 예정대로 거행한다.

プチ会話

A 第一印象を良くするためには、やはり外見を整えることが重要なのでしょうか。

B 外見も大事ですが、表情や話し方いかんでかなり印象が変わるんですよ。

A 表情や話し方ですか。

B はい。表情はとてもいいので、声のトーンと大きさに気をつかうようにしてみてください。

- 第一印象 첫인상
- 外見 외모, 외양
- 整える 정돈하다, 단정히 하다
- 重要だ 중요하다
- 表情 표정
- 話し方 말투
- 声のトーン 목소리 톤
- 気をつかう 신경을 쓰다
- 左右 좌우
- 影響 영향

質問 会話の内容と合っているものはどれか。

① 表情や話し方によって、第一印象が大きく左右される。
② より良い第一印象を与えるためには、何よりも外見が重要だ。
③ 表情や話し方は第一印象にはあまり影響しない。
④ Aさんは外見と声さえ変えれば、第一印象が素晴らしく良くなるだろう。

003

~限りだ 매우 ~하다, ~하기 그지없다

접속 い형용사・な형용사의 명사접속형＋限りだ

감정을 나타내는 단어 뒤에 붙어서, 화자의 감정을 강조한다. 限り 앞에는 「うれしい(기쁘다), 悲しい(슬프다), ありがたい(고맙다), 情けない(한심하다), 悔しい(분하다), 腹立たしい(괘씸하다), 心細い(불안하다), 心強い(든든하다), うらやましい(부럽다), 残念だ(아쉽다)」 등과 같은 단어가 주로 사용된다.

> **卒業して仲のよかった友達と別れるのは、寂しい限りだ。**
> 졸업해서 사이좋았던 친구와 헤어지는 것은 매우 쓸쓸하다.
>
> **息子がこんなことをするなんて、情けない限りです。**
> 아들이 이런 짓을 하다니 한심하기 짝이 없습니다.

プチ会話

A 卒業したらお父さんの会社を継ぐんだって？ うらやましい限りだよ。

B 会社を継ぐって言っても、最初は新入社員として一からの勉強だよ。

A それでもこの就活の辛さを味わわなくて済むんだから…。

B それはそうだけど、僕も周りからの期待が大きくて、辛いのは同じだよ。

継ぐ 잇다
うらやましい 부럽다
新入社員 신입사원
就活 취업 활동, 구직 활동
辛さ 힘듦, 괴로움
味わう 맛보다
周り 주위, 주변
プレッシャー 압박, 중압감

質問 会話の内容と合っているものはどれか。

① AさんはBさんからプレッシャーが少なくてうらやましいと思われている。

② AさんはBさんのように、将来的には社長になりたいと思っている。

③ AさんはBさんが就職活動をしなくてもいいことを、大変うらやましく思っている。

④ AさんはできることならBさんのお父さんの会社に入りたいと思っている。

004

~極まる / 極まりない 너무 ~하다, ~하기 짝이 없다

접속 な형용사의 어간+極まる / 極まりない

더없이 상태가 좋지 않다는 부정적인 느낌을 강조한다. 이 표현의 가장 큰 특징은 な형용사에만 접속한다는 점이다. 또한 極まる와 極まりない는 반대가 아니라 같은 의미라는 점을 숙지해 두자.

> **気温35度の都心の真ん中は不愉快極まる暑さであった。**
> 기온 35도의 도심 한가운데는 불쾌하기 짝이 없는 더위였다.
>
> **彼は酒も飲めばタバコも吸う。不健康極まりない。**
> 그는 술도 마시고 담배도 피운다. 건강에 해롭기 짝이 없다.

プチ会話

A （マンションの管理人室で）どうしましたか。

B あの、502号室の者ですが、上の階の物音がうるさくて寝られないんです。何とか言っていただけませんか。

A そうでしたか。実は他の家からも苦情が来ていて、これから様子を見に行くところだったんです。

B 夜中なのに子供たちも起きてしまって、迷惑極まりないですよ。

管理人室 관리인실
物音 무슨 소리
苦情 불만, 고충
夜中 한밤중
迷惑 귀찮음, 괴로움
呼び出す 불러내다
敏感 민감함
我慢する 참다

質問 会話の内容と合っているものはどれか。

① Bさんは他の家から苦情が来ていると、管理人室に呼び出された。
② Bさんは少しの物音でも気になる敏感なタイプだ。
③ Bさんの上の階の住人はいつも周りに迷惑をかけている。
④ Bさんはどうしても我慢できなくなって、管理人室に苦情を言いに行った。

005

～ごとく/ごとき ~와 같이, ~처럼/~와 같은

접속 명사+の+ごとく/ごとき, 동사의 사전형・た형+(かの・が)ごとく, い형용사+かの+ごとく

「～ごとく」는「～ように」의 고풍스러운 표현으로 격식차린 문장이나 관용적인 표현에서 주로 사용한다.「～ごとき」는「～ような」와 같은 의미로, 뒤에 명사가 따른다.

彼はその問題に関係がないかのごとく、知らないふりをしていた。
그는 그 문제와 관계가 없는 것처럼 모르는 척하고 있었다.

まだ秋なのに、今朝は冬のごとき寒さだった。
아직 가을인데 오늘 아침은 겨울과 같은 추위였다.

プチ会話

A 今日は定時で帰れそうですか。よかったら一杯どうかなと思って。
B 行きたいのは山々なんですが、今日もいつものごとく、残業になりそうで。
A 急ぎの仕事なんですか。そうじゃなければ、今日くらいいいじゃないですか。
B 実はこれからアメリカ支社との会議なんです。また今度誘ってください。

定時 정시
残業 야근, 잔업
急ぎ 급함
支社 지사
誘う 권하다, 초대하다

質問 会話の内容と合っているものはどれか。

① Bさんの仕事は残業が多いが、今日はめずらしく定時で終わりそうだ。
② Bさんはいつも残業ばかりしていて、今日も例外ではない。
③ Bさんは普段残業はないのに、今日はいつもと違って会議が入っている。
④ Bさんは会議が終わった後、Aさんと飲みに行きたいと思っている。

006

~ことなしに ~하지 않고, ~하는 일 없이

접속 동사의 사전형+ことなしに

앞부분의 동작이 없는 상태에서, 뒷부분에 오는 상황이 발생한다는 의미를 나타낸다. 문어체적인 표현이기 때문에 일상적인 회화문에서는 「～ないで」를 더 많이 쓴다.

・**乗り換えることなしに ≒ 乗り換えないで** 갈아타지 않고

> **だれにも知られることなしに準備を進める必要がある。**
> 아무에게도 알리지 않고 준비를 진행할 필요가 있다.
>
> **この特急電車は途中で乗り換えることなしに、品川駅まで行けます。**
> 이 특급 열차는 도중에 갈아타지 않고 시나가와역까지 갈 수 있습니다.

プチ会話

A 昨日は子供の急な発熱で早退することになり、ご迷惑をおかけしました。

B とんでもない。それより、お子さんの様子はどう？

A 幸い熱も下がって、今日は母が見てくれています。

B それはよかった。他の人に頼ることなしに子育てするのは大変だもの。何かあったらいつでも言ってね。

発熱 발열
早退 조퇴
迷惑をかける 폐를 끼치다
様子 상태
幸い 다행히
熱 열
下がる 내려가다
頼る 의지하다
助け合う 서로 돕다

質問　会話の内容と合っているものはどれか。

① Bさんは A さんが他の人に頼らないで子育てをしているので、大変だと思っている。

② Bさんは子育ては周りの人と助け合いながらしていくべきだと思っている。

③ Bさんは A さんが子育てのことで仕事に迷惑をかけないでほしいと思っている。

④ Bさんは子育てに関して、あまり他の人に頼らない方がいいと思っている。

쪽지 시험 01

問題1　次の文の（　　　　　）に入れるのに最もよいものを、１・２・３・４から一つ選びなさい。

1　この病気は手術を（　　　　　）回復することはないという。

1 受けるや　　2 受けるとあって　　3 受けることなしに　　4 受けるながらも

2　プロジェクトの成功は、みなさんの協力（　　　　　）ものと感謝しています。

1 あるかの　　2 あっての　　3 あるかぎりの　　4 ありながら

3　こんな真夜中に間違い電話をかけてくるなんて、非常識（　　　　　）。

1 限らない　　2 すぎない　　3 至らない　　4 極まりない

4　みなさまご承知の（　　　　　）、わが社は今年で創立30周年を迎えました。

1 限り　　2 ごとく　　3 ような　　4 かのように

5　選挙の結果（　　　　　）、一度決定された計画が見直されることもある。

1 いかんでは　　2 といえども　　3 ともなると　　4 はおろか

6　初めて一人きりで海外出張することになり、心細い（　　　　　）。

1 きりだ　　2 ずくめだ　　3 限りだ　　4 極まりない

問題２ 次の文の ＿★＿ に入る最もよいものを、１・２・３・４から一つ選びなさい。

1 球団側は、＿＿＿ ＿＿＿ ＿★＿ ＿＿＿ もっと認識してほしい。

1 ファン　　2 プロ野球である　　3 ということを　　4 あっての

2 学業成績 ＿＿＿ ＿＿＿ ＿★＿ ＿＿＿ ありうる。

1 停止することも　　2 奨学金の　　3 支給を　　4 いかんでは

3 うちの母は何か ＿＿＿ ＿＿＿ ＿★＿ ＿＿＿ 人です。

1 出かける　　2 忘れ物をする　　3 ことがない　　4 ことなしには

4 自分の作品がこれほど ＿＿＿ ＿＿＿ ＿★＿ ＿＿＿ 限りだ。

1 本当に　　2 大勢の人に　　3 評価されるとは　　4 うれしい

5 ここ数十年に ＿＿＿ ＿＿＿ ＿★＿ ＿＿＿ 地球温暖化は確実に進んできています。

1 調査結果が　　2 わたる　　3 ごとく　　4 示している

6 大通りを信号も待たずに横断するとは、日曜の深夜で ＿＿＿ ＿＿＿ ＿★＿ ＿＿＿ 行為である。

1 危険極まりない　　2 とはいえ　　3 車の通行も　　4 普段より少ない

007

～始末だ ~하는 지경이다, ~하는 모양이다

접속 동사의 사전형＋始末だ

어떤 상황이 결국 나쁜 결과로 되어 버렸다는 비난의 느낌을 나타낸다. 나쁜 결과에 이를 때까지 어떤 일이 있었는지를 설명하는 문장이 앞부분에 온다. 관용적으로 쓰이는 「このしまつだ(이 모양이다), そのしまつだ(저 모양이다)」도 같이 알아두자.

> **彼は両親とけんかして、ついには家出までする始末だ。**
> 그는 부모님과 싸워서 끝내는 가출까지 하는 모양이다.
>
> **せっかく大学に入学できたのに、遊んでばかりで授業についていけなくなる始末だ。**
> 간신히 대학에 입학할 수 있었는데 놀기만 하는 바람에 수업에 따라가지 못할 지경이다.

プチ会話

A お隣さん、夫婦げんかしてるみたいですが、大丈夫でしょうか。

B いつものことですよ。これでも今日はまだ静かな方です。

A え、そうなんですか。ご近所さんも大変ですね。

B この前なんて夜中までうるさくて、警察までやって来る始末でしたよ。

夫婦げんか 부부 싸움
静かだ 조용하다
警察 경찰
出動 출동

質問 会話の内容と合っているものはどれか。

① Bさんの隣の家では、夫婦げんかがひどくて警察まで出動したことがあった。

② Bさんの隣の家では、夫婦げんかのせいで警察まで呼ぼうとしたことがあった。

③ Bさんはこれ以上けんかがひどくなれば、また警察を呼ぼうと思っている。

④ Bさんの隣の家の夫婦は、警察から厳しく言われたのでもうけんかはしないだろう。

~たところで ~해 보았자, ~한들, ~한다 해도

접속 동사의 た형+たところで

앞부분의 동작이 이루어져도 기대하는 만큼의 결과를 얻을 수 없다는 의미를 나타낸다. 즉, 가정한 내용이 쓸모없다는 것을 의미한다. 문장 후반부에는 「～ない」와 같은 부정의 형태가 오는 경우가 많다.

今から急いだところで間に合わないだろう。
지금부터 서둘러 보았자 제시간에 못 갈 것이다.

今さら謝ってもらったところで許す気にはなれない。
이제야 사과받은들 용서할 마음은 들지 않는다.

プチ会話

A　試験開始まであと５分だよ。そろそろ教科書しまったら？

B　ちょっと今話しかけないで。必死で単語覚えてるんだから。

A　今さら見たところで試験の点数が上がるとは思えないよ。

B　あぁ、もっと真面目に授業受けておけばよかった。

試験 시험
開始 개시, 시작
教科書
必死 필사적
単語 단어
覚える 외우다
点数 점수
上がる 오르다
努力 노력
優秀だ 우수하다
むだだ 소용없다
邪魔する 방해하다

質問　会話の内容と合っているものはどれか。

① Ｂさんは最後まで努力することをあきらめない、優秀な学生だ。

② ＡさんはＢさんに、今見ているところは試験に出ないだろうと教えてあげた。

③ Ａさんは今必死で勉強してもむだだと思っている。

④ ＡさんはＢさんよりも高い点数を取るために、Ｂさんの勉強を邪魔している。

009

～たりとも ~(이)라도

접속 명사(수량 표현)+たりとも

주로 「一円(1엔), 一瞬(한순간), 一粒(한 톨), 一秒(1초), 一人(한 명)」 등과 같은 수량 뒤에 붙어서, 최소한의 것조차 용납하지 않겠다, 절대로 그렇게 하지 않겠다는 의지를 강조한다.

苦労(くろう)して稼(かせ)いだお金(かね)だから、一円(いちえん)たりとも無駄(むだ)にしたくない。
고생에서 번 돈이니까 1엔도 낭비하고 싶지 않다.

この講習会(こうしゅうかい)は一時間(いちじかん)たりとも欠席(けっせき)は許(ゆる)されない。
이 강습회는 결석은 한 시간도 허용되지 않는다.

プチ会話

A　わざわざ家(いえ)まで来(き)ていただき、ありがとうございます。

B　いえいえ。こちらにはお一人(ひとり)でお住(す)まいなんですか。

A　はい、妻(つま)が亡(な)くなってもう20年(ねん)になりますが、妻(つま)のことは一日(いちにち)たりとも忘(わす)れたことはないです。

B　それは素敵(すてき)なご夫婦(ふうふ)ですね。私(わたし)もそうなりたいものです。

亡(な)くなる 죽다
素敵(すてき)だ 멋지다
夫婦(ふうふ) 부부

質問 会話の内容と合っているものはどれか。

① Aさんは少(すこ)しずつ亡(な)くなった奥(おく)さんのことを忘(わす)れかけている。
② Aさんは亡(な)くなった奥(おく)さんのことを毎日(まいにち)思(おも)い続(つづ)けている。
③ Aさんは２０年間(ねんかん)の中(なか)で、奥(おく)さんのことを忘(わす)れた日(ひ)が一日(いちにち)だけある。
④ Aさんは亡(な)くなった奥(おく)さんのことを一日(いちにち)くらい忘(わす)れても仕方(しかた)がないと思(おも)っている。

010

～っぱなし ~한 채

접속 동사의 ます형+っぱなし

어떤 상태가 계속 진행중이라는 것을 나타낸다. 주로 방치한다는 느낌을 준다.

> **水を出しっぱなしで歯をみがくのはやめましょう。**
> 물을 틀어놓은 채 이를 닦는 것은 그만둡시다.
>
> **窓を開けっぱなしにして眠っていたので風邪を引いてしまった。**
> 창문을 연 채 잠드는 바람에 감기에 걸리고 말았다.

プチ会話

A うわ！ 大変！

B そんなに慌ててどうしたの？

A 洗濯機回しっぱなしだったの、すっかり忘れてた。そのまま干せるかな。

B 2時間くらいなら大丈夫じゃない？ ちょっと臭いかいでみたら？

慌てる 허둥대다, 당황하다
洗濯機 세탁기
回す 돌리다
干す 말리다
臭い 냄새
かぐ (냄새를) 맡다

質問 会話の内容と合っているものはどれか。

① Aさんは洗濯機を回したまま、干すのを忘れていた。
② Aさんは洗濯機を回すのをすっかり忘れていた。
③ Aさんは洗濯機が壊れたのをそのままにしていた。
④ Aさんは洗濯機をもう一度回さなければならなくなった。

011

～であれ ~이든, ~라 할지라도

접속 명사+であれ

특정한 대상(예시)을 거론하여, 화자의 의견이나 판단을 강조하여 나타낼 때 사용한다. たとえ나 どんな와 짝을 이루어 사용하는 경우가 많다. 단순하게 「～でも」의 딱딱한 표현으로 이해해도 좋다.

> **そんなひどいいたずらは、たとえ子供であれ許せるものではない。**
> 그런 심한 장난은 아이라고 해도 용서할 수 있지 않다.
>
> **理由は何であれ、他人を傷つけるようなことを言ってはならない。**
> 이유는 뭐든 다른 사람에게 상처를 줄 만한 말을 하면 안 된다.

プチ会話

A 初心者でも使いやすい動画の編集ソフト、何かありませんか。

B Aさんも動画編集に興味があるんですか。

A 実は僕じゃなくて母なんです。最近、YouTubeに興味があるみたいで。

B そうですか！ 何歳であれ、新しいことに挑戦しようとする人は素敵ですね。

- 初心者 초심자
- 動画 동영상
- 編集 편집
- ソフト 소프트웨어
- 興味 흥미, 관심
- 挑戦 도전
- 素敵だ 멋지다
- 趣味 취미
- 年齢を重ねる 나이를 먹다
- 学ぶ 배우다
- 言い訳 핑계, 변명
- チャレンジ 도전

質問 会話の内容と合っているものはどれか。

① Bさんは新しい趣味を見つけたBさんのことを素敵だと思っている。

② Bさんは年齢を重ねた人がこれから動画編集を学ぶのは難しいと思っている。

③ Bさんの周りには年齢を言い訳にして、新しいことに挑戦する人が少ない。

④ Bさんは、いくつになってもチャレンジし続けるAさんのお母さんを素敵だと思っている。

012

～ではあるまいし ~도 아니고, ~도 아닌데

접속 명사＋ではあるまいし

「Aではあるまいし」의 형태로 사용되어, 'A라면 그런한 것이 가능할 수도 있지만, 실제로는 A가 아니라서 뒤에 오는 일을 할 수 없다'는 의미를 나타낸다. 회화에서 주로 사용한다. 「Aじゃあるまいし」의 형태로 좀 더 부드러운 느낌을 나타내기도 하며, 「Aでもあるまいし」의 형태로 사용하기도 한다. '부정적인 이유 제시'라는 키워드로 기억해도 좋다.

> **天才ではあるまいし、そんな難しい問題、私には分からないよ。**
> 천재도 아니고 그런 어려운 문제 난 몰라.
>
> **冬じゃあるまいし、そんな服は暑苦しいよ。**
> 겨울도 아닌데 그런 옷은 쪄 죽을 거야.

プチ会話

A どこかにいい人いないかな。

B またその話？

A 今度うちのチームに来る人が、独身のイケメンで仕事もできて性格も良くて…とか。

B ドラマじゃあるまいし、そんな都合いいことあるわけないよ。

独身 독신
出会い (우연히) 만남
経験 경험
信じる 믿다
現実的 현실적

質問 会話の内容と合っているものはどれか。

① Aさんは最近、ドラマのような出会いを経験した。
② BさんはAさんから新しい社員の話を聞いたが、ドラマのようだと信じていない。
③ BさんはAさんの話をドラマにしたらおもしろいと思っている。
④ BさんはAさんの話は現実的ではないと思っている。

쪽지 시험 02

問題１　次の文の（　　　　　）に入れるのに最もよいものを、１・２・３・４から一つ選びなさい。

1　子供では（　　　　　）、アイスクリームを食べすぎてお腹をこわすなんて信じられない。

1 あるし　　2 あるまいし　　3 ないうちに　　4 ないながら

2　今はどんな田舎の村（　　　　　）、電気が通っている。

1 であれ　　2 といって　　3 だに　　4 とあれば

3　年をとって怒りっぽくなった父は、最近では近所の子供にまで大声でどなる（　　　　　）。

1 あげくだ　　2 しまいだ　　3 しまつだ　　4 までだ

4　周りの人がどんなに反対した（　　　　　）、彼は気持ちを変えないだろう。

1 だけあって　　2 ところで　　3 ばかりで　　4 もので

5　どんな相手でも、試合の最中は一瞬（　　　　　）油断してはならない。

1 ばかりか　　2 たりとも　　3 をよそに　　4 ともなく

6　息子はいつも服を脱ぎ（　　　　　）にするので、いやになってしまう。

1 ながら　　2 まま　　3 ばかり　　4 っぱなし

問題2　次の文の ＿★＿ に入る最もよいものを、１・２・３・４から一つ選びなさい。

1　彼(かれ)に明日(あした)は大切(たいせつ)な会議(かいぎ)があるので、＿＿＿ ＿＿＿ ＿★＿ ＿＿＿ 始末(しまつ)だ。

1 のに　　2 と言(い)った　　3 1時間(じかん)も遅(おく)れる　　4 遅(おく)れないように

2　学生時代(がくせいじだい) ＿＿＿ ＿＿＿ ＿★＿ ＿＿＿ できるわけがない。

1 し　　2 なんて　　3 ではあるまい　　4 1か月(げつ)も旅行(りょこう)する

3　文学賞(ぶんがくしょう)への応募者(おうぼしゃ)が少(すく)なく、締(し)め切(き)りを一週間(いっしゅうかん)延(の)ばすことにした。そんな ＿＿＿ ＿＿＿ ＿★＿ ＿＿＿ のだが。

1 見込(みこ)みはない　　2 ことをした　　3 参加者(さんかしゃ)が増(ふ)える　　4 ところで

4　今日(きょう)の午後(ごご)5時(じ)までに ＿＿＿ ＿＿＿ ＿★＿ ＿＿＿ できない状況(じょうきょう)である。

1 おろそかに　　2 1分(ぷん)たりとも

3 明日(あした)の会議(かいぎ)の資料(しりょう)を　　4 完成(かんせい)させなければならず

5　たとえ ＿＿＿ ＿＿＿ ＿★＿ ＿＿＿ とらなければならないと思(おも)う。

1 自分(じぶん)の　　2 自分(じぶん)で責任(せきにん)を　　3 子供(こども)であれ　　4 したことは

6　ときどき窓(まど)を開(あ)けて空気(くうき)を入(い)れ替(か)えたほうがいい。＿＿＿ ＿＿＿ ＿★＿ ＿＿＿ カビが生(は)えてしまう恐(おそ)れがある。

1 部屋(へや)の窓(まど)を　　2 おくと

3 閉(し)めっぱなしにして　　4 においや湿気(しっけ)がこもったり

013

~てまで・~までして ~하면서까지, ~까지 하면서

접속 동사의 て형+てまで, 명사+までして

어떤 행동이 극단적이라고 생각될 정도라는 것을 강조한다. 일반적으로 뒷부분에는 부정적인 생각이나 비난하는 내용이 온다. 뒷문장의 내용을 위해서라고는 해도 앞문장의 동작을 무리해서 하고 싶지 않다는 의미이다.

> **カンニングしてまでテストでいい点(てん)を取(と)りたいとは思(おも)わない。**
> 컨닝을 하면서까지 시험에서 좋은 점수를 받고 싶다고는 생각하지 않는다.
>
> **借金(しゃっきん)までして投資(とうし)するのは絶対(ぜったい)にお勧(すす)めできません。**
> 빚까지 지면서 투자하는 것은 절대 추천하지 않습니다.

プチ会話

A はぁ、疲(つか)れた。鈴木(すずき)さん、ずっと学校(がっこう)や旦那(だんな)さんのグチばっかりなんだもん。

B そんなに疲(つか)れるなら、嫌(いや)な思(おも)いをしてまで付(つ)き合(あ)うことはないんじゃない。

A そうは言(い)っても、うちの娘(むすめ)と鈴木(すずき)さん家(ち)の息子(むすこ)さん、同(おな)じクラスだし。

B 親同士(おやどうし)の関係(かんけい)も大変(たいへん)だね。

グチ 불평, 불만
付(つ)き合(あ)う 사귀다, 어울리다
親同士(おやどうし) 부모끼리
関係(かんけい) 관계
大変(たいへん)だ 힘들다
嫌(きら)う 싫어하다

質問 会話の内容と合っているものはどれか。

① Bさんは子供(こども)のために、苦手(にがて)な人(ひと)とも親(した)しくした方(ほう)がいいと思(おも)っている。
② Bさんは人間関係(にんげんかんけい)で嫌(いや)な気持(きも)ちになるくらいなら、距離(きょり)を置(お)くことも必要(ひつよう)だと思(おも)っている。
③ Bさんは鈴木(すずき)さんがAさんのことを嫌(きら)いにならない限(かぎ)り、付(つ)き合(あ)いを続(つづ)けた方(ほう)がいいと思(おも)っている。
④ Bさんは鈴木(すずき)さんにも嫌(いや)な思(おも)いをさせるべきだと思(おも)っている。

014

～てやまない 간절히 ~하다, 매우 ~하다

접속 동사의 て형+てやまない

어떤 생각이나 감정을 오랫동안 지속적으로 강하게 지니고 있다는 것을 나타낸다. 딱딱한 표현이므로 격식을 차린 상황에서 쓰인다.

> **卒業する学生諸君の今後の活躍を願ってやみません。**
> 졸업하는 학생 여러분의 앞으로의 활약을 간절히 바랍니다.
>
> **多方面で支えとなってくれた友人に感謝してやまない。**
> 다방면으로 버팀목이 되어 준 친구에게 무척 감사하다.

プチ会話

A 猫を飼っていらっしゃるんですか。

B はい。息子が小学生の頃に道端に捨てられていたのを見つけて、それからずっと。

A そうですか。優しい息子さんですね。

B 最初は動物が苦手だったんですが、今では愛してやまない大切な存在なんです。

- 飼う 키우다, 기르다
- 道端 길
- 捨てる 버리다
- 動物 동물
- 連れる 데리고 오다
- 生きる 살다
- 我慢する 참다

質問 会話の内容と合っているものはどれか。

① Bさんは猫が苦手だが、一緒に暮らすうちに少しずつ好きになってきている。

② Bさんは愛する息子のために、猫を連れてきた。

③ Bさんはペットの猫がいなければ生きられないくらい、とても大切にかわいがっている。

④ Bさんは昔から動物が苦手で、今も息子のために我慢している。

015

~とあいまって ~과 맞물려, ~와 더불어

접속 명사+とあいまって

주로「AがBとあいまって(A가 B와 맞물려)」의 형태로, 둘 이상의 것이 서로 상호작용하여 더욱 큰 효과를 나타낸다는 뜻으로 사용된다.「AとBがあいまって(A와 B가 맞물려)」,「AとBとがあいまって(A하고 B하고 서로 맞물려)」의 형태로 쓰이기도 한다.

生まれつきの才能が努力とあいまって、彼は世界的な音楽家になった。
타고난 재능이 노력과 맞물려 그는 세계적인 음악가가 되었다.

あの映画は、きれいな映像がストーリーの良さとあいまって今年最高の作品となった。
그 영화는 예쁜 영상이 좋은 스토리와 맞물려 올해 최고의 작품이 되었다.

プチ会話

A 昨日倒れたって聞きましたけど、もう出社して大丈夫なんですか。

B ご心配おかけしてすみません。点滴を打ったら、すっかり元気になりました。

A それでも無理は禁物ですよ。でも、昨日はどうしたんですか。

B 無理なダイエットと仕事の疲労とがあいまって、ちょっと具合が悪くなってしまったみたいです。

倒れる 쓰러지다
出社 출근
点滴 점적 주사, 링거
無理 무리
禁物 금물
疲労 피로
具合 몸 상태
影響 영향

質問 会話の内容と合っているものはどれか。

① Bさんはダイエットと仕事の疲労が影響して、体調を崩してしまった。
② Bさんは仕事が大変すぎてどんどんやせてしまった。
③ Bさんが倒れたのはダイエットと仕事の疲労のどちらかが原因だ。
④ Bさんが倒れたのはダイエットのせいでも、仕事が忙しかったせいでもない。

016

～とあれば ~라면

접속 명사＋とあれば

「Aとあれば」의 형태로 A를 위해서라면 뒷부분의 동작을 할 수밖에 없다고 말할 때 사용된다. 「～ため(위함)」이라는 명사를 활용하여 「～ためとあれば」의 형태로 관용적으로 쓰이는 경우가 많다. 뒷부분에 의뢰나 권유하는 문장은 오지 않는다.

> **彼(かれ)は、お金(かね)のためとあれば、どんなことでもするだろう。**
> 그는 돈을 위해서라면 무슨 일이든 할 것이다.
>
> **お世話(せわ)になった山田先生(やまだせんせい)の頼(たの)みとあれば断(ことわ)るわけにはいかない。**
> 신세를 진 야마다 선생님의 부탁이라면 거절할 수 없다.

プチ会話

A 土曜日(どようび)の映画(えいが)なんだけど、別(べつ)の日(ひ)にしてもいいかな。
本当(ほんとう)、ごめん。

B えぇ、楽(たの)しみにしてたのに。大事(だいじ)な仕事(しごと)でも入(はい)ったの？

A 実(じつ)は社長(しゃちょう)からゴルフに誘(さそ)われて。

B しょうがないな。社長(しゃちょう)さんからの誘(さそ)いとあれば、行(い)かないわけにはいかないしね。

誘(さそ)う 권하다, 초대하다
断(ことわ)る 거절하다
理解(りかい) 이해
理由(りゆう) 이유

質問 会話の内容と合っているものはどれか。

① Bさんは社長(しゃちょう)からの誘(さそ)いだとしても、週末(しゅうまつ)は行(い)くべきではないと思(おも)っている。
② Bさんはたとえ社長(しゃちょう)からの誘(さそ)いであっても、断(ことわ)ってほしいと思(おも)っている。
③ 社長(しゃちょう)からの誘(さそ)いなので、断(ことわ)れないことをBさんも理解(りかい)している。
④ 社長(しゃちょう)からの誘(さそ)いを断(ことわ)るための理由(りゆう)を、Bさんも一緒(いっしょ)に考(かんが)えるつもりだ。

017

~といい~といい ~도 ~도, ~로 보나 ~로 보나

접속 명사+といい+명사+といい

화자가 강조하고자 하는 내용 중 대표적인 두 가지를 제시하여, 대상을 평가할 때 사용한다. 좋은 평가든 나쁜 평가든 쓸 수 있는 표현이다.

この店の料理は、値段といい味といい最高だ。
이 가게 요리는 가격도 맛도 최고다.

顔立ちといい話し方といい、この子は父親にそっくりだ。
외모로 보나 말투로 보나 이 아이는 아빠를 쏙 빼닮았다.

プチ会話

A ここは新しいし、周りの環境もいいですね。

B そうなんです。それに広さといい、日当たりの良さといい、とても人気の物件なんですよ。

A そうでしょうね。他にも検討中の方がいらっしゃるんですか。

B この部屋はまだですが、同じ構造の他の階はほとんど売れてしまいましたね。

環境 환경
広さ 넓이
日当たり 볕
物件 물건(건물)
検討 검토
構造 구조
売れる 팔리다
完璧だ 완벽하다
残念だ 아쉽다

質問 会話の内容と合っているものはどれか。

① この部屋は広さと日当たりの良さ以外は完璧なので、人気の物件だ。
② この部屋は広いが、日当たりの良さは少し残念だ。
③ この部屋は広くて明るいので、人気の物件だ。
④ この部屋はあまり広くはないが、日当たりの良さはとてもいい物件だ。

018

~といえども ~라고 해도, ~라 할지라도

접속 동사 / い형용사 / な형용사 / 명사의 보통형+といえども
다만, な형용사와 명사의 だ는 붙지 않는 경우가 많다.

주로 명사 뒤에 붙어서, 설령 그러한 상황이라 할지라도 예상과 다른 경우도 있을 수 있다는 의미를 나타낸다. 「たとえ～ても」에 가까운 역접표현이라고 할 수 있다.

> **子供といえども人格のある一人の人間だ。**
> 어린이라고 해도 인격이 있는 한 사람의 인간이다.
>
> **たとえエコノミストといえども、今の金融危機は予測できなかっただろう。**
> 설령 경제학자라고 해도 지금의 금융 위기는 예측하지 못했을 것이다.

プチ会話

A あれ？ 高麗人参、食べないんですか。
B はい、独特の苦みがちょっと苦手で…。
A そうですか。体にいいのに、もったいないですね。
B いくら体にいいといえども、おいしくない物は食べられませんよ。

独特 독특함
苦み 쓴 맛
苦手だ 서투르다
体 몸

質問 会話の内容と合っているものはどれか。

① Bさんは高麗人参は体によくないと思っている。
② Bさんはおいしくなくても体によければ食べたいと思っている。
③ BさんはAさんにあげるために高麗人参が苦手なふりをした。
④ Bさんはたとえ体によくても、口に合わない物は食べたくないと思っている。

쪽지 시험 03

問題 1　次の文の（　　　　）に入れるのに最もよいものを、1・2・3・4から一つ選びなさい。

1　ここは人気のあるお店だが、（　　　　）食べたいと思わないので、列が長いと諦める。

1 並んでから　　2 並んでこそ　　3 並んでさえ　　4 並んでまで

2　今後も両国の交流が末永く続くことを願って（　　　　）。

1 すみません　　2 やみません　　3 たまりません　　4 たえません

3　社長の経営能力が社員の努力（　　　　）その会社は急成長を遂げた。

1 とあいまって　　2 にひきかえ　　3 とはいえ　　4 ともなると

4　相手のチームは試合に勝つため（　　　　）どんな汚い手も使うだろう。

1 とあれば　　2 として　　3 と思いきや　　4 とはいえ

5　今回泊まったホテルは、眺め（　　　　）、サービス（　　　　）最高だった。

1 につけ／につけ　　2 といい／といい

3 なり／なり　　4 として／として

6　芸能人（　　　　）そのプライバシーは守られて当然だろう。

1 としては　　2 といったら　　3 といえども　　4 に限って

問題２　次の文の ＿★＿ に入る最もよいものを、１・２・３・４から一つ選びなさい。

1　最後のお別れに愛情を込めてささげられた ＿＿＿ ＿＿＿ ＿★＿ ＿＿＿ 込められていた。

1 人々の思いが　　2 花々には

3 惜しんでやまない　　4 彼女の死を

2　せっかく ＿＿＿ ＿＿＿ ＿★＿ ＿＿＿ 結果は良くなかった。

1 徹夜して　　2 勉強した　　3 のに　　4 まで

3　国際経済の専門家 ＿＿＿ ＿＿＿ ＿★＿ ＿＿＿ 分析し、予測するのは至難の業である。

1 世界経済の流れを　　2 変化する　　3 といえども　　4 目まぐるしく

4　このミュージカル映画は ＿＿＿ ＿＿＿ ＿★＿ ＿＿＿ 完成度の高い作品に仕上げられている。

1 あいまって　　2 ストーリーの　　3 良さと　　4 俳優の熱演とが

5　今の私があるのはあなたの助けがあったからこそです。
＿＿＿ ＿＿＿ ＿★＿ ＿＿＿ いただきます。

1 お世話になった　　2 させて

3 できる限りのことは　　4 あなたの頼みとあれば

6　長年にわたる ＿＿＿ ＿＿＿ ＿★＿ ＿＿＿ エンジンが開発された。

1 すばらしい　　2 研究開発の末

3 パワーといい燃費といい　　4 だれも真似できない

019

~ともなると / ともなれば ~라도 되면, ~쯤 되면

접속 명사+ともなると / ともなれば

어떠한 조건(주로 시간이나 지위)이 되면, 뒤의 상황이 발생한다는 의미를 나타낸다. 이 문형은 앞에 오는 내용을 강조하려는 의도를 지닌다.

> **この公園は休みともなると、家族連れでにぎわう。**
> 이 공원은 휴일이라도 되면 가족 동반으로 붐빈다.
>
> **彼女ほどの大物歌手ともなると、納める税金も相当な金額になるだろう。**
> 그녀 정도의 대가수쯤 되면 납부하는 세금도 상당한 금액일 것이다.

プチ会話

A 夏休みはどこか行くんですか。

B 子供たちと妻の希望で、ハワイに行く予定なんです。

A ハワイですか。それはうらやましいですね。

B 私も楽しみではあるんですが、海外旅行ともなると、お金もかかるし休みの調整もしなきゃいけないしで、いろいろ大変ですよ。

夏休み 여름휴가
希望 희망
海外旅行 해외여행
調整 조정
影響 영향
休暇 휴가
日数 일수
負担 부담
費用 비용

質問 会話の内容と合っているものはどれか。

① 海外旅行は国内よりも費用の面や休暇の日数など、負担になることがより多い。

② Aさんは仕事への影響が少ない国内旅行に行きたいと思っている。

③ 海外旅行に行くために、Aさんはしばらく休暇を取らないつもりだ。

④ 費用や休みの調整がなかなか難しく、Aさんはハワイには行けないかもしれない。

020

～ないまでも ~까지는 아니더라도, ~까지는 안 하더라도

접속 동사의 ない형+ないまでも

앞부분에 제시된 정도는 아니지만, 적어도 후반부에 오는 정도는 되어야 한다는 필요성을 강조한다. 앞부분에 강한 정도, 뒷부분에 약한 정도를 나타내는 패턴이다. 뒷부분에 「少なくとも(최소한), せめて(적어도)」와 같은 표현이 오는 경우가 많다.

毎日とは言わないまでも、せめて週に2、3回は家族揃って食事したいものだ。
매일까지는 아니더라도 최소 일주일에 두세 번은 가족끼리 모여 식사하고 싶다.

原案を大幅に修正しないまでも、多少の修正はしなければならない。
원안을 큰 폭으로 수정하지는 않더라도 어느 정도 수정은 해야만 한다.

プチ会話

A そろそろ進路決めなきゃだね。卒業後もバンド活動続けるつもり？

B できることならプロデビューまで頑張りたいところだけど、現実的じゃないかな。

A それでも、それが一番やりたいことなんでしょう？

B うん。歌手にはなれないまでも、何か音楽に関わる仕事がしたいな。

進路 진로
卒業 졸업
活動 활동
続ける 계속하다
プロデビュー 프로 데뷔
現実的 현실적
歌手 가수
関わる 관련되다
音楽業界 음악업계
働く 일하다

質問 会話の内容と合っているものはどれか。

① Bさんは歌手になるまで夢をあきらめたくないと思っている。
② Bさんは歌手デビューは無理でも、せめて音楽業界で働きたいと思っている。
③ Bさんはすでにバンド活動を続けることをあきらめてしまった。
④ Bさんは音楽に関わる仕事をするなら、やはりバンド活動が一番だと思っている。

021

~ないものでもない ~못할 것도 없다, ~하지 않는 것도 아니다

접속 동사 ない형+ないものでもない

단정하지는 못하지만 그렇게 못 할 것도 없다고 약간의 가능성을 제시하는 표현이다. '소극적인 단정'이라는 키워드로 기억해 두면 좋을 것이다.

> **難しい試験ではあるが、がんばれば合格できないものでもない。**
> 어려운 시험이기는 해도 열심히 하면 합격하지 못할 것도 없다.
>
> **みんなで力をあわせてがんばれば、来月までに完成できないものでもない。**
> 다 같이 힘을 합쳐서 열심히 하면 다음 달까지 완성 못할 것도 없다.

プチ会話

A 教科書持ち歩くの大変じゃない？ 最近はみんなタブレットで授業受けてるよ。

B 知ってる。タブレット、買えないものでもないんだけど…。

A それじゃ、どうして？

B 確かに便利だとは思うんだけど、私はやっぱり紙の本が好きなんだよね。

教科書 교과서
持ち歩く 가지고 다니다
タブレット 태블릿PC
余裕 여유
迷う 망설이다
探す 찾다

質問 会話の内容と合っているものはどれか。

① Bさんはタブレットが買えるくらいのお金は持っているが、あえて買わないだけだ。

② Bさんはタブレットを買うお金の余裕がない。

③ Bさんは最近安いタブレットがたくさんあるので、買おうかどうか迷っている。

④ Bさんはタブレットを買わないための理由をいっしょうけんめい探している。

022

~なくして ~없이, ~이 없으면

접속 명사+なくして

제시된 내용이 없으면 뒤의 일이 실현되지 않는다는 의미이다. 조사 は를 붙여서「~なくしては(~없이는)」의 형태로 쓰이기도 한다.

> **みなさんの応援なくして、今回の優勝はなかったと思います。**
> 여러분의 응원이 없으면 이번 우승은 없었다고 생각합니다.
>
> **知的な好奇心なくして科学の発展はありえない。**
> 지적인 호기심 없이 과학 발전은 불가능하다.

プチ会話

A 先輩、早慶大学に無事、合格できました！

B それはよかった。本当におめでとう！

A 先輩の勉強法のアドバイスなくしては合格できなかったと思います。本当にありがとうございます。

B いやいや、全部Aさんの努力の賜物だよ。

無事 무사히
合格 합격
先輩 선배
努力 노력
賜物 보람, 덕택
忘れる 잊다

質問 会話の内容と合っているものはどれか。

① Aさんは勉強法のアドバイスがなかったので、行きたい大学に合格できなかった。

② AさんはBさんが教えてくれた勉強法がなければ、合格できなかっただろうと思っている。

③ AさんはBさんからのアドバイスを忘れてしまったものの、何とか合格することができた。

④ AさんはBさんのアドバイスがなくても合格できたと思っている。

023

～ならではの ~만의, ~고유의, ~특유의

접속 명사+ならではの

'바로 그것만이 그런 특징이나 장점이 있을 수 있다', '그것이 아니면 안 된다'는 의미를 나타낸다. 「명사+ならではの+명사」의 형태로 흔히 쓰이며, 주로 긍정적인 내용을 강조한다. 「～ならでは(～이 아니면)」, 「～ならではだ(～고유의 것이다)」의 형태로도 쓴다.

あのレストランには、一流の店ならではの雰囲気がある。
저 레스토랑은 일류 가게 특유의 분위기가 있다.

日本各地には、その地域ならではの祭りがある。
일본 각지에는 그 지역 고유의 축제가 있다.

プチ会話

A このマグカップ、素敵だね。どこで買ったの？

B 実は陶芸が趣味の母がプレゼントしてくれたものなんだ。

A これ、お母さんの手作り？ すごいね。

B 手作りならではの温かさや独特の味わいがあって、最近はずっとこればかり使ってるんだ。

マグカップ 머그컵
陶芸 도예
趣味 취미
手作り 수제
味わい 정취
完成度 완성도
既製品 기성품
気に入る 마음에 들다

質問 会話の内容と合っているものはどれか。

① Aさんは手作りにしては完成度が高いマグカップをとても気に入っている。

② Aさんは本当は手作りの物よりも既製品の方が使いやすいと思っている。

③ Aさんは手作りだからこそ感じられる良さをとても気に入っている。

④ Aさんはお母さんに気をつかって、そのマグカップをよく使うようにしている。

024

~なり~なり ~든 ~든, ~든지 ~든지

접속 동사의 사전형·명사+なり 동사의 사전형·명사+なり

유사한 두 가지 내용을 예로 제시하는 표현이다. 물론 제시된 두 가지의 예시 외에 다른 선택지가 있을 수 있다. '선택'이라는 키워드로 기억해 두자.

> **ビールなりワインなり好きなものを飲んでください。**
> 맥주든 와인이든 좋아하는 것을 드세요.
>
> **黙っていないで、反対するなり賛成するなり意見を言ってください。**
> 가만히 있지 말고 반대하든 찬성하든 의견을 말해 주세요.

プチ会話

A 今、洋服の整理してるんだけど、このコート、まだ着る？

B そんなコートあったね。もう何年も着てないから忘れてたよ。

A もう着ないなら、売るなり捨てるなりしたら？

B うーん、どうしようかな。流行りは過ぎたけど、質はいいものだし。

洋服 양복, 옷
整理 정리
コート 코트
着る 입다
売る 팔다
捨てる 버리다
流行り 유행
過ぎる 지나다
質 질
良質 양질
選ぶ 고르다
処理 처리
意見 의견

質問 会話の内容と合っているものはどれか。

① AさんはBさんのコートが良質なので、捨てるより売った方がいいと思っている。

② AさんはBさんに、コートを売るか捨てるかどちらか選んでほしいと思っている。

③ Aさんは着ない洋服は売ったり捨てたりするなど、とにかく処理したいと思っている。

④ AさんはBさんの意見はどうでもよく、コートを早く捨てたいと思っている。

쪽지 시험 04

問題1 次の文の（　　　　　）に入れるのに最もよいものを、1・2・3・4から一つ選びなさい。

1 相手を理解し尊重すること（　　　　　）、人間関係はうまくいかないだろう。

1 ないでは　　2 なくしては　　3 なくとも　　4 ないまでも

2 北海道（　　　　　）味をこの機会にお楽しみください。

1 なみに　　2 ならがの　　3 なりとも　　4 ならではの

3 この辺りは深夜（　　　　　）人通りが途絶えてしまう。

1 ともなれば　　2 ともすると　　3 をよそに　　4 をかえりみず

4 親友が入院しているのだから、病院には行けない（　　　　　）電話ぐらいはしておこう。

1 どころか　　2 からといって　　3 からこそ　　4 までも

5 理由をちゃんと話してくれれば、お金を（　　　　　）。

1 貸さんばかりだ　　2 貸さないまでもない

3 貸さないものでもない　　4 貸さないではすまない

6 その会社の情報は、人に聞く（　　　　　）、ネットで調べる（　　　　　）すれば、簡単に分かる。

1 あれ／あれ　　2 といい／といい　　3 なり／なり　　4 つ／つ

問題２　次の文の ＿★＿ に入る最もよいものを、１・２・３・４から一つ選びなさい。

1　この店では、＿＿＿ ＿＿＿ ＿★＿ ＿＿＿ 味わうことができる。

1 新鮮な魚を　　2 海辺の町　　3 使った料理を　　4 ならではの

2　普段使っているパソコンが壊れて大変困っている。＿＿＿ ＿＿＿ ＿★＿ ＿＿＿ 何とかしなければならないだろう。

1 修理に　　2 新しいのを　　3 買うなりして　　4 出すなり

3　君さえこちらの条件を ＿＿＿ ＿＿＿ ＿★＿ ＿＿＿ ものでもないのだが。

1 私も　　2 受け入れてくれる　　3 のなら　　4 協力しない

4　投資というものは、市場専門家からの ＿＿＿ ＿＿＿ ＿★＿ ＿＿＿ 成功することはできない。

1 対象分野を　　2 ことなくして　　3 明確に理解する　　4 助言はもとより

5　毎年受験シーズン ＿＿＿ ＿＿＿ ＿★＿ ＿＿＿ 予備校生や高校生がこの神社を訪れるという。

1 関東一円から　　2 ともなると　　3 大勢の　　4 地元はもちろん

6　通勤に片道２時間はつらいものがある。＿＿＿ ＿＿＿ ＿★＿ ＿＿＿ ところに住みたいものだ。

1 30分とは　　2 1時間以内の　　3 せめて　　4 言わないまでも

025

～なりに 나름대로

접속 동사 / い형용사 / な형용사 / 명사의 보통형＋なりに
단, な형용사와 명사의 だ는 붙지 않는 경우가 많다.

접미어에 해당하는 「～なり(나름)」에 조사 に를 붙인 표현이다. 「～なりに」 앞에 제시된 대상(사람, 상황 등)에 알맞거나 적합하다는 의미를 나타낸다. 한계나 결점은 인정하되 긍정적인 평가라는 느낌을 준다. 뒤에 명사가 오는 경우에는 「～なりの＋명사」의 형태로 사용된다.

これは私なりに考えて出した結論です。
이것은 제 나름대로 생각해서 내린 결론입니다.

小さな町には小さな町なりのいいところがたくさんある。
작은 마을에는 작은 마을 나름의 좋은 점이 많이 있다.

プチ会話

A 前に買ったスーツケースなんだけど、使い心地はどう？
B それが、まだ３回しか使ってないのに、タイヤの部分が壊れちゃって。
A なるほど、安いなりの理由があったわけだね。たしか５千円もしなかったよね。
B うん。次の旅行の前にまた買い換えないと。

使い心地 사용감
タイヤ 타이어
部分 부분
壊れる 망가지다, 고장나다
買い換える 새로 사다
見合う 상응하다, 알맞다
程度 정도
値段 가격
丈夫だ 튼튼하다

質問 会話の内容と合っているものはどれか。

① Bさんのスーツケースの質は安さに見合っただけの程度だった。
② Bさんのスーツケースは思ったよりも丈夫だった。
③ Bさんのスーツケースは値段のわりにはすぐだめになってしまった。
④ Bさんはどうせすぐ壊れるのだから、また安いものを買おうと思っている。

026

~にかかわる ~에 관련된, ~이 걸린, ~이 달린

접속 명사+にかかわる

'생명, 명예, 신용, 장래' 등과 같은 것과 매우 중대한 관련성이 있다는 의미를 나타내는 강조 표현이다. 한자로는 関わる라는 동사를 사용한다.

進学は君の一生にかかわることなのだから、真剣に考えるべきだ。
진학은 네 평생이 걸린 일이니까 진지하게 생각해야 한다.

販売した製品に欠陥があるとしたら、会社の信用にかかわる。
판매한 제품에 결함이 있다면 회사 신용이 걸린다.

プチ会話

A お父さん、入院されているそうですね。具合の方はいかがですか。

B 幸い命にかかわる病気ではないので、しっかり療養さえすれば良くなるそうです。

A それはよかったです。何か手伝えることがあれば、いつでも頼ってくださいね。

B お気遣いありがとうございます。

入院(にゅういん) 입원
命(いのち) 목숨, 생명
療養(りょうよう) 요양
手伝う(てつだう) 돕다
頼る(たよる) 의지하다
気遣い(きづかい) 배려
安定(あんてい) 안정
完治(かんち) 완치
重病(じゅうびょう) 중병
一時(いちじ) 일시
危険(きけん) 위험
状態(じょうたい) 상태
過労(かろう) 과로
倒れる(たおれる) 쓰러지다

質問 会話の内容と合っているものはどれか。

① Bさんのお父さんの具合は今は安定しているが、完治はできないそうだ。
② Bさんのお父さんの病気は重病ではないとのことで、みんなほっとしている。
③ Bさんのお父さんは一時は危険な状態だったが、今は良くなってきている。
④ Bさんのお父さんはただの過労で倒れただけのようだ。

027

~に越したことはない ~이 가장 좋다, ~이 최고다

접속 동사의 보통형＋に越したことはない, い형용사의 사전형＋に越したことはない,
な형용사의 어간·명사＋（である）＋に越したことはない

반드시 그래야 하는 것은 아니지만 상식적으로 볼 때 그렇게 하는 편이 당연하거나 합리적이라는 의미를 나타낸다.

普段から慎重に運転するに越したことはない。
평소 신중하게 운전하는 것이 좋다.

何でも早めに準備しておくに越したことはない。
뭐든 빨리 준비하는 편이 좋다.

プチ会話

A 大阪旅行のホテルなんだけど、すごく安い所見つけたよ！

B 朝食付きで一人２千円か。でもこの写真がちょっとね…。

A あまり気に入らない？

B 宿泊料金は安いに越したことはないけど、立地や清潔感も大事だからね。

見つける 발견하다
朝食付き 조식 포함
宿泊料金 숙박요금
立地 입지
清潔感 청결감
大事だ 중요하다
条件 조건
優先度 우선순위

質問 会話の内容と合っているものはどれか。

① AさんもBさんも宿泊料金は安さが一番だと思っている。
② Aさんはこのホテルよりも安くていい所はないと思っている。
③ Bさんはこのホテルは条件のわりにはあまり安くないと思っている。
④ ホテル代は安ければ安いほどいいが、Bさんにはもっと優先度が高いものがある。

028

～はおろか ~은커녕, ~은 물론

접속 명사+はおろか

'A는 물론이고 B는 더 심각하다'는 화자의 불만이나 놀람과 같은 느낌을 표현한다. 문장 후반부에 「～ない」와 같은 부정적인 표현이 오는 경우가 많다.

日本に来たばかりのころは、漢字はおろかひらがなも書けなかった。
일본에 막 왔을 무렵에는 한자는커녕 히라가나도 쓸 수 없었다.

私のうちにはビデオはおろかテレビもない。
우리 집에는 비디오는커녕 텔레비전도 없다.

プチ会話

A 久しぶりですね。喫煙所で見かけないので、タバコは止めたのかと思っていました。

B 最近忙しすぎて、休憩はおろかトイレに行く時間もないんですよ。

A そんなに多忙なんですか。

B このランチも急いで食べて、また戻らないと。

喫煙所 흡연실
見かける 보다, 발견하다
止める 끊다, 그만두다
休憩 휴식
多忙だ 매우 바쁘다

質問 会話の内容と合っているものはどれか。

① Bさんは休むことはもちろん、トイレにも行けないくらい忙しい日々を送っている。
② Bさんは忙しすぎて、休憩できるのはトイレに行く時くらいだ。
③ Bさんは時間がないので、休憩するかトイレに行くかどちらかしか選べない。
④ Bさんは禁煙するために、わざと仕事を忙しくしている。

029

～べく ~하고자, ~하기 위하여

접속 동사의 사전형+ べく
단, する는 すべく의 형태로 나타내기도 한다.

분명하고 강한 목적을 나타낸다. 「～ために」보다 강한 느낌을 나타내는 문장체 표현이다.

被災地の一日も早い復興を支援するべく、募金活動に取り組んだ。
재난 피해지의 하루라도 빠른 복구를 지원하고자 모금 활동에 나섰다.

彼は、資格試験に合格すべく、昼夜を問わず勉強している。
그는 자격시험에 합격하기 위해서 밤낮을 가리지 않고 공부하는 중이다.

プチ会話

A 春から製菓学校に通うんだって？
B うん。卒業したらフランスでも修業してパティシエになりたいんだ。
A てっきり医学部に行くものだと思ってたから、びっくりしたよ。
B 今までは両親の期待に応えるべく頑張ってきたけど、やっと自分が一番やりたいことが見つかったんだ。

製菓 제과
通う 다니다
修業 수업, 수행
パティシエ 파티시에, 제빵사
てっきり 틀림없이
医学部 의학부
びっくりする 놀라다
期待 기대
応える 부응하다
当然 당연히

質問 会話の内容と合っているものはどれか。

① Bさんは医学部に合格できなかったので、製菓学校に通うことにした。
② Bさんはどんなに頑張っても両親の期待には応えられず、医者になることをあきらめた。
③ Bさんは両親の期待に応えるために頑張ってきたが、見つけた夢は別の道だった。
④ Aさんは子供は当然、両親の期待に応えるべきだと考えている。

030

～もさることながら ~은 물론이거니와, ~도 그렇지만

접속 명사＋もさることながら

「Aもさることながら B」의 형태로 사용하여, A보다는 B 쪽의 내용을 강조하려는 표현 의도를 갖는다.

> **この新車は、デザインもさることながら、性能も抜群だ。**
> 이 새 차는 디자인도 그렇지만 성능도 뛰어나다.
>
> **彼は仕事もさることながら、人柄もいいのでみんなの信頼もあつい。**
> 그는 일은 물론이거니와 됨됨이도 좋아서 모든 사람의 신뢰도 두텁다.

プチ会話

A 佐藤さんの奥さん、帰国子女なんですって。

B その噂って本当だったんですね。

A 語学が堪能で、英語もさることながら中国語もネイティブレベルだそうですよ。

B そうなんですか。今、私と一緒に韓国語のレッスンも受けていますよ。

- 帰国子女 귀국 자녀
- 噂 소문
- 堪能だ 뛰어나다, 능통하다
- ネイティブレベル 원어민 수준
- レッスン 레슨
- 語学 어학
- センス 센스, 감각
- 非常に 무척, 매우

質問 会話の内容と合っているものはどれか。

① 佐藤さんの奥さんは英語より中国語の方が堪能だ。
② 佐藤さんの奥さんは英語はもちろん、他の外国語能力も高い。
③ 佐藤さんの奥さんは外国に住んだことがないのに、語学のセンスが非常に高い。
④ 佐藤さんの奥さんは英語はあまり上手ではないようだ。

쪽지 시험 05

問題１　次の文の（　　　　　）に入れるのに最もよいものを、１・２・３・４から一つ選びなさい。

1　受験勉強（　　　　　）、志望校選びも４年間の生活を左右する重要な要素になります。

1 をうけて　　2 もかまわず　　3 はさておき　　4 もさることながら

2　足のけががなかなか治らない。走ること（　　　　　）、歩くことさえできない。

1 はおろか　　2 ばかりに　　3 をおいて　　4 につけ

3　公共料金の値上げは国民生活に（　　　　　）大事な問題である。

1 かかわる　　2 かわる　　3 至る　　4 たる

4　新しい企画について自分（　　　　　）アイデアを出した。

1 までの　　2 なりの　　3 しだいの　　4 だらけの

5　報告書の提出は今週の金曜日までとなっているが、早めに出せればそれに（　　　　　）。

1 越すことはない　　2 越したことではない

3 越したことはない　　4 越すことではない

6　予定どおりに工事を（　　　　　）昼夜を問わず作業が続いている。

1 終わらせるべからず　　2 終わらせるべき

3 終わらせるべく　　4 終わらせるべし

問題2 次の文の ＿★＿ に入る最もよいものを、1・2・3・4から一つ選びなさい。

1 仕事は ＿＿＿ ＿＿＿ ＿★＿ ＿＿＿ 間違えないことだ。

1 もっと大切なのは　　2 ないが

3 早くできるに　　4 越したことは

2 事件の ＿＿＿ ＿＿＿ ＿★＿ ＿＿＿ 力を入れている。

1 捜査に　　2 物的証拠を　　3 真相にかかわる　　4 確保すべく

3 この地球上には、＿＿＿ ＿＿＿ ＿★＿ ＿＿＿ まだまだたくさんいる。

1 水道さえない　　2 電気はおろか　　3 人々が　　4 生活をしている

4 この商品は量も ＿＿＿ ＿＿＿ ＿★＿ ＿＿＿ よく売れますよ。

1 優れているので　　2 さることながら　　3 面からしても　　4 質的な

5 今回のことについては、＿＿＿ ＿＿＿ ＿★＿ ＿＿＿ と思いますが、もう決まったことだし、協力してもらいたいです。

1 言いたい　　2 あなた　　3 ことはある　　4 なりに

6 各店舗では、＿＿＿ ＿＿＿ ＿★＿ ＿＿＿ 研究している。

1 お客様の心を　　2 よりよい　　3 サービスを　　4 つかむべく

031

～ゆえに ~때문에

접속 い형용사・な형용사・명사의 명사접속형＋ゆえに
단, な형용사는 な, 명사는 の가 붙지 않는 경우가 많다.

원인이나 이유를 나타내는 문장체 표현이다. 「～のために(~때문에)」의 딱딱한 표현이다. 동사와 い형용사 뒤에는 が를 붙여서 「～がゆえに」라는 형태로 사용되기도 한다. 또한, ゆえ 뒤에 명사가 올 때는 「～ゆえ＋の＋명사(~때문에 겪는)」의 형태로 사용된다.

> **実力不足ゆえに、ミスが続いている。**
> 실력이 부족하기 때문에 실수가 계속된다.
>
> **最近天気が悪かったゆえに、野菜の値段が上がり続けている。**
> 최근 날씨가 나빴기 때문에 채소 가격이 계속 오르고 있다.

プチ会話

A 昨日、彼氏にどうして電話に出ないんだって怒られたんだけど、そんなに怒ることかな。

B え、何かあったの？

A 会社の飲み会でひどく酔っぱらっちゃって。電話に全然気づかなかったんだよね。

B うーん、彼氏さんが怒ったのは愛情ゆえのことだと思うけどな。

- 怒る 화를 내다
- 飲み会 회식
- 酔っ払う 취하다
- 気づく 눈치 채다
- 愛情 애정
- 別物 별개, 다른 것

質問 会話の内容と合っているものはどれか。

① BさんはAさんの恋人は少し自分勝手だと思っている。
② BさんはAさんのことが大切だからこそ恋人が怒ったのだと思っている。
③ BさんはAさんの恋人が怒ったことと愛情は別物だと思っている。
④ Bさんは恋人のことを怒るのは愛情ではないと思っている。

032

～(よ)うが／(よ)うと (설령) ~하더라도

접속 동사의 의지형+ が / と

앞부분에서 제시된 내용과 뒷부분의 내용이 서로 관계가 없다는 것을 강조한다. 강한 의지를 나타내는 문장에서 사용되는 경우가 많다.

どんなに急ごうが、自動車は安全運転を最優先するべきだ。
아무리 급해도 자동차는 안전 운전을 최우선으로 삼아야 한다.

彼は他人がどんなに困っていようと、心を動かさない人だ。
그는 타인이 아무리 곤경에 빠져 있다 하더라도 마음이 움직이지 않는 사람이다.

プチ会話

A ご両親は留学について何とおっしゃってるんですか。

B 両親は反対してるんですが、いくら反対されようと僕の意志は変わりません。

A そうですか。では、私の方からも一度ご両親にお話ししてみましょう。

B ありがとうございます。先生のお話なら両親も聞いてくれるかもしれません。

留学 유학
反対 반대
意志 의지
気が合う 마음이 맞다
続ける 계속하다

質問 会話の内容と合っているものはどれか。

① Bさんの両親は留学について反対しようとしているところだ。
② Bさんは両親と気が合わないので、早く留学したいと思っている。
③ Bさんは何があっても必ず留学したいと、強い意志を持っている。
④ Bさんはこのまま両親に反対され続けたら、留学は止めようと思っている。

033

~(よ)うにも~(でき)ない

~하려고 해도 할 수 없다, ~할래야 ~할 수가 없다

접속　동사의 의지형+にも+동사 가능형의 부정

무언가를 하려는 의향은 있지만, 실제로는 방법이 없어서 그렇게 하는 것이 불가능하다는 의미를 나타낸다.「~にも」앞뒤에는 같은 동사를 쓰며, 앞에는 의지형이 오고 뒤에는 가능형의 부정이 온다.

- **しようにもできない** 하려고 해도 할 수 없다

> **台風で電車が止まっているので、会社に行こうにも行けない。**
> 태풍 때문에 전철이 멈춰 있어서 회사에 가려고 해도 갈 수 없다.
>
> **住所も電話番号も知らないので、連絡しようにもできない。**
> 주소도 전화번호도 모르기 때문에 연락할래야 할 수가 없다.

プチ会話

相手 상대방
思い出す 생각나다

A　あそこで話してるグレーのスーツの人、名前何だっけ？

B　あぁ、山田さんのこと？

A　そうそう、山田さんだ。思い出そうにも思い出せなくて。

B　わかる。こういう時って、相手に名前を聞こうにも聞けないしね。

質問　会話の内容と合っているものはどれか。

① Bさんは名前が思い出せないなら相手に聞くべきだと思っている。

② Aさんは山田さんの名前をもう少しで思い出せるところだった。

③ Aさんは山田さんとどこで出会ったか、まだ思い出せないでいる。

④ Aさんは山田さんの名前を思い出そうと頑張ったが、どうしても思い出せなかった。

034

～を限りに ~을 마지막으로

접속 명사+を限りに

주로 「今日(오늘), 今月(이번 달), 今年(올해), 今回(이번)」등과 같은 시간 표현 뒤에 붙어서, 그것이 끝이라는 기한을 나타낸다. 제시된 기한을 넘어서면, 어떠한 일을 그만두겠다는 결심이나 결단을 나타내는 표현이 따른다.

山田選手は今日の試合を限りに、引退するということだ。
야마다 선수는 오늘 시합을 마지막으로 은퇴한다고 한다.

今年度を限りに、本大学は郊外のキャンパスに移転します。
이번 연도를 마지막으로 본 대학은 교외 캠퍼스로 이전합니다.

プチ会話

A あれ？あそこの店、すごい人だかりができてるけど、そんなに人気だったかな？

B あそこ、今月末を限りに閉店することになったらしいよ。それでセール中なんだって。

A そうなんだ。そう言えば、今まで一度も入ったことなかったな。

B 掘り出し物が見つかるかもしれないし、これからちょっと行ってみない？

人だかり 군중, 많은 사람이 모임
月末 월말
閉店 폐점
掘り出し物 횡재, 싸게 산 물건
閉める 닫다

質問 会話の内容と合っているものはどれか。

① あそこの店は今月末でお店を閉めることになった。
② あそこの店はセール品がなくなった時点で閉店する予定だ。
③ あそこの店はこれからは月末だけお店を閉めることになった。
④ あそこの店は今月末だけお店を閉める予定だ。

035

~を踏まえて ~을 토대로, ~에 입각하여

접속 명사+を踏まえて

무언가를 근거나 전제로 어떠한 행동이나 고려를 하는 경우에 사용한다. 회의나 보고서 등과 같은 격식을 차리는 상황에서 사용되는 경우가 많다. '판단의 근거'라는 키워드로 기억해 두자.

> **現在の状況を踏まえて、長期計画を見直す必要がある。**
> 현재 상황을 토대로 장기 계획을 재검토할 필요가 있다.
>
> **前回の大地震の経験を踏まえて、市では毎年防災訓練を行っている。**
> 지난번 대지진의 경험을 토대로 시에서는 매년 재해 방지 훈련을 하고 있다.

プチ会話

A 地域の活性化のために必要だと思うことがありましたら、どんどん意見を出してください。

B あの、外国人観光客の増加を踏まえて、英語表記を増やした方がいいのではないでしょうか。

A たしかに、それはいい意見ですね。

B 観光案内や道路標識だけでなく、災害情報への外国語対応も必要だと思っています。

地域 지역
必要だ 필요하다
増加 증가
表記 표기
増やす 늘리다
道路標識 도로 표지
災害 재해
情報 정보
対応 대응
想定 상정
関係 관계
常識 상식
増える 늘다

質問 会話の内容と合っているものはどれか。

① Bさんは外国人観光客の増加を想定した意見を出した。
② Bさんは外国人観光客の増加とは関係なしに、常識として外国語対応が必要だと思っている。
③ Bさんは街に英語表記が増えれば、外国人観光客も増えると思っている。
④ Bさんは外国人観光客が増えるかどうかはまだ分からないと思っている。

036

~をものともせず(に)

~을 대수롭지 않게 여기고, ~에도 굴하지 않고

접속 명사+をものともせず(に)

주로「困難(곤란), 反対(반대), 危険(위험), 悪天候(악천후)」등과 같은 무언가 장애 요인을 나타내는 명사 뒤에 주로 붙어서, 그것에 지지 않고 극복한다는 느낌을 주는 경우가 많다. 즉, 어려운 상황에서도 포기하지 않고 무언가에 맞선다는 느낌을 강조한다.

> **選手たちは疲れをものともせず、最後まで力いっぱい戦った。**
> 선수들은 피로에 굴하지 않고 마지막까지 최선을 다해서 싸웠다.
>
> **不況をものともせず、成長を続けている企業がある。**
> 불황에도 굴하지 않고 계속 성장하는 기업이 있다.

プチ会話

A 今日の試合、勝ってよかった！

B 本当、これに負けたらワールドカップに出場できないところだったよ。

A 選手たちもプレッシャーをものともせずに、最高のパフォーマンスを見せてくれたよね。

B うん、前回の試合とは比べ物にならないくらい素晴らしかったね。

質問 会話の内容と合っているものはどれか。

① 選手たちは適度なプレッシャーのおかげで、前回よりもいいプレーができた。

② 選手たちはプレッシャーを感じて不安になりながらも、勝つことができた。

③ 選手たちはプレッシャーに負けず、とても素晴らしいプレーができた。

④ 選手たちはもう少しプレッシャーを感じた方がいいかもしれないと思っている。

出場 출전
選手 선수
プレッシャー 압박
最高 최고
パフォーマンス 퍼포먼스
前回 지난번
試合 시합
比べ物 비교
素晴らしい 훌륭하다
適度だ 적당하다
不安 불안

쪽지 시험 06

問題1　次の文の（　　　　　）に入れるのに最もよいものを、1・2・3・4から一つ選びなさい。

1　今日(きょう)（　　　　　）、もう二度(にど)とお酒(さけ)は飲(の)みません。

1 をかぎりに　　2 にかぎり　　3 にかけて　　4 のもとで

2　機械(きかい)は、だれが何(なん)と（　　　　　）、自分(じぶん)が使(つか)いやすいと思(おも)うのが一番(いちばん)だ。

1 言(い)いながら　　2 言(い)うおかげで　　3 言(い)おうが　　4 言(い)ったはずで

3　これまでの反省(はんせい)（　　　　　）実行可能(じっこうかのう)な計画(けいかく)を立(た)てるべきだ。

1 のかぎり　　2 とみると　　3 にわたって　　4 をふまえて

4　彼(かれ)はひざのけがを（　　　　　）、決勝戦(けっしょうせん)に進出(しんしゅつ)した。

1 ものともせず　　2 ものにせず　　3 ものにして　　4 ものではなく

5　機械(きかい)を修理(しゅうり)に出(だ)したが、部品(ぶひん)がなく、修理(しゅうり)しようにも（　　　　　）と言(い)われた。

1 しない　　2 しかねない　　3 しまい　　4 できない

6　円高(えんだか)（　　　　　）、今年(ことし)の夏休(なつやす)みに海外(かいがい)に出(で)かける人々(ひとびと)は例年(れいねん)より多(おお)かった。

1 ながらに　　2 ゆえ　　3 ほど　　4 ので

問題２　次の文の ＿★＿ に入る最もよいものを、１・２・３・４から一つ選びなさい。

1　あの政治家はその ＿＿＿ ＿＿＿ ＿★＿ ＿＿＿ ことも多かった。

1 率直な　　2 ゆえに　　3 誤解される　　4 ものの言い方

2　彼の ＿＿＿ ＿＿＿ ＿★＿ ＿＿＿ 答えられなかった。

1 意図が　　2 質問の　　3 答えようにも　　4 わからなかったので

3　子供たちは寒さを ＿＿＿ ＿＿＿ ＿★＿ ＿＿＿ 楽しく遊んでいる。

1 雪の中を　　2 走り回りながら　　3 ものとも　　4 せず

4　今回の取引を ＿＿＿ ＿＿＿ ＿★＿ ＿＿＿ なった。

1 限りに　　2 ことに　　3 C社とは　　4 いっさい取引しない

5　進路の選択に ＿＿＿ ＿＿＿ ＿★＿ ＿＿＿ 必要ではなかろうか。

1 判断が　　2 現実を　　3 あたっては　　4 ふまえた

6　子供には自分のやりたいことを見つけ後悔しないように生きていける人になってほしい。どんな ＿＿＿ ＿＿＿ ＿★＿ ＿＿＿ 冷静に判断して立ち向かってほしい。

1 直面しようと　　2 実現するため　　3 困難に　　4 自分の夢を

STEP 2

053 ～といったところだ
054 ～と思いきや
055 ～ときたら
056 ～ところ（を）
057 ～としたところで
058 ～とはいうものの
059 ～なくはない・～なくもない
060 ～なしに
061 ～ならいざしらず
062 ～に（は）及ばない
063 ～にかかっている
064 ～にかこつけて
065 ～にとどまらず
066 ～はさておき
067 ～ばそれまでだ
068 ～べくして
069 ～までだ／までのことだ
070 ～までもない
071 ～ものを
072 ～（よ）うが～まいが
073 ～（よ）うものなら
074 ～をおいて
075 ～をひかえて
076 ～を経て
077 ～をもって
078 ～をよそに

037

～の至り 극치, 지극함

접속 명사+の+至り

정도가 매우 심한 상태에 이르렀다는 의미를 나타낸다. 매우 딱딱한 표현으로, 격식을 갖추는 경우에 쓴다. 「光栄(영광), 感激(감격), 恐縮(송구, 황송), 赤面(창피)」 등의 단어와 쓰여 감정을 강조하는 경우가 많다. 「若気(젊은 혈기), ぜいたく(사치, 호사)」와 같은 단어와 결합하여 쓰이기도 한다.

> **今回、このような賞を頂き光栄の至りです。**
> 이번에 이런 상을 받게 되어 무척 영광입니다.
>
> **温かいご声援をいただき、感激の至りでございます。**
> 따뜻한 성원을 받아 무척 감격스럽습니다.

プチ会話

A 学生時代の写真整理してたら、こんな写真見つけたんだけど。

B うわ、何この髪型！

A 昔は金髪にしたりスキンヘッドにしてみたり、奇抜な髪型ばっかりしてたよね。

B 若気の至りでしたことだけど、今こうして写真見ると恥ずかしすぎるよ。

- 学生時代 학창시절
- 写真 사진
- 整理 정리
- 見つける 발견하다
- 髪型 헤어스타일
- 金髪 금발
- 奇抜だ 기발하다
- 若気 젊은 혈기
- 恥ずかしい 부끄럽다
- あえて 굳이
- 変わった 색다르다, 특이하다
- 挑戦 도전
- スキンヘッド 빡빡 깎은 머리

質問 会話の内容と合っているものはどれか。

① Bさんは若く見せるために、あえて変わった髪型にしていた。

② Bさんは学生時代、若さにまかせて今では考えられないような髪型に挑戦していた。

③ Bさんは若い時からずっと、人とは違う髪型を好んできた。

④ Bさんが若かった時、金髪やスキンヘッドが流行っていた。

038

甲斐がある ~한 보람이 있다

접속 동사의 사전형 / た형＋甲斐がある, 명사＋の＋甲斐がある

「甲斐」는 '보람, 성과, 효과'의 의미로, 수고나 노력에 상응하는 결과를 얻었다는 것을 나타낸다. 주로, 「甲斐があって」의 형태로 사용한다. 또한, 노력했지만 유감스럽게도 어떠한 일이 바람직하지 않은 방향으로 진행되었을 때는 「甲斐もなく(보람도 없이)」의 형태로 나타낸다.

> 甲斐는 동사 ます형에 접속하여 '～하는 보람'의 명사가 되기도 하는데, 이 경우에는 かい가 아니라, がい로 읽는다.
> 예 やりがい(어떤 일의 보람), 生きがい(삶의 보람), 頑張りがい(노력한 보람)

家族の必死の看病の甲斐があって、祖母は元気になった。
가족이 필사적으로 간병한 보람이 있어서 할머니는 건강해졌다.

努力の甲斐もなく試験に合格できなかった。
노력한 보람도 없이 시험에 합격하지 못했다.

プチ会話

A Bさんのお母さん、来週韓国に行くんだって？
B うん、好きな韓国アイドルのコンサートがあるんだって。
A そんなに好きなんだ。
B お母さんにとっては今一番の生き甲斐らしいよ。

コンサート 콘서트
生まれ変わる 다시 태어나다
生きる 살다
追いかける 좇다
存在 존재

質問 会話の内容と合っているものはどれか。

① Bさんのお母さんは生まれ変わるなら韓国アイドルになりたいと思っている。
② Bさんのお母さんの生きる楽しみは、韓国アイドルを追いかけることだ。
③ Bさんのお母さんにとって、Bさんはどうでもいい存在だ。
④ Bさんのお母さんは、韓国アイドルを好きになるために生まれてきた。

039

~かたわら ~하는 한편으로

접속 동사의 사전형+かたわら, 명사+の+かたわら

어떤 직업이나 사회적 활동을 하면서 병행해서 다른 일도 하고 있다는 의미를 나타낸다. 두 가지 활동이 서로 다른 시간대에 이루어진다. 또한 그 상황이 장시간 지속되는 경우에 사용한다. '지속적인 두 가지 활동'이라는 키워드로 이해하면 좋을 것이다.

大学へ通うかたわらアルバイトをしている。
대학에 다니면서 아르바이트를 하고 있다.

彼女は歌手としての活動のかたわら、画家としても活躍している。
그녀는 가수로서 활동하는 한편 화가로서도 활약하고 있다.

プチ会話

A 最近は会社員として働くかたわら、副業で収入を得ている人が増えていますよね。

B そうみたいですね。Aさんは何か興味のある副業があるんですか。

A 実は最近、動画制作に興味があるんです。

B 動画制作ですか。たしかに、会社員のユーチューバーも増えていますよね。

副業 부업
収入 수입
動画 동영상
制作 제작
興味 흥미, 관심
ユーチューバー 유튜버
増える 늘다
偽る 거짓말하다, 속이다
稼ぐ 돈을 벌다
空く 비다

質問 会話の内容と合っているものはどれか。

① 最近は会社で働くよりもフリーランサーとして働く人が増えている。
② 最近は会社員だと偽りながら、お金を稼ぐ人が増えている。
③ Aさんは会社で働くよりも、動画制作をしながら生活したいと思っている。
④ Aさんは会社で働きながら、空いた時間で違う仕事もしてみたいと思っている。

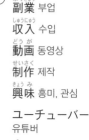

040

～がてら ~겸해서, ~하는 김에

접속 동사의 ます형+がてら, 명사+がてら

「～がてら」는 한 가지 행동에 두 가지 의미를 부여한다. 한 행동을 할 때 두 가지 목적이 있거나 한 행동을 함으로써 결과적으로 두 가지 일을 했음을 나타낸다. 뒤에 주로 「行く(가다), 来る(오다), 出かける(외출하다), 散歩(산책)」 등과 같은 이동 관련 표현이 오는 경우가 많다. 「～ついでに」보다 다소 딱딱한 표현이다.

散歩がてら図書館に寄って、本を借りてきた。
산책 겸 도서관에 들러서 책을 빌려왔다.

今日はお見舞がてら祖父の様子を見に行ってまいります。
오늘은 병문안 겸 할아버지의 상태를 보고 오겠습니다.

プチ会話

方向 방향
利用 이용
引っ越し 이사
一駅 한 정거장
かねる 겸하다

A Bさんもたしか新宿駅でしたよね。ぼくも同じ方向なので、一緒に帰りませんか。

B すみません。最近は西新宿駅を利用しているんですよ。

A え、引っ越しでもしたんですか。

B 実は運動がてら、一駅歩くようにしているんです。

質問 会話の内容と合っているものはどれか。

① Bさんはジムに行くために、最近は西新宿駅を利用している。

② Bさんは運動をかねて、西新宿駅まで歩くようにしている。

③ Bさんはあまり運動にはならないと思いながらも、一駅歩くようにしている。

④ Bさんは運動したくないので、西新宿駅の方に引っ越した。

041

～ことだし ~으니, ~하니까

접속 동사·い형용사·な형용사·명사의 명사수식형＋ことだし

어떤 일을 할 때, 그 일을 하는 이유를 나타내는 표현이다. 일상 회화에서도 흔히 사용한다. 뒷부분에는 주로 의지나 권유를 나타내는 문장이 따른다.

今日の仕事も終わったことだし、ちょっとお花見でもしましょうか。
오늘 일도 끝났으니 꽃놀이라도 좀 갈까요?

もう若くないことだし、あまり無理しないでください。
이제 젊지 않으니 그렇게 무리하지 마세요.

プチ会話

A　この前ほしがってた乾燥機なんだけど、週末ちょっと見に行ってみようか。

B　本当？でもけっこう高い買い物だし…。

A　ボーナスも入ったことだし、思いきって買ってもいいんじゃない？

B　そう？それじゃ、早速土曜日に行ってみない？

乾燥機 건조기
週末 주말
ボーナス 보너스
思いきって 큰맘 먹고
早速 바로, 즉시
関係 관계

質問　会話の内容と合っているものはどれか。

① Aさんはボーナスは少なかったが、Bさんにほしい物を買ってあげたいと思っている。
② Aさんはボーナスとは関係なしに、乾燥機を買ってもいいと思っている。
③ Aさんはボーナスが入ったので、乾燥機を買ってもいいと思っている。
④ BさんはAさんのボーナスが入ったら乾燥機を買いたいと思っていた。

～ずじまい ~하지 못하고 말다

접속 동사의 ない형+ず+じまい
단, する는 せずじまい의 형태로 쓴다.

「～ず」는 '부정(~하지 못함)'을 나타내며, じまい는 '끝'이라는 의미이다. 원래 하려고 생각했던 일이, 어떤 이유에 의해서 실현하지 못했다는 아쉬움이나 유감을 나타낸다.

友人の家の近くまで行ったのに、忙しくて会えずじまいだった。
친구 집 근처까지 갔는데 바빠서 못 만나고 말았다.

図書館から本を借りてきたが、時間がなく読まずじまいに終わった。
도서관에서 책을 빌려 왔지만, 시간이 없어서 읽지 못하고 끝났다.

プチ会話

A 木村さんの結婚式に着ていく服、もう用意した？
B うん。姉のワンピース借りようかなと思ってて。
A いいな。昨日あちこち見て回ったんだけど、結局買えずじまいで。
B 最近はレンタルドレスも人気みたいだよ。一度見てみたら？

結婚式 결혼식
用意 준비
借りる 빌리다
回る 돌다
結局 결국
レンタルドレス 렌탈 드레스
人気 인기
洋服 양복, 옷

質問 会話の内容と合っているものはどれか。

① Aさんはほしい洋服があったけれども、高くて買えなかった。
② Aさんはドレスを借りるつもりなので、お店では買わなかった。
③ Aさんは結婚式で着る服を買ったけれども、あまり気に入っていない。
④ Aさんはいろいろなお店を見たけれども、何も買わないで帰ってきた。

쪽지 시험07

問題1 次の文の（　　　　　）に入れるのに最もよいものを、1・2・3・4から一つ選びなさい。

1 明日は試験がある（　　　　　）、今日はがんばって勉強しよう。

1 ことから　　2 ことにも　　3 ことだし　　4 ことでも

2 彼女は子育ての（　　　　　）童話を執筆している。

1 がてら　　2 かたわら　　3 したものの　　4 そばから

3 せっかく田中先生にお会いしたのに肝心なことは（　　　　　）だった。

1 言いっぱなし　　2 言うまい　　3 言えずじまい　　4 言いほうだい

4 こんな初歩的なミスをするとは、まったく赤面（　　　　　）。

1 の至りだ　　2 のせいだ　　3 の限りだ　　4 のまみれだ

5 公園のさくらが満開でとてもきれいだそうですよ。見物（　　　　　）いっしょに行ってみませんか。

1 がてら　　2 かたわら　　3 にあたって　　4 とおり

6 A「就職説明会に出て、自分の準備不足が分かっただけでも収穫あったよ。」
B「ほんと。参加した（　　　　　）があったね。」

1 限り　　2 次第　　3 極み　　4 甲斐

問題2　次の文の ＿★＿ に入る最もよいものを、1・2・3・4から一つ選びなさい。

1　駅前(えきまえ)に新(あたら)しい本屋(ほんや)が今日(きょう) ＿＿＿ ＿＿＿ ＿★＿ ＿＿＿ 寄(よ)ってみた。

1 オープン　　2 がてら　　3 買(か)い物(もの)　　4 したので

2　雨(あめ)も小降(こぶ)りになってきた ＿＿＿ ＿＿＿ ＿★＿ ＿＿＿ しよう。

1 ことに　　2 ことだし　　3 そろそろ　　4 出(で)かける

3　今回(こんかい)このような ＿＿＿ ＿＿＿ ＿★＿ ＿＿＿ でございます。

1 誠(まこと)に　　2 立派(りっぱ)な賞(しょう)を　　3 光栄(こうえい)のいたり　　4 いただくとは

4　田中(たなか)さんは ＿＿＿ ＿＿＿ ＿★＿ ＿＿＿ 活躍(かつやく)している。

1 働(はたら)く　　2 作家(さっか)としても　　3 銀行員(ぎんこういん)として　　4 かたわら

5　A「衝動買(しょうどうが)いしたものって ＿＿＿ ＿＿＿ ＿★＿ ＿＿＿ よくあるよね。」
B「そう、結局無駄(けっきょくむだ)になるのよね。」

1 せっかく　　2 こと　　3 買(か)っても　　4 使(つか)わずじまいって

6　今(いま)まで ＿＿＿ ＿＿＿ ＿★＿ ＿＿＿ やっと完成(かんせい)し、後(あと)は発表(はっぴょう)を待(ま)つばかりだ。

1 論文(ろんぶん)が　　2 甲斐(かい)が　　3 あって　　4 苦労(くろう)した

043

～そばから ~한 후에 바로, ~하는 족족, ~하기가 무섭게

접속 동사의 사전형, 동사의 た형+そばから

어떤 일이 비교적 빠른 속도로 여러 번 반복된다는 의미를 나타낸다. 화자의 불만을 표현하는 의도로 사용되는 경우가 많다. '반복적인 상황 발생'으로 기억해 두면 좋다.

年のせいか、人の名前を聞いたそばから忘れてしまう。
나이 탓인지 다른 사람의 이름을 듣는 족족 까먹고 만다.

こちらの商品はかなり好評で、入荷するそばから売れていく。
이 상품은 꽤 호평이어서 들오기가 무섭게 팔린다.

プチ会話

A あれ、ケータイまた変えたんですか。

B 実は今、修理に出しているんです。

A この前買ったばかりでしたよね。何かあったんですか。

B 買ったそばから子供に壊されてしまって。怒りを通り越して悲しくなりました。

修理 수리
壊す 망가뜨리다
怒り 분노
通り越す 넘어서다
悲しい 슬프다

質問 会話の内容と合っているものはどれか。

① Bさんは新しいケータイを買ってすぐ、子供に壊されてしまった。
② Bさんは新しいケータイを買おうと思っていたところ、子供に壊されてしまった。
③ Bさんはお店のそばで、買ったばかりのケータイを壊されてしまった。
④ Bさん新しいケータイを買ったが、今度は子供のケータイが壊れてしまった。

044

～そびれる ~하려다가 못하다, ~할 기회를 놓치다, ~못하고 말다

접속 동사의 ます형+そびれる

어떤 일을 하려고 마음먹었지만, 기회를 놓치는 바람에 하지 못했다는 의미를 나타낸다.

- **言(い)いそびれる** 말할 기회를 놓치다
- **食(た)べそびれる** 먹지 못하다, 못 먹고 말다
- **寝(ね)そびれる** 잠을 설치다, 잠을 못 자다
- **買(か)いそびれる** 사려다가 못 사다, 못 사고 말다

今日(きょう)は寝坊(ねぼう)して朝食(ちょうしょく)を食(た)べそびれてしまった。
오늘 아침은 늦잠을 자서 아침밥을 못 먹고 말았다.

急(いそ)いでいたので、コーヒーを買(か)いそびれてしまった。
서두르는 바람에 커피를 못 사고 말았다.

プチ会話

A 疲(つか)れた顔(かお)して、どうしたの？

B わかる？ 昨日(きのう)全然(ぜんぜん)眠(ねむ)れなくて。

A まさか、全然(ぜんぜん)寝(ね)てないの？

B 動画(どうが)見(み)たりＳＮＳ見(み)たりしてたら、寝(ね)そびれちゃった。

疲(つか)れる 피곤하다
眠(ねむ)る 자다
全然(ぜんぜん) 전혀
動画(どうが) 동영상
心配事(しんぱいごと) 걱정거리

質問 会話の内容と合っているものはどれか。

① Ｂさんはケータイを見(み)ているうちに、朝(あさ)まで寝(ね)られなかった。
② Ｂさんはケータイを見(み)ているうちに、いつの間(ま)にか寝(ね)てしまった。
③ Ｂさんは動画(どうが)やＳＮＳを見(み)ていたら、寝(ね)られなかったかもしれない。
④ Ｂさんは何(なに)か心配事(しんぱいごと)があって、夜(よる)眠(ねむ)れないようだ。

045

～だけましだ ~만으로도 다행이다

접속 동사 / い형용사 / な형용사의 명사 수식형＋だけましだ

그다지 좋은 상황은 아니지만, 그래도 더 나쁜 상태가 되지 않아서 다행이라는 안도감을 나타낸다. '그나마 다행이다'라고 기억해 두면 좋을 것이다.

最近残業が続いているが、残業代が出るだけましだ。
요즘 야근을 계속하는데 야근비가 나오는 것만으로도 다행이다.

今日は寒いけど、風が強くないだけましだ。
오늘은 춥지만 바람이 세지 않은 것만으로도 다행이다.

プチ会話

A 昨日、交通事故にあったんですって！？
B はい。接触事故だったんですが、新車だったのについてないですよ。
A でも怪我をしなかっただけましでしたよ。
B そうですね。ぶつけられた位置が悪ければ、入院していたかもしれません。

交通事故 교통사고
接触事故 접촉사고
新車 신차, 새차
怪我をする 다치다
ぶつける 부딪치다
位置 위치
入院 입원
幸いだ 다행이다
傷がつく 상처가 나다

質問 会話の内容と合っているものはどれか。

① Bさんはぶつかった相手が怪我をしなかったことを幸いだと思っている。
② Bさんは交通事故にあったけれども、怪我をしなかったのは幸いだった。
③ Bさんの新車は交通事故にあったけれども、傷がつかず幸いだった。
④ Bさんは交通事故にあって、怪我をしなければよかったと思っている。

046

～つ～つ ~하거니 ~하거니, ~하기도 하고 ~하기도 하고

접속 동사의 ます형+つ 동사의 ます형+つ

대조적인 의미를 사용하여, 그 동작이 서로 반복되어 이루어지는 상태를 표현하는 문형이다.

- **行きつ戻りつ** 왔다 갔다
- **持ちつ持たれつ** 상부상조하면서
- **抜きつ抜かれつ** 앞서거니 뒤서거니
- **追いつ追われつ** 쫓고 쫓기는

彼は考えごとをしているのか、部屋の中を行きつ戻りつしていた。
그는 생각 중인지 방 안을 왔다 갔다 했다.

バーゲン会場は押しつ押されつの大盛況ぶりだった。
바겐세일 행사장은 밀치락달치락하며 대성황을 이루었다.

プチ会話

A 昨日の野球の試合、見ましたか。

B もちろんです。あのスコアはすごかったですよね。

A 抜きつ抜かれつの大接戦で、ハラハラしながら見ていました。

B そうですね。勝ったからこそ言えますが、実におもしろい試合でしたね。

野球 야구
試合 시합
スコア 점수
大接戦 대접전
ハラハラ 조마조마한 모양
圧勝 압승
応援 응원
途中 도중
予想 예상

質問 会話の内容と合っているものはどれか。

① 昨日の試合は最後までどちらが勝ってもおかしくない試合だった。
② 昨日の試合は二人が応援するチームが圧勝して、気分のいい試合だった。
③ 昨日の試合は二人が応援するチームが途中まで負けていたものの、逆転勝利した。
④ 昨日の試合は予想していたとおり、二人が応援するチームが勝った。

047

～であれ～であれ ~이든 ~이든

접속 な형용사의 어간・명사＋であれ

어떠한 내용을 열거하여, 예시된 내용이 뒤에 오는 판단이나 행위와 관계가 없거나 영향을 미치지 않는다는 의미를 나타낸다.

> **役員であれ社員であれ、例外は認められない。**
> 임원이든 사원이든 예외는 인정할 수 없다.
>
> **男であれ女であれ簡単な料理はできた方がいい。**
> 남자든 여자든 간단한 요리는 할 수 있는 편이 좋다.

プチ会話

A 息子が一緒にテニスの試合をしてみたいと言っているんですが、まだ子供ですし、無理ですよね。

B あの練習熱心な息子さんですね。私はかまいませんよ。

A 本当ですか。ありがとうございます。

B その代わり、相手が大人であれ子供であれ、本気で対戦しますが、いいですね？

練習 연습
熱心だ 열심이다
相手 상대방
本気 진심
対戦 대전
態度 태도

質問 会話の内容と合っているものはどれか。

① Bさんは子供と試合をする時は、相手に合わせて負けてくれる人だ。
② BさんはAさんの子供が大人になったら対戦してもいいと話した。
③ Bさんは相手が誰だろうと、試合に手を抜かない人だ。
④ Bさんは対戦相手によって、試合の態度を変える人だ。

～てはかなわない ~하면 곤란하다, ~하면 싫다

접속 い형용사, な형용사, 동사의 て형 ＋ては＋かなわない

어떤 일의 정도가 너무 심해서, 곤란하거나 싫다는 부정적인 감정을 나타낸다. 회화에서는 「～ては」는 「～ちゃ」로, 「～では」는 「～じゃ」의 형태로 사용하기도 한다.

こんなに道路工事の音がうるさくてはかなわない。
이렇게 도로 공사 소리가 시끄러우면 곤란하다.

今日もまた残業。毎日こんなに忙しくてはかなわないよ。
오늘도 또 야근이야. 매일 이렇게 바쁘면 곤란해.

プチ会話

A 最近、夫の機嫌があまりよくないんだよね。

B もしかして育児ストレス？ 最近、Aさん残業で帰るの遅いし。

A うん。子育てが大変なのはわかるけど、毎日文句ばかり言われちゃかなわないよ。

B 今日は早く帰ってあげたら？ 残りの仕事は私一人でもできるし。

機嫌 기분
育児ストレス 육아 스트레스
遅い 늦다
子育て 육아
対抗 대항
苦労 고생

質問 会話の内容と合っているものはどれか。

① Aさんは文句を言われるのは嫌だが、口では夫に対抗できないと思っている。

② Aさんは子育てを一生懸命してくれている夫には何を言われてもしょうがないと思っている。

③ Aさんは夫の苦労も理解しているが、文句ばかり言われるのが嫌でたまらない。

④ Aさんは夫が毎日文句ばかり言うので、仕事を辞めることも考えている。

쪽지 시험 08

問題1 次の文の（　　　　）に入れるのに最もよいものを、1・2・3・4から一つ選びなさい。

1 ぜひ見たいと思っていた映画だったのに、忙しくて（　　　　）。

1 行きそびれた　　2 行きかけた　　3 行ったきりだ　　4 行くしまつだ

2 息子はこづかいをもらった（　　　　）使ってしまう。

1 かたがた　　2 かたわら　　3 そばから　　4 やいなや

3 今年は業績が非常に悪く、ボーナスが出なかった。しかし、給料がもらえる（　　　　）。

1 だけました　　2 といったところだ　　3 までのことだ　　4 ほどではない

4 川に落ちた帽子は、（　　　　）、流れに流されていった。

1 浮くにしろ沈むにしろ　　2 浮こうと沈もうと

3 浮きつ沈みつ　　4 浮くや沈むや

5 昇進できないだけならまだ我慢もできるだろうが、給料まで減らされては（　　　　）。

1 およばない　　2 かなわない　　3 きりがない　　4 さしつかえない

6 初心者（　　　　）、ベテラン（　　　　）、わが社はやる気のある人を採用したい。

1 だの／だの　　2 であれ／であれ　　3 とか／とか　　4 といい／といい

問題２　次の文の ＿★＿ に入る最もよいものを、１・２・３・４から一つ選びなさい。

1　年（とし）をとると ＿＿ ＿＿ ＿★＿ ＿＿ しまいます。

1 忘（わす）れて　　2 違（ちが）って

3 勉強（べんきょう）するそばから　　4 若（わか）いころと

2　夏（なつ）より冬（ふゆ）のほうが ＿＿ ＿＿ ＿★＿ ＿＿ かなわない。

1 毎日（まいにち）　　2 いっても　　3 いいと　　4 こう寒（さむ）くては

3　このアパートは古（ふる）くて ＿＿ ＿＿ ＿★＿ ＿＿ ましだ。

1 会社（かいしゃ）から　　2 けれど

3 近（ちか）いだけ　　4 あまりきれいではない

4　分（わ）からないことを ＿＿ ＿＿ ＿★＿ ＿＿ しまった。

1 質問（しつもん）しようと　　2 緊張（きんちょう）して　　3 思（おも）ったけど　　4 聞（き）きそびれて

5　職場（しょくば）は通常（つうじょう）、仕事（しごと）をしている ＿＿ ＿＿ ＿★＿ ＿＿ 場所（ばしょ）かもしれない。

1 人（ひと）であれば　　2 過（す）ごす

3 好（す）きであれ嫌（きら）いであれ　　4 人生（じんせい）の半分以上（はんぶんいじょう）を

6　メーカーと小売店（こうりてん）は ＿＿ ＿＿ ＿★＿ ＿＿ おり、一緒（いっしょ）に繁栄（はんえい）していかなければならない。

1 関係（かんけい）に　　2 お互（たが）いに　　3 なって　　4 持（も）ちつ持（も）たれつの

049

~てからというもの ~하고 나서, ~한 이래로

접속 동사의 て형+てからというもの

어떤 행동이 계기가 되어, 커다란 변화가 오랫동안 계속된다는 의미를 나타낸다. 뒤에 오는 문장이 극적인 변화라는 화자의 주관적인 느낌을 강조한다. 즉 '화자의 심정을 담은 극적인 변화'라고 말할 수 있다.

一度事故を起こしてからというもの、彼は慎重に運転するようになった。
한번 사고를 낸 뒤로 그는 신중하게 운전하게 되었다.

インターネットの便利さを知ってからというもの、手離せなくなってしまった。
인터넷의 편리함을 안 뒤로 손에서 놓을 수 없게 되었다.

プチ会話

A 今日は久しぶりに会えてうれしかったです。

B こちらこそ、とても楽しかったです。

A 子供が生まれてからというもの、なかなか自分の時間が持てなかったのですが、たまには外に出ることも必要ですね。

B そうですよ。また今度、お茶しにいきましょうね。

久しぶりに 오랜만에
外出 외출
出産 출산

質問 会話の内容と合っているものはどれか。

① Aさんは子供が生まれる前に、友達にたくさん会っておきたいと思っている。
② Aさんは出産する前から一人で出かけることがあまりなかった。
③ Aさんは子供が生まれたら、なかなか外出することが難しくなりそうだと思っている。
④ Aさんは出産してから一人で出かけることがほとんどなかった。

050

～てしかるべきだ ~해야 마땅하다

접속 동사의 て형+てしかるべきだ

당연하다는 의미를 나타내는 当然だ나 当たり前だ보다 훨씬 딱딱한 표현으로, 당연한 일이 이루어지지 않은 상태에 대한 불만의 감정을 강조하여 나타낸다. 단순하게 '당연한 것의 강조'라고 기억해 두어도 좋을 것이다.

> **この小説はとても面白い。もっと評価されてしかるべきだ。**
> 이 소설은 무척 재미있다. 더 높은 평가를 받아야 마땅하다.
>
> **経営環境が変わったのだから、会社の経営計画も見直されてしかるべきだ。**
> 경영 환경이 변했으므로 회사 경영 계획도 당연히 재검토해야 한다.

プチ会話

A 部長、来月から育児休暇を取得されるそうですね。

B 実はそうなんです。私自ら率先して会社の雰囲気を変えていきたいと思いまして。

A 子育ては母親がしてしかるべきだという考えは、今の時代に合っていないですものね。

B はい、時代に合わせて働き方ももっと柔軟に変えていけたらいいのですが。

育児休暇 육아 휴가
自ら 몸소, 스스로
率先 솔선
雰囲気 분위기
母親 모친, 어머니
柔軟 유연함
辛い 괴롭다
多忙 몹시 바쁨

質問 会話の内容と合っているものはどれか。

① Bさんは仕事が辛くなったので、育児休暇を取ることで自分も休むことにした。

② Bさんは多忙な奥さんの代わりに仕方なく育児休暇を取ることにした。

③ 二人とも子育ては当然母親がすべきことだとは思っていない。

④ 二人とも子供をしかることだけが母親の役割だとは思っていない。

051

～ても始まらない ~해도 소용없다, ~해도 의미 없다

접속 동사의 て형+ても始まらない

어떤 행동을 해도 그것이 문제를 해결하는 데에는 아무런 영향도 미치지 못하기 때문에 의미가 없다는 상황을 나타낼 때 쓴다.

一人で悩んでも始まらないので、誰かに相談したほうがいいと思う。
혼자 고민해도 소용없으니 누군가에게 상담하는 편이 좋다고 생각한다.

心配しても始まらないことは、心配しないほうが利口だ。
걱정해도 소용없는 일은 걱정하지 않는 게 낫다.

プチ会話

A 気になってるって言ってたカフェの店員さん、連絡先聞けた？

B それが…まだ聞けてないんだ。

A どうして？ 待っていても始まらないよ。チャンスは自分からつかみに行かないと！

B 背中押してくれてありがとう。今日、カフェに行ってみるよ。

連絡先 연락처
チャンス 기회
つかむ 잡다
背中を押す 등 떠밀다
アドバイス 조언

質問 会話の内容と合っているものはどれか。

① Aさんはもう少し待ってみた方がいいかもしれないとアドバイスした。
② Aさんはただ待っていても意味がないからと、早く連絡先を聞くようにアドバイスした。
③ Aさんは店員をここで待つよりも、直接カフェに行った方がいいとアドバイスした。
④ Aさんはここで待っていたら仕事ができないからと、Bさんをカフェに行かせることにした。

052

～とあって ~라서, ~이기 때문에

접속 동사・명사의 보통형+とあって
다만, 명사의 경우 だ는 붙지 않는 경우가 많다.

특별한 상황이라서, 평소와는 다른 일이 발생한다는 의미를 나타낸다. 객관적인 상황이나 화제를 말할 때 사용하기 때문에, 화자의 주관적인 감정 등에 대해서는 사용하지 않는다. 이미 발생한 일에 대하여 사용하기 때문에 뒷부분에 「～でしょう, ～だろう, ～かもしれない」와 같은 추측성 표현은 사용할 수 없다. '특별한 원인'이라고 기억해 두면 좋을 것이다.

年に一度のセールとあって多くの人が詰めかけた。
1년에 한 번 있는 세일이라서 많은 사람이 모였다.

久しぶりの再会とあって会話が弾んだ。
오랜만의 재회라서 대화가 활기를 띠었다.

プチ会話

A 先輩、会社の前の人だかり、見ましたか。

B いや、見てないけど、どうかした？

A 向かいの店でドラマの撮影があるらしく、芸能人が来るとあって見物客がものすごかったんですよ。

B へぇ、私もこれから見に行ってみようかな。

人だかり 군중, 사람이 많이 모임
先輩 선배
撮影 촬영
芸能人 연예인
見物客 구경꾼
集まる 모이다

質問 会話の内容と合っているものはどれか。

① 会社の前の見物客たちは皆、芸能人を見るために集まってきた。
② これから芸能人が来るという知らせが会社の前に貼ってあった。
③ 芸能人が本当に来るかは分からないが、向かいの店でドラマの撮影があるという噂だ。
④ 芸能人が来なかったため、会社の前は大変がっかりした人たちでいっぱいだった。

053

~といったところだ 잘해야 ~(정도)이다, 기껏해야 ~(정도)이다

접속 명사＋といったところだ

어떤 상황에 대하여 대략적인 평가를 나타내는 표현이다. 주로 수량이나 시간 등에 붙어서, 많다고 해도 제시된 정도를 벗어나지 않는다는 의미를 나타낸다. 「～という＋ところだ」의 형태로 사용되기도 한다. 회화에서는 축약하여 「～ってところだ」와 같이 사용하기도 한다. '대략적인 정도'라는 키워드로 기억해 두자.

私の睡眠時間は6時間といったところです。
제 수면시간은 기껏해야 여섯 시간 정도입니다.

この調子なら退院できるのはあと2、3週間といったところです。
이 상태라면 퇴원할 수 있는 것은 잘해야 2~3주 정도 후일 겁니다.

プチ会話

A　今月の売り上げもなかなか厳しいですね。

B　うちもですよ。それでもAさんのところは、けっこうお客さん来てるじゃないですか。

A　来ると言っても、一日10～15人といったところですよ。

B　そうですか。うちはその半分くらいですよ。

売り上げ 매출
厳しい 혹독하다
半分 절반, 반
最大 최대

質問　会話の内容と合っているものはどれか。

① 今日はAさんのお店にいつもより多くのお客さんが来ている。
② Aさんのお店にはだいたい毎日１０人ちょっとのお客さんが来る。
③ Aさんのお店は一日最大で１５人まで利用することができる。
④ Aさんは毎日10～15人くらいのお客さんが来てくれればいいと思っている。

054

～と思いきや ~라고 생각했더니, ~로 생각했는데

접속 동사・い형용사・な형용사・명사의 보통형＋と思いきや
다만, な형용사와 명사의 경우 だ는 붙지 않는 경우가 많다.

어떤 일이 생각했던 것과는 다른 결과가 되어 버렸다는 느낌을 강조한다. '예상 밖의 상황'이라는 점이 포인트이다. 문어체에서 주로 사용하는 딱딱한 표현이다.

> **今度の試験は絶対合格と思いきや、また落ちてしまった。**
> 이번 시험은 반드시 합격할 것으로 생각했더니 또 떨어지고 말았다.
>
> **商談がうまくいって契約できると思いきや、直前になってだめになった。**
> 거래 논의가 잘 되어 계약할 수 있을 거로 생각했더니 직전에 파투가 났다.

プチ会話

A 先生にほめられるなんて、珍しいじゃん。
B また怒られるのかと思いきや、ほめられて自分でもびっくりしたよ。
A たしかに、いつも怒られてばっかりだからね。
B たまにはこうしてほめられるのも悪くないね。

ほめる 칭찬하다
怒る 화를 내다
珍しい 신기하다
ほめ言葉 칭찬하는 말
本人 본인
時々 때때로
理由 이유

質問 会話の内容と合っているものはどれか。

① Bさんは先生に怒られていると思っていたが、実はほめ言葉だった。
② Bさんが先生にほめられるとは、本人も予想していなかった。
③ Bさんは先生に怒られてばかりだが、時々ほめられることもある。
④ Bさんは先生に怒られる理由もほめられる理由もわからなかった。

쪽지 시험 09

問題１　次の文の（　　　　）に入れるのに最もよいものを、１・２・３・４から一つ選びなさい。

1　仕事一筋だった父は、病気をしてから（　　　　）健康を第一に考えるようになった。

1 といえば　　2 とあって　　3 というもの　　4 というから

2　成績の優秀な学生には奨学金が与えられて（　　　　）。

1 しょうがない　　2 しかるべきだ　　3 きわまりない　　4 やまない

3　もうやってしまったことなんだから、今になっていくら（　　　　）し、楽しいこと考えましょう。

1 後悔しているわけだ　　2 後悔するに限る

3 後悔してやまない　　4 後悔しても始まらない

4　連休と（　　　　）、遊園地はどこも相当な混雑ぶりだった。

1 あって　　2 いっては　　3 すると　　4 して

5　深夜のコンビニバイトの平均時給は1,300円（　　　　）。

1 というものです　　2 といったところです

3 というものではありません　　4 というよりほかはありません

6　今度の期末試験は相当難しいだろうと思いきや（　　　　）。

1 やはり難しかった　　2 やはりやさしかった

3 意外にやさしかった　　4 意外に難しかった

問題２　次の文の ＿★＿ に入る最もよいものを、１・２・３・４から一つ選びなさい。

1　一週間後に ＿＿＿ ＿＿＿ ＿★＿ ＿＿＿ 勉強に取り組んでいる。

1 大事な試験が　　2 あって　　3 皆真剣に　　4 迫っていると

2　低所得者には、税金の負担を軽くする ＿＿＿ ＿＿＿ ＿★＿ ＿＿＿ と思う。

1 措置が　　2 などの　　3 とられて　　4 しかるべきだ

3　文句ばかり ＿＿＿ ＿＿＿ ＿★＿ ＿＿＿ ことを考えよう。

1 言っても　　2 できる　　3 まずは今自分で　　4 始まらないから

4　あの運動は、他の人には厳しい ＿＿＿ ＿＿＿ ＿★＿ ＿＿＿ といったところだ。

1 山田さんに　　2 軽い散歩　　3 トレーニングでも　　4 とっては

5　世界的な金融危機が ＿＿＿ ＿＿＿ ＿★＿ ＿＿＿ 大規模リストラが続き、多くの人が退職を余儀なくされている。

1 主要企業の倒産を　　2 発生してから　　3 というもの　　4 はじめとして

6　いつも約束の時間を守らない ＿＿＿ ＿＿＿ ＿★＿ ＿＿＿ 約束の10分も前に来た。

1 彼のことだから　　2 どうせ今日も

3 思いきや　　4 時間通りには来ないだろうと

055

~ときたら ~는, ~로 말할 것 같으면

접속 명사+ときたら

어떠한 대상(보통은 일상적으로 가까운 사람이나 사물)을 화제로 거론하여, 그것에 대한 화자의 불만이나 비난의 감정을 나타낼 때 사용한다. '비난의 대상'이라는 키워드로 기억해 두도록 하자.

> **あいつときたら、もうどうしようもない。**
> 저 녀석은 이미 속수무책이다.
>
> **父ときたら、休みの日には一日中寝ている。**
> 아빠는 쉬는 날이면 온종일 자고 있다.

プチ会話

A 最近、何か面白い日本のドラマある？

B うーん、最近はあまりドラマ見てなくて。

A 意外だね。一時期、あんなにはまって見てたのに。

B 最近のドラマときたら、現実離れした設定ばかりで、全然感情移入できないんだもん。

意外 의외
一時期 한창, 한동안
現実離れ 현실과 동떨어짐
設定 설정
全然 전혀
感情 감정
移入 이입
好み 취향
内容 내용
共感 공감
興味 흥미, 관심

質問 会話の内容と合っているものはどれか。

① Bさんは最近忙しくて大好きなドラマを見る時間すらない。
② Bさんはもっと現実的じゃないストーリーのドラマを見たいと思っている。
③ Bさんは最近のドラマの設定はおもしろいとは思うが、自分の好みではない。
④ Bさんは最近のドラマの内容にまったく共感できず、興味をなくしてしまっている。

056

~ところ(を) ~인데도, ~한 상황인데도, 인 중에

접속 い형용사의 사전형+ところ(を), 명사+の+ところ(を)

앞부분에는 상대에게 폐를 끼치거나 부담을 주었다는 내용이, 뒷부분에는 감사, 사과, 부탁과 같은 내용이 따른다. 서간문이나 인사말 등에서 관용어 표현으로 많이 쓰인다.

- **お忙しいところを** 바쁘신 중에
- **ご多忙のところを** 다망하신 중에
- **お休みのところを** 쉬고 계시는데
- **お急ぎのところを** 급하신데

遠いところをわざわざおいでいただき、ありがとうございます。
먼데도 일부러 와주셔서 감사합니다.

お休みのところをおじゃましてすみませんでした。
쉬고 계시는데 방해해서 죄송합니다.

プチ会話

A 午前中にお送りした発注書の件ですが、記載ミスがあり、訂正したものを先ほど再送いたしました。

B ご連絡いただきありがとうございます。

A ご多忙のところ大変恐れ入りますが、本日中にご確認いただけますと、大変ありがたいのですが…。

B 承知しました。すぐ確認するようにしますね。

発注書 발주서
記載ミス 기재 오류
訂正 정정
再送 재송부, 다시 보냄
多忙 바쁨
大変 대단히
本日中 금일 중, 오늘 중
確認 확인
取引先 거래처
頼み 부탁
当然 당연히
注文 주문
状況 상황

質問

① Aさんは忙しいことはわかるが、取引先の頼みなら当然聞くべきだと思っている。

② Aさんはこちらも忙しい中で注文しているのだから、理解してほしいと思っている。

③ Aさんは忙しい状況であることを理解した上で、申し訳なさそうにお願いしている。

④ AさんはBさんがいる所は本当はあまり忙しくないだろうと思っている。

057

～としたところで ~할지라도, ~한다고 해도

접속 동사・い형용사・な형용사・명사의 보통형+としたところで
다만, な형용사와 명사의 だ는 붙지 않는 경우가 많다.

어떤 조건을 제시하여, 그러한 상황일지라도 '어쩔 수가 없다', '의미가 없다'는 의미를 유도한다. 즉, 부정적인 상황을 유도하는 역접표현이다. 회화체에서는「～としたって」의 형태로 나타내기도 한다.

> **全員が参加するとしたところで、せいぜい２０人くらいだろう。**
> 전원 참석한다고 해도 겨우 스무 명 정도일 것이다.
>
> **この案には賛成できないが、私としたところで、いいアイディアがあるわけではない。**
> 이 안에는 찬성할 수 없지만, 나라고 해도 좋은 아이디어가 있는 것은 아니다.

プチ会話

A 息子さん、俳優になりたいんだって？

B うん。最初は反対したんだけど、誰に似たのか頑固で。

A それじゃ、このまま見守るつもり？

B また反対するとしたところで子供の気持ちが変わるわけじゃないから、まずはやりたいようにやらせようと思ってるんだ。

俳優 배우
反対 반대
頑固だ 완고하다, 고집이 세다
見守る 지켜 보다

質問 会話の内容と合っているものはどれか。

① Bさんは今度反対したら息子は夢をあきらめてしまうだろうから、もう少し見守ることにした。

② Bさんはもし夫が反対したら、息子の気持ちも変わるかもしれないと思っている。

③ Bさんは息子が俳優になることをあきらめている。

④ Bさんは自分が反対しても息子の夢は変わらないと思っている。

058

～とはいうものの ~라고는 해도

접속 동사・い형용사・な형용사의 보통형, 명사＋とはいうものの
다만, な형용사의 경우, だ는 붙지 않는 경우가 많다.

제시된 상황으로부터 예상되거나 기대되는 내용과 뒷부분에 제시되는 실제 내용이 다르다는 것을 나타내는 역접 표현이다. 「～といっても(~라고 해도)」와 비슷한 의미이지만, 「～とはいうものの」가 좀 더 딱딱하다.

> **近いとはいうものの、歩いて３０分はかかる。**
> 가깝다고는 해도 걸어서 30분은 걸린다.
>
> **景気は多少回復したとはいうものの、まだ実感できるほどではない。**
> 경기는 다소 회복되고 있다고는 해도 아직 실감할 정도는 아니다.

プチ会話

A 今朝、駅前でスーツ姿の旦那さんお見かけしたんですが、確か退職されたばかりでしたよね。

B 実は再就職が決まりまして。前職の関連会社の顧問を勤めることになったんです。

A 会社の顧問だなんて、すごいですね。

B いえいえ。顧問とはいうものの、形ばかりみたいですよ。

スーツ姿 정장 차림
退職 퇴직
再就職 재취직
前職 전 직장
関連会社 관련 회사
顧問 고문
勤める 근무하다
服装 복장
信じる 믿다

質問 会話の内容と合っているものはどれか。

① Bさんの夫は会社の顧問ではあるが、名前だけだ。
② Bさんの夫は服装だけは会社の顧問みたいだ。
③ Bさんの夫が会社の顧問だというのは、実はうそらしい。
④ Bさんは夫が会社の顧問になったという話を信じていない。

059

~なくはない・~なくもない

~하지 않는 것은 아니다 · ~하지 않는 것도 아니다

접속 동사 · い형용사 · 형용사 · 명사의 ない형+なくはない / なくもない

단정적으로 말하지 않고, 어떤 가능성이 조금은 있다는 것을 조심스럽게 나타내는 표현이다. '소극적인 긍정'이라고 기억해 두자.

野菜を食べなくはないが、あまり好きではない。
채소를 안 먹는 건 아니지만 별로 좋아하지 않는다.

お酒は飲まなくもないけど、あまり強くないんだ。
술을 안 마시는 건 아닌데 그다지 강하지 않다.

プチ会話

A このスカート、捨てちゃうの？
B うん、はけなくはないんだけど、ちょっときつくなっちゃって。
A それなら、私がもらってもいい？
B もちろん。捨てるのはちょっともったいないなと思ってたところだったし。

捨てる 버리다
はく 입다
きつい 꽉 끼다
流行 유행
うそをつく 거짓말을 하다

質問 会話の内容と合っているものはどれか。

① Bさんは流行が過ぎてしまったので、スカートを捨てることにした。
② そのスカートはBさんにとっては少しサイズが合わないが、頑張ればはくことができる。
③ Bさんは昔はそのスカートがはけたが、今ははけなくなってしまった。
④ Bさんはそのスカートがはけるにもかかわらず、Aさんのためにうそをついた。

060

～なしに ~없이, ~을 하지 않고

접속 명사+なしに

단순히 なしに 앞에 제시되는 내용 없이 어떤 일이 이루어지는 경우가 있고, 「～なしに」 앞에 제시되는 내용 없이 뒷부분의 일을 하는 것은 불가능하다는 부정적 의미를 유도한다(A 없이 B 할 수 없다). 이 경우, 「～なしには(없이는)」의 형태로 강조하여 사용하기도 한다. 참고로, 「～なしに」와 비슷한 의미로 「～なくして」가 있다.

私たちは３時間、休みなしに歩き続けた。
우리는 세 시간 동안 쉬지 않고 계속 걸었다.

目的なしに留学するのには賛成できない。
목적 없이 유학하는 것에는 찬성할 수 없다.

プチ会話

A 最近、日本で働く外国人が増えましたよね。

B そうですね。少子高齢化の影響で、働き手が少なくなる一方ですから、外国人に頼らざるを得ないのかもしれません。

A うちの会社も新入社員の確保が年々厳しくなっているので、外国人留学生の採用も検討中なんです。

B そうですか。いつかは外国人なしには成り立たない時代が来るかもしれませんね。

質問 会話の内容と合っているものはどれか。

① 将来的には日本に外国人労働者がいなくても問題ない世の中になりそうだ。
② 将来的には日本に外国人があまり来なくなるかもしれない。
③ 日本は外国人労働者がいなければ困難な状況になるかもしれない。
④ 日本は外国人労働者にとって生活しにくい国になるかもしれない。

少子高齢化 저출산 고령화
影響 영향
働き手 일손
外国人 외국인
頼る 의지하다
確保 확보
年々 매년, 해마다
採用 채용
検討 검토
成り立つ 성립하다
時代 시대
労働者 노동자
問題 문제
世の中 세상
困難だ 어렵다, 곤란하다
生活 생활

쪽지 시험 10

問題１　次の文の（　　　　　）に入れるのに最もよいものを、１・２・３・４から一つ選びなさい。

1　この本（　　　　　）全然おもしろくないので、もう読む気がしない。

1 ときたら　　2 とは　　3 といって　　4 とあって

2　金融危機で大企業（　　　　　）倒産の危機に陥る危険性がある。

1 としたら　　2 だけあって　　3 とあって　　4 としたところで

3　仕事がたまっていて、休み（　　　　　）出社しなければならない。

1 とはいうものの　　2 とばかりに　　3 ともなく　　4 というなら

4　青木先生のご指導（　　　　　）、論文を書き上げられなかっただろう。

1 のおかげで　　2 のいたりで　　3 なしには　　4 にもまして

5　ただいま、停電のため、電車の運転を見合わせております。お客様には、お急ぎの（　　　　　）大変申し訳ありません。

1 ところが　　2 ところを　　3 ところで　　4 ところは

6　A「村山さん、今日もまた遅刻したんだって。課長が怒るのも（　　　　　）な。」
B「最近続いてるようだし、無理もないよね。」

1 わかるものか　　2 わかりもしない
3 わからなくもない　　4 わかりそうもない

問題２　次の文の　＿★＿　に入る最もよいものを、１・２・３・４から一つ選びなさい。

1　君の提案には ＿＿＿ ＿＿＿ ＿★＿ ＿＿＿ 思う。

1 予算を考えると　　2 賛成できなくも
3 少し厳しいと　　4 ないが

2　その分野の専門家でも ＿＿＿ ＿＿＿ ＿★＿ ＿＿＿ わけがないだろう。

1 分かる　　2 としたところで　　3 あるまいし　　4 大学の教授

3　勉強において ＿＿＿ ＿＿＿ ＿★＿ ＿＿＿ ことだ。

1 大変な　　2 大切とはいうものの
3 毎日続けるのは　　4 予習と復習が

4　犬がかわいいからといって、＿＿＿ ＿＿＿ ＿★＿ ＿＿＿ ある。

1 勝手に触るのは　　2 飼い主への　　3 危険な場合も　　4 断りなしに

5　本日は雨で ＿＿＿ ＿＿＿ ＿★＿ ＿＿＿ 心から感謝を申し上げます。

1 ところを　　2 たくさんの方に
3 お足元の悪い　　4 お越しいただきまして

6　駅前に ＿＿＿ ＿＿＿ ＿★＿ ＿＿＿ サービスは悪いし、もう二度と行きたくない。

1 オープンした　　2 上に
3 料理はおいしくない　　4 レストランときたら

061

～ならいざしらず ~라면 몰라도

접속 명사+ならいざしらず

「～ならいざしらず」는 그 앞에 제시된 상황이라면 어쩔 수가 없지만 그렇지 않기 때문에 이해할 수 없다는 의미를 나타낸다. 이때 뒷부분에는 주로 감정 상태(놀람, 불만, 불신, 곤란 등)를 나타내는 표현이 따른다.

> **子供ならいざしらず、大学生にもなって朝一人で起きられないなんてとんでもない。**
> 어린아이라면 몰라도 대학생이 되어서도 아침에 혼자 못 일어나는 것은 어처구니가 없다.
>
> **初めてならいざしらず何度も来ているのに、また道に迷うなんて信じられない。**
> 처음이면 몰라도 몇 번이나 왔으면서 또 길을 헤매다니 믿을 수 없다.

プチ会話

A この会員登録、固定電話番号の入力が必須になってるんだけど。

B 本当？ 20年前ならいざしらず、今時固定電話がある家は少ないんじゃない？

A 私もそう思う。

B そこも携帯電話の番号と同じで大丈夫じゃない？

会員登録 회원 등록, 회원 가입
固定電話 유선 전화
番号 번호
入力 입력
必須 필수
今時 요새
様式 양식

質問 会話の内容と合っているものはどれか。

① 固定電話の番号が必要なのは20年前なら理解できるが、今の時代には合わない。

② 20年前だったら家の電話番号を知っていたのに、今は忘れてしまった。

③ 20年前は知らなかったが、固定電話がある家は少ないようだ。

④ 固定電話の番号が必要だとは、20年前の登録様式から変わっていないようだ。

062

～に(は)及ばない ① ~할 필요도 없다 ② ~에 미치지 못한다

접속 동사의 사전형, 명사+に(は)及ばない

① **~할 것 까지도 없다, ~할 필요도 없다(불필요)**: 상대의 기분이나 제안 등에 대하여 굳이 그럴 필요가 없다는 것을 우회적으로 나타낸다. 즉, '불필요'를 나타낸다.

② **~에 미치지 못한다(불급)**: 제시된 대상보다 뛰어나지 못한 것을 나타낼 때 쓰는 표현이다. 즉, 그 정도의 수준에 이르지 못한다는 '열등함'을 나타낸다.

みんな知っていることだから、わざわざ説明するには及ばない。
모두 알고 있으니 일부로 설명할 필요는 없다. 불필요

いくら練習しても、彼の才能には及ばないだろう。
아무리 연습해도 그의 재능에는 미치지 못할 것이다. 불급

プチ会話

A うちの犬を保護していただき、本当にありがとうございました。
B いえいえ。飼い主さんが見つかってよかったです。
A 昨日は心配で夜も眠れなかったんです。もしよろしければ、何かお礼がしたいのですが。
B いえいえ、礼には及びませんよ。当然のことをしたまでですから。

保護 보호
飼い主 (반려동물의) 주인
見つかる 발견하다, 찾다
心配だ 걱정되다
お礼 감사인사, 사례
当然 당연
断る 거절하다
感謝 감사

質問 会話の内容と合っているものはどれか。

① Bさんは犬を保護したことはお礼をされるほどのことではないと思っている。
② Bさんはお礼がほしいと思っているが、礼儀上断った。
③ Bさんはお礼がほしかったので、犬を保護した。
④ Bさんは大切な犬を保護していたのだから、もっと感謝されてもいいと思っている。

063

～にかかっている ~에 달려 있다

접속 명사＋にかかっている

제시된 내용이나 상태에 의해서, 어떤 일이 실현될지 어떨지는 결정된다는 의미를 나타낸다. 명사 외에도 '문장이나 의문사' 뒤에 붙어서 「～するかにかかっている(～할지에 달려 있다), ～するかどうかにかかっている(～할지 여부에 달려 있다), ～するか否かにかかっている(～할지 어떨지에 달려 있다)」와 같이 쓰이기도 한다.

日本の将来は若者にかかっている。
일본의 장래는 젊은이들에게 달려 있다.

卒業できるかどうかは、期末テストの結果にかかっている。
졸업할 수 있을지 여부는 기말 테스트 결과에 달려 있다.

プチ会話

A そんなに熱心に何見てるの？
B あ、これ？ 週末のデートの下調べしてるんだ。
A なかなか気合い入ってるね。
B 当然だよ。ゆいちゃんと正式に付き合えるか、このデートにかかってるからね。

熱心に 열심히
下調べ 예비 조사, 예습
気合いが入る 기합이 들다
正式 정식
付き合う 사귀다
デート 데이트

質問 会話の内容と合っているものはどれか。

① Bさんはゆいちゃんと付き合えるかどうか、友達とかけをしている。
② Bさんは週末にデートをしてみて、ゆいちゃんと付き合うかどうかを決めるつもりだ。
③ Bさんが考えている週末のデートにはかなりのお金がかかっているようだ。
④ Bさんに彼女ができるかは週末のデート次第だ。

064

~にかこつけて ~을 구실로

접속 명사+にかこつけて

어떤 일을 구실로 삼아, 실제로는 표면상으로 제시된 이유와는 다른 행위를 하는 경우를 나타낸다. 즉, 앞에는 표면상의 이유, 뒤에는 실제 행위(탄로 나면 곤란한 행위)가 온다. 타인을 비판하는 상황에서 주로 사용한다.

勉強にかこつけて部屋に閉じこもってゲームをする。
공부를 구실 삼아 방에 박혀 게임을 한다.

母親の病気にかこつけて、結婚式への出席を断った。
엄마의 병을 핑계로 결혼식 참석을 거절했다.

プチ会話

A ちょっと聞いてよ！山田さんが離婚するって話、嘘だったらしいよ。

B え、嘘？ あ、今日エイプリルフールだからか。

A エイプリルフールにかこつけて、ああいう嘘をつくなんてありえない！

B まったく、言っていいことと悪いことがあるよね。

離婚 이혼
嘘 거짓말
エイプリルフール 만우절
きっかけ 계기
口実 구실
信じる 믿다
許す 허용하다

質問

① エイプリルフールがきっかけで、山田さんは離婚することになった。
② エイプリルフールを口実にして、山田さんはひどい嘘をついた。
③ 山田さんが離婚するという話は、エイプリルフールだからと誰も信じなかった。
④ エイプリルフールなので、山田さんの嘘も許されるだろう。

065

~にとどまらず ~에 그치지 않고

접속 명사+にとどまらず

제시된 것보다 더욱 넓은 범위에 영향이 미치거나 상황이 전개된다는 의미를 표현한다. 주로, 시간이나 장소 등의 범위를 나타내는 명사 뒤에 붙인다. 간혹 동사 뒤에 붙기도 하는데 그때는 동사의 보통형에 접속한다.

環境破壊は一国の問題にとどまらず、地球規模の問題となっている。
환경 파괴는 한 나라의 문제에 그치지 않고 전 지구적 문제이다.

新型ウイルスによる感染症はその国にとどまらず、またたく間に世界中に広まった。
신형 바이러스에 의한 감염병은 그 나라에 그치지 않고 순식간에 전 세계로 퍼졌다.

プチ会話

A 私は不動産業界は未経験なのですが、何かお役に立てることがあるんでしょうか。

B 実は今後は不動産ビジネスにとどまらず、観光分野にも事業を拡大していこうと思っているんです。

A なるほど、それでご連絡くださったんですね。

B はい。旅行業界でご経験豊富なＡさんに来ていただけたら、これ以上心強いことはありません。

不動産 부동산
業界 업계
未経験 경험이 없음
役に立つ 도움이 되다
観光 관광
分野 분야
事業 사업
拡大 확대
連絡 연락
経験 경험
豊富だ 풍부하다
心強い 마음이 든든하다
力を入れる 힘을 쓰다
悩む 고민하다

質問 会話の内容と合っているものはどれか。

① Ｂさんの会社は今後、不動産以外のビジネスにも手を広げようとしている。

② Ｂさんの会社は今後、不動産ビジネスをやめて観光業に力を入れていく予定だ。

③ Ｂさんの会社は不動産か観光かで、今後の事業内容について悩んでいるところだ。

④ Ｂさんの話から予想すると、現在不動産業界は雰囲気があまり良くない状況のようだ。

066

～はさておき ~은 어찌 되었든, ~은 제쳐 두고

접속 명사+はさておき, ～か(どうか)は+さておき

그것에 대해서는 지금은 놓아두고 더 중요한 주제로 전환할 때 사용한다. 「Aはともかく(A는 어쨌든)」와 비슷한 의미를 나타낸다. '화제 전환'이라는 키워드로 기억해 두자.

> **冗談はさておき、そろそろ本題に入りましょうか 。**
> 농담은 제쳐 두고 슬슬 본제로 들어갈까요?
>
> **お金のことはさておき、まず旅行の日程を立てましょう。**
> 돈은 제쳐 두고 먼저 여행 일정을 세웁시다.

プチ会話

A テニス始めるつもりなの？

B まだ分からないけど、ここで体験レッスンやってるんだって。

A 体験レッスンか。それはいいね。

B うん。登録するかはさておき、一度参加してみようかな。

体験 체험
レッスン 레슨
登録 등록
参加 참가
勧める 권하다
前提 전제
無料 무료

質問 会話の内容と合っているものはどれか。

① Bさんは最近テニススクールに登録し、Aさんにも体験レッスンを勧めている。

② Bさんは登録することを前提に、テニスの体験レッスンに行ってみようと思っている。

③ Bさんは登録するかは別にして、テニスの体験レッスンに行ってみようと思っている。

④ Bさんは登録はしないだろうけど、無料なのでテニスの体験レッスンに行ってみようと思っている。

쪽지 시험 11

問題1　次の文の（　　　　　）に入れるのに最もよいものを、1・2・3・4から一つ選びなさい。

1　結果（　　　　　）、今日は収穫の多い試合をした。

1 ならいざしらず　　2 をはじめ　　3 はさておき　　4 をよそに

2　息子は寒さに（　　　　　）部屋から出てこようともしない。

1 かこつけて　　2 かぎって　　3 かけて　　4 かぎって

3　もうすぐ退院できるから、見舞いに来るには（　　　　　）。

1 かぎらない　　2 およばない　　3 かなわない　　4 さしつかえない

4　新入社員（　　　　　）、ベテランの君がこんなミスをするとは信じられない。

1 としたら　　2 ともなれば　　3 なるがゆえに　　4 ならいざしらず

5　契約の成否は、取引先がこの条件をどう考えるか（　　　　　）。

1 にかかっている　　2 にかたくない　　3 にたえない　　4 にはおよばない

6　当空港では国内（　　　　　）、海外の旅行情報サービスが受けられる。

1 にいたって　　2 にされず　　3 にとどまらず　　4 にかこつけて

問題２　次の文の ＿★＿ に入る最もよいものを、１・２・３・４から一つ選びなさい。

1 映画なら ＿＿＿ ＿＿＿ ＿★＿ ＿＿＿ 限らないのだ。

1 現実では　　2 正義が　　3 いざしらず　　4 勝つとは

2 先週、＿＿＿ ＿＿＿ ＿★＿ ＿＿＿ 友人と食事をしに行った。

1 出張に　　2 出張先に　　3 かこつけて　　4 いる

3 君たちが成功するか ＿＿＿ ＿＿＿ ＿★＿ ＿＿＿ かかっている。

1 どう使うかに　　2 どうかは　　3 時間を　　4 与えられた

4 この飾りは若い女性に ＿＿＿ ＿＿＿ ＿★＿ ＿＿＿ うけているらしい。

1 幅広い層に　　2 子供からお年寄りまで

3 の　　4 とどまらず

5 実現 ＿＿＿ ＿＿＿ ＿★＿ ＿＿＿ 新商品のアイディアをみんなで出してみよう。

1 まずは　　2 どうかは　　3 できるか　　4 さておき

7 壁にペイントを塗る際は、それなりの技術が必要だ。ただ、ちょっとした ＿＿＿ ＿＿＿ ＿★＿ ＿＿＿ 変わるはずだ。

1 熟練の職人には　　2 仕上がりは大きく

3 コツをつかめば　　4 及ばないにしても

067

～ばそれまでだ ~하면 그것으로 끝이다

접속 동사의 ば형+それまでだ

앞에 제시되는 내용이 발생하면, 어쩔 방도가 없거나 무의미하다는 것을 나타내는 표현이다. 절망, 체념과 같은 감정을 유도한다. 「～たら～それまでだ」라고 쓰기도 한다.

> **高級なガラス製品も一度落としてしまえばそれまでだ。**
> 고급 유리 제품도 한번 떨어뜨리면 그것으로 끝이다.
>
> **どんなにいい政策も権力を握っていなければそれまでだ。**
> 아무리 좋은 정책도 권력을 쥐고 있지 않으면 그걸로 끝이다.

プチ会話

A Bさんの動画、とても面白かったです！ どんなカメラで撮影しているんですか。

B 実は全部ケータイ一台で撮影しているんです。

A それはすごいですね。

B ケータイで十分ですよ。いくら高スペックのカメラを持っていても、使いこなせなければそれまでですから。

動画 동영상
撮影 촬영
高スペック 고사양
使いこなす 잘 다루다
機能 기능
意味 의미

質問 会話の内容と合っているものはどれか。

① 本当にいいカメラとは、どんな人が使ってもきれいに撮影できるカメラだ。

② 高スペックのカメラよりも最近のケータイの方がきれいな動画が撮影できる。

③ どんなにいいカメラでも、使う人が機能を理解していなければ何の意味もない。

④ Bさんはいいカメラを持っていたが、うまく使うことができなかったので、ケータイに変えた。

068

～べくして ~할 만해서, ~하는 것이 당연해서

접속 동사의 사전형＋べくして
단, する는, するべく와 すべく 모두 가능하다.

당연히 그럴 것이라고 예상되는 결과가 발생했다는 것을 나타낸다. 주로「Aするべくして Aした」처럼, 같은 동사가 반복되는 형태로 사용한다. '당연한 결과'로 기억해 두자.

厳しい練習を続けた彼は、その試合に勝つべくして勝った。
혹독한 연습을 계속한 그는 그 시합에 당연히 이길 만해서 이겼다.

安全管理をしていなかったのだから、あの事故は起きるべくして起きた。
안전 관리를 하지 않았기 때문에 그 사고는 일어날 만해서 일어났다.

プチ会話

A 妻とは旅行先で出会いました。一日に偶然３回も街中で会いまして。
B まるで映画のような話ですね。
A 実は帰りの飛行機でも偶然隣の席だったんです。
B まさに奥さんとは出会うべくして出会ったんですね。

旅行先 여행지
出会う 우연히 만나다
偶然 우연
街中 길거리
映画 영화
帰り 돌아오는 길
飛行機 비행기
装う 가장하다
知り合う 알다
きっかけ 계기
運命 운명

質問 会話の内容と合っているものはどれか。

① Bさんは旅行先で偶然を装って、奥さんと知り合うきっかけを作った。
② Aさんの旅行の目的は誰かいい人に出会うことだった。
③ Aさんと奥さんは出会う運命だったと言える。
④ Bさんは自分も運命の人に出会うべきだと考えている。

~までだ / までのことだ ① ~하면 된다 ② ~했을 뿐이다

접속 ① 동사의 사전형+までだ / までのことだ ② 동사의 た형+までだ / までのことだ

① **~하면 된다(결심)**: 어쩔 수 없으니 그렇게 하겠다는 결심이나 의지를 나타낸다.
② **단지 ~했을 뿐이다(설명)**: 특별한 이유나 복잡한 사정없이, 오직 그것만이 이유라는 느낌을 단정적으로 나타낸다.

飛行機がだめなら、新幹線で行くまでのことだ。
비행기가 안 된다면 신칸센으로 가면 된다. 결심

私はただ、本当のことを言ったまでです。
저는 그저 진실을 말했을 뿐입니다. 설명

プチ会話

A この仕事、前田さんは引き受けてくれるでしょうか。
B さっきの打ち合わせの様子だと、なかなか関心があるように見えましたけど、どうでしょう。
A 前田さんが一番適任だと思うんですが。
B そうですね。でも断られたら、その時は他の人を探すまでのことです。

引き受ける 맡다
打ち合わせ 사전 회의
様子 모양
関心 관심
適任 적임
断る 거절하다
探す 찾다
場合 경우
備える 대비하다
協力 협력
適任者 적임자
本人 본인

質問 会話の内容と合っているものはどれか。

① この仕事は前田さんにしかできない仕事だ。
② 前田さんに断られた場合に備えて、Bさんは他の人にも声をかけている。
③ 断られたとしても、他の人が見つかるまでは前田さんに協力してもらいたい。
④ 前田さんがこの仕事の適任者だと思うが、本人に関心がなければ仕方ない。

070

～までもない ~할 필요 없다, ~할 것까지도 없다

접속 동사의 사전형＋までもない

'그렇게 하지 않아도 된다', '그렇게 할 정도의 일이 아니다'라는 의미를 나타낸다. '불필요'라는 키워드와「言うまでもない(말할 것도 없다)」라는 표현으로 기억해두면 쉽다.

タバコの害については、言うまでもない。
담배의 해에 대해서는 말할 필요도 없다.

電話で済むことだから、わざわざ行くまでもないよ。
전화면 될 일이라서 일부러 갈 것까지 없다.

プチ会話

A この映画、見に行こうか迷ってるんだけど、どう思う？

B あ、それ？ 実は週末に見てきたんだけど…

A どうだった？

B 映像はよかったけど、わざわざ映画館で見るまでもないかな。

質問 会話の内容と合っているものはどれか。

① Bさんは映像の美しさが見たいなら、映画館に見に行くべきだと言った。

② Bさんはその映画を見て、映画館に見に行くほどの価値はないと感じた。

③ Bさんはその映画を見て、総合的にはお金を払って見てもいいと感じた。

④ Bさんは映画を見に行ったものの、最後まで見る時間がなかった。

迷う 망설이다
映像 영상
映画館 영화관
美しさ 아름다움
価値 가치
感じる 느끼다
総合的 종합적
払う 돈을 내다, 지불하다
最後 마지막

071

～ものを ~인데, ~일 텐데, ~인 것을

접속 동사, い형용사, な형용사의 보통형＋ものを
단, な형용사는 어간＋な＋ものを의 형태로 쓰이는 경우가 많다.

그랬으면 좋았을 텐데 그렇게 하지 않아서 아쉽다는 유감, 불만, 원망, 비난 등의 느낌을 나타낸다.「知っていたら、教えてくれればいいものを(알고 있었으면 가르쳐 주었으면 좋았을 텐데)」라는 문장처럼, 앞에 가정 표현이 와서「～ば～ものを」,「～たら～ものを」의 형태로 쓰이는 경우가 많다.

あの時、薬さえあれば彼は助かったものを。
그때 약만 있으면 그 사람은 도움을 받았을 것을.

だれかに相談すれば簡単に解決できたものを、どうして一人で悩んでいたのだろう。
누군가에게 상담하면 쉽게 해결할 수 있었을 텐데, 왜 혼자 고민했을까.

プチ会話

A 何かお探しですか。

B ここに置いておいたはずの資料が見つからないんです。

A それならさっき林さんが持って行きましたけど。

B え、林さんがですか。持って行くなら一言言ってくれればいいものを。

資料 자료
一言 한 마디
手伝う 돕다
感謝 감사
不満 불만
残念だ 유감이다
優しい 다정하다

質問 会話の内容と合っているものはどれか。

① Bさんは林さんが知らないうちに手伝ってくれたことに感謝している。
② Bさんは林さんが何も言わずに資料を持って行ったことを不満に感じている。
③ Bさんは資料の他にも林さんに持って行ってほしいものがあったので、残念に思っている。
④ Bさんは何も言わずに手伝ってくれた林さんのことを優しい人だと思っている。

072

～(よ)うが～まいが ~하든 말든, ~하든 안 하든

접속 동사의 의지형＋が＋동사의 사전형＋まいが

2, 3그룹 동사의 경우에는 동사의 사전형＋まいが를 ない형＋まいが로도 사용한다.

어떠한 동작을 하든 하지 않든 관계없이 결과는 같다는 의미를 표현한다. 「あろうがあるまいが(있든 없든), しようがしまいが(하든 말든)」처럼 같은 동사를 반복하여 사용한다. 「～ようが～まいが」는 「～ようと～まいと」로 나타내기도 한다.

彼(かれ)が謝(あやま)ろうが謝(あやま)るまいが、私(わたし)は彼(かれ)を許(ゆる)すつもりはない。
그가 사과하든 말든 나는 그를 용서할 생각은 없다.

運転(うんてん)しようがしまいが、免許(めんきょ)だけはとっておいたほうがいいだろう。
운전하든 안 하든 면허만큼은 따 두는 편이 나을 것이다.

プチ会話

A あそこに座(すわ)ってる人(ひと)、元(もと)カノじゃない？

B あ、本当(ほんとう)だ。何(なに)か気(き)まずいな。

A 一緒(いっしょ)にいる人(ひと)、もしかして新(あたら)しい彼氏(かれし)じゃない？

B どうかな？ もう別(わか)れたんだし、誰(だれ)と付(つ)き合(あ)おうが付(つ)き合(あ)うまいが、僕(ぼく)には関係(かんけい)ないよ。

元(もと)カノ 전 여자친구
気(き)まずい 어색하다
恋愛(れんあい) 연애
別(わか)れる 헤어지다
気(き)になる 신경 쓰이다

質問 会話の内容と合っているものはどれか。

① Bさんは別(わか)れた元(もと)カノの恋愛(れんあい)には興味(きょうみ)がない。

② Bさんは元(もと)カノに新(あたら)しい恋人(こいびと)ができたかどうか、気(き)になっている。

③ Bさんは元(もと)カノには誰(だれ)とも付(つ)き合(あ)わないでほしいと思(おも)っている。

④ Bさんは元(もと)カノともう一度(いちど)付(つ)き合(あ)おうか悩(なや)んでいる。

쪽지 시험 12

問題1 次の文の（　　　　）に入れるのに最もよいものを、1・2・3・4から一つ選びなさい。

1 そんなこと、分かりきっている。君に言われる（　　　　）。

1 おそれがある　　2 はずもない　　3 までもない　　4 とは限らない

2 とにかくやってみよう。だめだったらやめる（　　　　）。

1 までだ　　2 かわりだ　　3 とおりだ　　4 ほどだ

3 両国の貿易摩擦は、（　　　　）起こったと言える。

1 起ころうが　　2 起こればこそ　　3 起こるにせよ　　4 起こるべくして

4 どんなに優れた製品を開発しても、収益に結びつかなければ（　　　　）。

1 それからだ　　2 それまでだ　　3 それのみだ　　4 それほどだ

5 入院していたのなら、お見舞いに行ってあげた（　　　　）。どうして電話してくれなかったの。

1 ことを　　2 ものを　　3 ところを　　4 わけを

6 全員（　　　　）集まるまいが、予定どおりに会議を進めることにする。

1 集まるが　　2 集まろうが　　3 集めるが　　4 集めないが

問題2 次の文の ＿★＿ に入る最もよいものを、１・２・３・４から一つ選びなさい。

1 私は ＿＿＿ ＿＿＿ ＿★＿ ＿＿＿ つもりはありません。

1 批判する　　2 述べた　　3 までで　　4 率直な感想を

2 熱があるなら、＿＿＿ ＿＿＿ ＿★＿ ＿＿＿ 風邪をこじらせてしまったんだよ。

1 休めば　　2 無理するから　　3 よかった　　4 ものを

3 飲酒運転が ＿＿＿ ＿＿＿ ＿★＿ ＿＿＿ 言うまでもない。

1 改めて　　2 行為であるか　　3 危険な　　4 いかに

4 この商品は品質がよく価格もリーズナブルだ。＿＿＿ ＿＿＿ ＿★＿ ＿＿＿ だろう。

1 売れる　　2 売れたのだ　　3 と言える　　4 べくして

5 結婚をし、長年一緒に ＿＿＿ ＿＿＿ ＿★＿ ＿＿＿ それまでだ。

1 生活を　　2 離婚してしまえば

3 した　　4 としても

6 最善を尽くして ＿＿＿ ＿＿＿ ＿★＿ ＿＿＿ 思う。

1 やれば　　2 しまいと　　3 関係ないと　　4 成功しようと

～（よ）うものなら ~라도 하게 되면, ~했다가는

접속 동사의 의지형＋ものなら

「Aものなら B」의 형태로, 만약 A라는 상황이 된다면 B라는 커다란 문제가 생길 것이라는 화자의 생각을 나타낸다. 특별한 경우를 제외하고는 뒷부분에 부정적인 상황이 올 때가 많다.

授業に遅れようものなら、山田先生にひどく怒られるだろう。
수업에 늦기라도 했다가는 야마다 선생님께 호되게 혼날 것이다.

彼に一言でも話そうものなら、会社中にうわさが広がってしまう。
그에게 한마디라도 했다가는 회사 전체에 소문이 퍼진다.

プチ会話

A あの、この料理の中に卵は入っていますか。

B 卵は入っておりませんが、お嫌いですか。

A 実はアレルギーがあって、ちょっとでも食べようものなら、大変なことになるんです。

B どうぞご安心ください。こちらには卵は一切使用しておりませんので。

料理 요리, 음식
卵 달걀, 계란
入る 들어가다
アレルギー 알레르기
安心 안심
一切 일절, 전혀
使用 사용
驚く 놀라다
自制 자제
症状 증상

質問 会話の内容と合っているものはどれか。

① Aさんは卵アレルギーがあるが、前に少し食べたらとてもおいしくて驚いた。
② Aさんは卵を少しでも食べると止まらなくなってしまうため、自制している。
③ Aさんは卵アレルギーがあるが、食べ過ぎなければ大変なことにはならない。
④ Aさんは卵を少しでも食べると、ひどいアレルギー症状が出てしまう。

074

～をおいて ~을 제외하고, ~을 놓아두고

접속 명사+をおいて

제시된 것 이외에는, 더 좋은 것이 없다는 의미를 나타낸다. 즉, 그것밖에 없다는 의미를 우회적으로 강조한다.
「～をおいて～ない」의 형태로, 뒷부분에는 부정적인 표현이 와야 한다.

> **あなたをおいて社長の適任者はいない。**
> 너를 제외하고 사장의 적임자는 없다.
>
> **もっとも効率のよい情報収集の手段は、読書をおいてほかにないと思う。**
> 더욱 효율 좋은 정보 수집 수단은 독서를 제외하고 달리 없다고 생각한다.

プチ会話

- 転職 이직, 전직
- 好条件 좋은 조건
- 合併 합병
- 職場 직장

A 転職するんだって？ 急にまたどうして？

B 実は他の会社から好条件でスカウトされてね。

A なるほど、そういうことか。

B それにうちの会社、合併の話が出てるみたいだし、転職するなら今をおいてほかにないと思って。

質問 会話の内容と合っているものはどれか。

① Bさんは転職するには今が一番良い時だと考えている。

② Bさんは会社が合併されても、今のまま勤務するしかないと考えている。

③ Bさんは今の職場よりも良い会社は他にないと考えている。

④ Bさんは転職するなら今じゃないと考えていたが、思いがけず良い話をもらった。

075

～をひかえて ~을 앞두고

접속 명사＋をひかえて

동사 「控える(ひかえる)」는 '앞두다'라는 뜻이며, 가까운 장래에 무언가가 예정되어 있다는 의미를 나타낸다. 이 동사에서 파생된 「～をひかえて(~을 앞두고)」는 어떤 일이 바로 직전으로 다가온 상태를 나타낸다.

> **二日後に開会式を控えて、みんな準備に忙しい。**
> 이틀 후 개회식을 앞두고 모두 준비로 바쁘다.
>
> **来月の期末試験を控えて、アルバイトの時間を減らすことにした。**
> 다음 달 기말시험을 앞두고 아르바이트 시간을 줄이기로 했다.

プチ会話

A 出産予定日そろそろでしたよね。

B はい。出産を控えて、妻は来週から実家に帰る予定なんです。

A そうですか。Bさんももうすぐお父さんですね。

B まだ実感がわきませんが、赤ちゃんに会えるのが待ち遠しいですね。

出産予定日 출산예정일
出産 출산
実家 본가
実感 실감
待ち遠しい 몹시 기다려지다
生む 낳다
故郷 고향
無事に 무사히

質問 会話の内容と合っているものはどれか。

① Bさんの奥さんは出産前に実家に帰るのを控えるようにしている。
② Bさんは奥さんが出産する前に実家に帰っておこうと思っている。
③ Bさんの奥さんは出産前に故郷に帰って子供を産む予定だ。
④ Bさんの奥さんは無事に出産してから、赤ちゃんと一緒に実家に帰る予定だ。

076

～を経て ~을 거쳐서

접속 명사+を経て

어떤 시간, 장소, 경험 등의 과정을 거쳐서, 뒤에 오는 상태가 결과가 된다는 의미를 나타낸다. 앞부분의 과정을 강조하려는 의도로 사용되는 표현이다.

> **新しい協定は議会の承認を経て認められた。**
> 새 협정은 의회 승인을 거쳐 승인되었다.
>
> **人は様々な失敗を経て成長するものです。**
> 사람은 다양한 실패를 거쳐 성장하는 법입니다.

プチ会話

A お部屋の家具、どれも本当に素敵ですね。

B 昔からアンティーク家具が好きで、少しずつ集めているんです。

A それは素晴らしい趣味ですね。

B アンティーク家具には時代を経ても変わらない魅力があるので、高くてもついつい買ってしまうんですよ。

- 家具 가구
- 素敵だ 훌륭하다
- アンティーク 앤티크, 골동품
- 魅力 매력
- 集める 모으다
- 素晴らしい 멋지다
- 趣味 취미

質問 会話の内容と合っているものはどれか。

① アンティーク家具は時代とともに変化していくところが魅力だ。

② アンティーク家具の良さはどんなに時間が経っても変わらない魅力にある。

③ アンティーク家具は様々な時代の良さを取り入れながら、常に魅力を増している。

④ アンティーク家具の魅力は古くて高く売れるということだ。

077

～をもって ~으로, ~로써

접속 명사+をもって

일상 회화에서는 잘 사용하지 않으며, 서간문이나 안내문 등에서 사용하는 매우 딱딱한 표현이다.

① **수단, 방법**: 어떤 일의 수단, 방법을 나타낸다.「実力(실력), 技術(기술), 知識(지식), 能力(능력)」등의 명사 뒤에 붙는 경우가 많다. 이 의미를 더 강조하고 싶을 때는「～をもってすれば」를 사용하기도 한다.

② **개시, 종료**: 시간을 나타내는 말 뒤에 붙어서, 어떤 일의 시작이나 종료를 나타낸다. 좀 더 정중한 느낌을 주고 싶을 때는 더 딱딱한 표현인「～をもちまして」를 사용하기도 한다.

熱意と努力をもってその行事を成功させた。
열의와 노력으로 그 행사를 성공시켰다. 수단, 방법

これをもちまして本日の会議を終了いたします。
이것으로 오늘 회의를 끝내겠습니다. 개시, 종료

プチ会話

A それでは、本日の面接は以上です。
B 貴重なお時間をいただき、ありがとうございました。
A 面接の結果は一週間以内に書面をもってご連絡します。
B 承知いたしました。どうぞよろしくお願いいたします。

面接 면접
貴重だ 귀중하다
結果 결과
文書 문서
書類 서류

質問 会話の内容と合っているものはどれか。

① 面接の結果については電話で連絡が来る予定だ。
② 担当者が書類を持って結果を教えてくれる予定だ。
③ 面接の結果は文書で知らされる予定だ。
④ 面接官は合格の場合、一週間以内に必要書類を持ってきてほしいと伝えた。

～をよそに ~을 무시하고, ~을 아랑곳하지 않고

접속 명사+をよそに

어떠한 것을 신경 쓰거나 돌아보지 않고 무시한다는 의미를 나타낸다. 문장 뒷부분에는 보통 부정적인 상황이나 행동이 오는 경우가 많다. '무시'라는 키워드로 기억해 두자.

> **親の期待をよそに、息子は遊んでばかりいる。**
> 부모의 기대를 아랑곳하지 않고 아들은 놀고만 있다.
>
> **彼は受験生でありながら、勉強をよそにアルバイトばかりしている。**
> 그는 수험생이면서 공부는 하지 않고 아르바이트만 하고 있다.

プチ会話

A 娘さん、幼稚園に大分慣れてきたみたいですね。

B はい、おかげさまでなんとか。

A 初日は大泣きして大変でしたものね。

B 今は親の心配をよそに、楽しそうに通っていてほっとしています。

幼稚園(ようちえん) 유치원
大分(だいぶ) 꽤, 제법
慣(な)れる 익숙해지다
初日(しょにち) 첫날
大泣(おおな)き 통곡, 큰 소리로 욺
通(かよ)う 다니다
心配(しんぱい) 걱정
環境(かんきょう) 환경
適応(てきおう) 적응

質問 会話の内容と合っているものはどれか。

① Bさんの娘は親が心配していることを知って、幼稚園に慣れようとがんばっている。

② Bさんの娘は親の心配とは関係なく、新しい環境に適応している。

③ Bさんの娘は親が心配してしまうほど幼稚園が大好きだ。

④ Bさんの娘は親が心配する必要もないほど、楽しく幼稚園で過ごしている。

쪽지 시험 13

問題1　次の文の（　　　）に入れるのに最もよいものを、１・２・３・４から一つ選びなさい。

1　厳しい予選を（　　　）、16チームが決勝に進んできた。

1 経て　　2 機に　　3 かねて　　4 ひかえて

2　小学校の先生は厳しかったので、ちょっとでも（　　　）、廊下に立たされた。

1 遅刻しようとも　　2 遅刻するにしても

3 遅刻するにかぎらず　　4 遅刻しようものなら

3　住民の反対（　　　）、ダムの建設工事が進められている。

1 によらず　　2 をよそに　　3 はもとより　　4 をかぎりに

4　当社は９月１日（　　　）、川田商事と合併いたします。

1 にあって　　2 とあって　　3 にあたって　　4 をもって

5　このプロジェクトの責任者は彼（　　　）ほかにいないだろう。

1 をかねて　　2 をひかえて　　3 をおいて　　4 をよそに

6　A「結婚を（　　　）いる今の心境はどう？」
B「すごく緊張しています。」

1 経て　　2 控えて　　3 通じて　　4 かねて

問題２　次の文の ＿★＿ に入る最もよいものを、１・２・３・４から一つ選びなさい。

1　わがままな弟(おとうと)は、気(き)に入(い)らないことを ＿＿＿ ＿＿＿ ＿★＿ ＿＿＿ 泣(な)きだす。

1 されよう　2 すぐに大声(おおごえ)で　3 ちょっとでも　4 ものなら

2　新(あたら)しく住宅開発(じゅうたくかいはつ)を ＿＿＿ ＿＿＿ ＿★＿ ＿＿＿ ないだろう。

1 この地域(ちいき)を　2 進(すす)めるなら　3 ほかには　4 おいて

3　消費者(しょうひしゃ)の食品(しょくひん)に対(たい)する ＿＿＿ ＿＿＿ ＿★＿ ＿＿＿ 一方(いっぽう)だ。

1 輸入(ゆにゅう)は　2 不安(ふあん)をよそに　3 加工食品(かこうしょくひん)の　4 増(ふ)える

4　当社(とうしゃ)は、優(すぐ)れた ＿＿＿ ＿＿＿ ＿★＿ ＿＿＿ 貢献(こうけん)するために努(つと)めてまいります。

1 社会(しゃかい)に　2 もって　3 産業(さんぎょう)の発展(はってん)と　4 最新(さいしん)の技術(ぎじゅつ)を

5　駅前(えきまえ)の新(あたら)しいスーパーは、＿＿＿ ＿＿＿ ＿★＿ ＿＿＿、あとは客(きゃく)を待(ま)つばかりになっている。

1 すっかり準備(じゅんび)が　2 来週(らいしゅう)の開店(かいてん)を　3 整(ととの)い　4 控(ひか)えて

6　新入社員(しんにゅうしゃいん)はそれぞれの企業(きぎょう)に ＿＿＿ ＿★＿ ＿＿＿ ＿＿＿ ことになる。

1 研修(けんしゅう)を経(へ)て　2 おいて

3 いよいよ現場(げんば)の業務(ぎょうむ)に　4 携(たずさ)わる

STEP 3

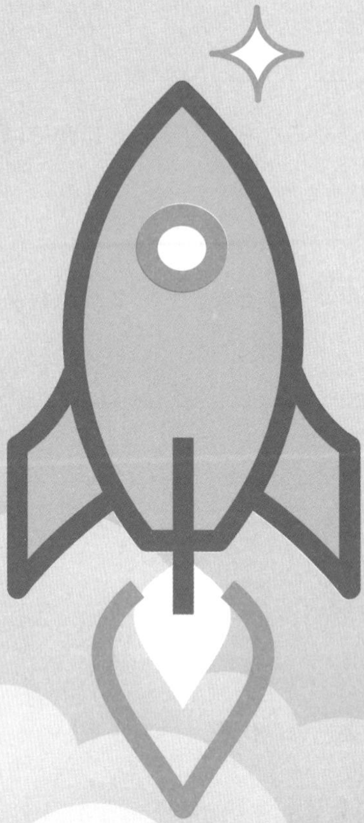

079

～か否か ~인지 아닌지, ~할지 어떨지

접속 동사・い형용사의 보통형＋か否か, な형용사의 어간・명사＋か否か

앞에 제시한 내용에 대하여 의문을 품거나, 판단하기 어려운 상황에서 사용하는 표현이다. 「～かどうか」와 비슷한 의미이며, 딱딱한 표현이라서 회화체에서는 잘 사용하지 않는다.

そのうわさが本当か否か分かりません。
그 소문은 진짜인지 어떨지 모릅니다.

講習会に参加できるか否かご回答ください。
강습회에 참가할 수 있을지 여부는 회답 주세요.

プチ会話

A　プレゼンの資料、ご確認いただきありがとうございます。

B　よくできていたよ。せっかくだから、明日本番どおりに発表の練習までやってみようか。

A　承知いたしました。準備しておきます。

B　今回の契約が取れるか否かは、来週のプレゼンにかかっているからね。一緒に頑張ろう。

本番 실전
発表 발표
練習 연습
準備 준비
契約 계약
プレゼン 발표
可能性 가능성
臨む 임하다
気を抜く 긴장을 늦추다

質問　会話の内容と合っているものはどれか。

① 今回は契約が取れない可能性が高いが、一生懸命プレゼンに臨むつもりだ。
② 来週のプレゼン次第で契約が取れるかどうかが決まる。
③ 今回の契約はほぼ取れるに違いないが、最後まで気を抜いてはいけない。
④ Bさんは今回の契約を取りにいこうかどうしようか、正直まだ迷っている。

080

~かたがた ~겸해서,~하는 김에

접속　명사+かたがた

「AかたがたB」의 형태로, A를 겸하여 B를 한다는 의미를 나타낸다. 즉, 하나의 행위가 두 가지 목적을 위해 이루어지는 경우에 사용한다. 매우 격식 차린 표현으로, 서간이나 메일 등에서 사용한다. 「ご挨拶(인사), ご報告(보고), お礼(감사 인사), お詫び(사죄), お祝い(축하), お見舞い(병문안)」 등의 명사에 붙는 경우가 많다.

まずはお礼かたがたご挨拶申し上げます。
먼저 감사 인사 겸해서 인사 올리겠습니다.

就職の報告かたがた田中先生のお宅を訪ねた。
취직 보고 겸 다나카 선생님 댁을 방문했다.

プチ会話

A 週末、何か予定はありますか。

B いいえ、特に何もないですけど、どうかしたんですか。

A 実は佐藤さんの新居が完成したので、お祝いかたがた遊びに行く予定なんですが、一緒に行きませんか。

B それはいいですね。ぜひ私もご一緒させてください。

新居 새 주택, 새로 지은 집
完成 완성
準備 준비
秘密 비밀
兼ねる 겸하다

質問　会話の内容と合っているものはどれか。

① 二人は週末、お祝いの品は準備せずに佐藤さんの家に遊びに行く予定だ。
② 二人は週末、佐藤さんの家に遊びに行く予定だが、お祝いのことはまだ秘密だ。
③ 二人は佐藤さんにお祝いを伝えてから、新居に遊びに行く予定だ。
④ 二人は週末、新居のお祝いを兼ねて、佐藤さんの家に遊びに行く予定だ。

081

～からある ~나 되는

접속 명사+からある

수량을 나타내는 명사 뒤에 붙어서, 수량이나 정도가 그것보다 많거나 크다는 것을 강조하는 표현이다. 금액에는 「～からする」, 인원수에는 「～からの」를 쓰기도 한다. 비슷한 표현으로 「수량+もの(~나 되는)」, 「수량+以上の(~이상인)」도 같이 알아두자.

> **100キロからある荷物を運ぶのは大変だ。** 100kg나 되는 짐을 옮기는 것은 힘들다.
>
> **彼は500万円からある借金を２年で返した。** 그는 500만 엔이나 되는 빚을 2년 동안 갚았다.
>
> **彼は10万円からするワインを注文した。** 그는 10만 엔이나 되는 와인을 주문했다.
>
> **追突事故で20人からの人が怪我を負った。** 추돌사고로 스무 명이나 되는 사람이 다쳤다.

プチ会話

A 昨日、部長に連れて行ってもらったお店、すごくおいしかったね。

B 本当、あんなにおいしい中華、初めて食べたよ。

A 帰ってからネットで調べてみたんだけど、あの店の料理、どれも3000円からするそうだよ。

B うわ、道理でおいしいわけだ。

- 連れる 데리고 가다
- 中華 중화, 중화 요리
- 調べる 조사하다
- 高級料理 고급 요리
- 注文 주문

質問　会話の内容と合っているものはどれか。

① Aさんは昨日食べた料理はおいしいわりには値段が安いと思っている。
② 昨日食べた料理は全部で3000円しかしなかった。
③ 昨日の店の料理は、すべて3000円以上もする高級料理だ。
④ 昨日の店の料理は、3000円からネットで注文することができるそうだ。

082

~きらいがある ~하는 (나쁜) 경향이 있다

접속 동사의(사전형)+きらいがある, 명사+の+きらいがある

きらい는 '경향'이라는 의미이며, 부정적인 경향을 강조하여 나타낸다. 주로 타인을 비난하는 경우에 사용한다. 또한, 딱딱한 표현이므로 회화체에서는 잘 사용하지 않는다. '부정적인 경향'이라는 키워드로 기억해 두자.

> **彼は他人の意見を無視するきらいがある。**
> 그는 타인의 의견을 무시하는 경향이 있다.
>
> **最近の選挙では投票率が低くなるきらいがある。**
> 최근 선거에서는 투표율이 낮아지는 경향이 있다.

プチ会話

A 新規プロジェクト、スケジュール通りに進んでいないようだね。

B 山本さんの担当なんですが、私もちょっと心配しているんです。

A 彼女は何でも一人で抱え込んでしまうきらいがあるから、Bさんからもサポートしてもらえないかな。

B 承知いたしました。

- 新規プロジェクト 신규 프로젝트
- スケジュール 스케줄
- 担当 담당
- 心配 걱정
- 抱え込む 끌어안다
- 周り 주위, 주변
- 頼る 의지하다
- 傾向 경향

質問 会話の内容と合っているものはどれか。

① 山本さんは他の社員に嫌われているので、サポートしてくれる人が周りにいない。

② 山本さんは人に頼ることが苦手で、全部一人でしてしまおうとする傾向がある。

③ 山本さんは人の好き嫌いが激しいので、仕事も一人でした方が楽だと思っている。

④ 山本さんは自分一人でするのが嫌なくせに、人に頼むことができない人だ。

083

～の極み 극치

접속 명사＋の＋極み

더 이상 없을 정도로 상태가 극에 달해 있다는 의미를 나타낸다. 「感激(감격), 贅沢(사치), 痛恨(통탄), 疲労(피로)」 등의 단어와 결합하여 쓰이는 경우가 많다.

有名な選手と握手できて、感激の極みだ。
유명한 선수와 악수할 수 있어서 몹시 감격했다.

長年の親友をなくし、悲しみの極みです。
오랜 친우를 잃어서 슬픔의 극치입니다.

プチ会話

A　ここ最近、ずっと元気ないみたいですが、何かあったんですか。
B　実は投資していた株が暴落して、大損してしまったんです。
A　うわ、それは痛恨の極みですね。
B　早めに売っておけばよかったものを、悔やんでも悔やみきれません。

投資 투자
株 주식
暴落 폭락
大損する 크게 잃다
痛恨 통한, 원통함
悔やむ 후회하다
落ち込む 침울해지다
励ます 격려하다
失敗 실패, 실수
損失 손실

質問 会話の内容と合っているものはどれか。

① Aさんは落ち込んでいるBさんのことを一生懸命励ましている。
② Bさんは株に失敗してしまったことをこれ以上ないほど悔しんでいる。
③ Bさんは株で大きな損失を被ってしまったが、仕方がないと思っている。
④ Aさんはとても痛がっているBさんが心配で声をかけた。

084

～ずくめ ~일색, ~뿐

접속 명사+ずくめ

'전부가 그러하다, 그러한 것들뿐이다'라는 의미를 나타낸다. 긍정적인 내용에도 부정적인 내용에도 쓸 수 있다. '전반적인 경향'이라는 키워드로 기억해 두자. 다음과 같이 특정한 단어와 결합하여 쓰이는 경우가 대부분이다.

- **いいことずくめ** 좋은 일로 가득함
- **黒ずくめ** 검정 일색
- **規則ずくめ** 규칙으로 가득함

> **黒ずくめの男が横断歩道を渡っている。**
> 검정 일색인 옷을 입은 남성이 횡단보도를 건너고 있다.
>
> **去年はいいことずくめの一年だった。**
> 작년은 좋은 일만 있었던 1년이었다.

プチ会話

A 昨日紹介してもらった人、どうだった？

B いい人ではあったんだけど、私とはちょっと合わないかな。

A そう？具体的にどんなところが？

B 全身ブランドづくめで、私とは金銭感覚が合わない気がしたんだよね。

紹介 소개
具体的 구체적
全身 온몸, 전신
金銭感覚 금전 감각
偽物 가짜
コーディネート 코디네이트

質問 会話の内容と合っているものはどれか。

① Bさんのデート相手は偽物のブランド品ばかりを身につけていた。
② Bさんのデート相手はブランド品が詰まった箱をプレゼントしてくれた。
③ Bさんのデート相手が身につけていた物は全部ブランド品だった。
④ Bさんのデート相手はブランド品でBさんを全身コーディネートしてくれた。

쪽지 시험 14

問題1 次の文の（　　　　）に入れるのに最もよいものを、１・２・３・４から一つ選びなさい。

1 この花は、世界に300種類以上あって日本にも50種類（　　　　）という。

1 からある　　2 だけある　　3 まである　　4 ともある

2 インターネット上のデータを使用するときは、情報が正しい（　　　　）確認する必要がある。

1 か否か　　2 を限りに　　3 が早いか　　4 と思いきや

3 今年は、長男の結婚、次男の就職と、めでたいこと（　　　　）一年だった。

1 まみれの　　2 ずくめの　　3 ゆえの　　4 っぽい

4 仕事ができない人は上司や先輩のアドバイスをきちんと聞かない（　　　　）。

1 きざしがある　　2 あてがある　　3 きらいがある　　4 みこみがある

5 このところ、毎週のように休日出勤が続き、彼は疲労の（　　　　）に達している。

1 果て　　2 最大　　3 極み　　4 至り

6 このたび下記に事務所を移転しましたので、ご挨拶（　　　　）ご案内申し上げます。

1 なくして　　2 かたがた　　3 ゆえに　　4 につき

問題２　次の文の ＿★＿ に入る最もよいものを、１・２・３・４から一つ選びなさい。

1　友達がけがをした ＿＿＿ ＿＿＿ ＿★＿ ＿＿＿ 彼のうちを訪ねた。

1 お見舞い　　2 ということを　　3 聞いたので　　4 かたがた

2　彼はまじめだが、＿＿＿ ＿＿＿ ＿★＿ ＿＿＿ きらいがある。

1 あまりにも　　2 ユーモアに　　3 まじめすぎて　　4 欠ける

3　都心なのによく手入れされた庭を ＿＿＿ ＿＿＿ ＿★＿ ＿＿＿ と言えるだろう。

1 極み　　2 眺めながらの　　3 贅沢の　　4 昼ご飯は

4　この学校は何から何まで ＿＿＿ ＿＿＿ ＿★＿ ＿＿＿ 大変だ。

1 息が　　2 規則　　3 ずくめで　　4 詰まりそうで

5　アパートの契約期間の満了日が近づくと、＿＿＿ ＿＿＿ ＿★＿ ＿＿＿ 届きます。

1 通知が　　2 契約を更新する

3 か否か　　4 選択を求める

6　人気歌手のコンサートチケットを買おう ＿＿＿ ＿＿＿ ＿★＿ ＿＿＿ 結局買えなかった。

1 3000からある　　2 としたら

3 座席が　　4 一瞬で売り切れてしまい

085

～ずにはすまない／ないではすまない

~해야만 한다, ~하지 않으면 해결되지 않는다

접속 동사의 ない형+～ずにはすまない / ないではすまない

어떠한 상황 속에서, 사회적인 통념이나 자신의 신념 등을 근거로 반드시 그렇게 해야 한다는 판단을 나타낸다.

重大な問題なのだから、親に相談しないではすまないだろう。
중대한 문제이므로 부모님께 상담해야만 한다.

お世話になった方の入院だから、お見舞いに行かないではすまない。
신세를 진 분의 입원이므로 문병을 가지 않으면 안 된다.

プチ会話

A 私のミスのせいで部長にもご迷惑をおかけしてしまい、申し訳ありません。

B 部下のミスは上司が謝らないではすまないでしょう。まずはお客様も理解してくださったので、よかったです。

A 今後は同じミスを繰り返さないように十分注意いたします。

B はい、今回の反省を次に活かして頑張ってくださいね。期待していますよ。

部長 부장(님)
迷惑をかける 폐를 끼치다
謝る 사과하다
繰り返す 반복하다
反省 반성
生かす 살리다

質問 会話の内容と合っているものはどれか。

① 部下がミスをしたら上司が謝らなければならない。
② 部下がミスをした場合、上司が謝る必要はない。
③ Bさんは部下のミスでも自分が謝らなければ気がすまない性格だ。
④ Bさんは部下のミスに対して代わりに謝らなかったことをすまなく思っている。

086

～が最後 ~하면, 한번 ~했다 하면

접속 동사의 た형+が最後

어떤 일이 일단 발생하면, 좋지 않은 상황이 그대로 유지된다는 의미를 나타낸다. 이 때 뒷부분에 부정적인 결과가 따라온다.「～たら最後」의 형태로 나타내기도 한다.

信用というものは、いったん失ったが最後、取り戻すのは難しい。
신용이란 한번 잃으면 다시 되돌리기 어렵다.

うちの子は遊びに出たが最後、暗くなるまで戻って来ない。
우리집 아이는 놀러 나갔다 하면 어두워질 때까지 돌아오지 않는다.

プチ会話

A このドラマ、これから一緒に見ない？

B こんなにいい天気なのに、家に閉じこもってたらもったいないよ。

A でも、めちゃくちゃ面白いって評判のドラマだよ？

B ドラマを見始めたら最後、あっという間に一日が終わっちゃうのは目に見えてるから、遠慮しておくよ。

天気 날씨
閉じこもる 틀어박히다
評判 평판
遠慮する 사양하다

質問 会話の内容と合っているものはどれか。

① Bさんはドラマが面白いあまり、何もできずに一日が終わってしまうことを心配している。

② BさんはAさんと一緒にドラマを見始めたら、最後まで見させられることを恐れている。

③ Bさんは自分がドラマを見る頃には、Aさんは最後まで見てしまっているだろうと予想している。

④ Bさんはドラマの最初と最後だけ見れば十分だと思っている。

087

ただ〜のみ・ただ〜のみならず

단지 ~할 뿐·단지 ~할 뿐 아니라

접속 ただ+동사・い형용사의 사전형+のみ・のみならず,
ただ+な형용사의 어간・명사+である+のみ・のみならず

「ただ〜のみ」는 한정을 나타내는 문법 중 하나이다. のみ는 だけ의 문어체 표현이며, 앞에 ただ가 오면 유일하다는 의미가 강조된다.
「ただ〜のみならず」의 「〜のみならず」는 「〜だけでなく」의 문어체 표현이며, 앞부분에서 제시한 것에 더해, 그것 이상의 것을 뒷부분에서 제시한다. 이때 앞에 ただ가 오면 '추가'의 의미가 더 강조된다.

やるべきことは全てやった。後はただ結果を待つのみだ。
해야 하는 일은 다 했다. 이제는 그저 결과를 기다릴 뿐이다.

彼女はただ同僚のみならず、上司からも信頼されている。
그녀는 단지 동료뿐만 아니라 상사에게도 신뢰받고 있다.

プチ会話

A　また今回も代表メンバーに選ばれなかったか。
B　僕も…。でも落ち込んでてもしょうがないし、今はただひたすら練習するのみ！
A　そうだね。くよくよしてる暇があったら練習しないと。
B　よかったらこれから練習付き合ってよ。

代表 대표
選ぶ 선발하다
落ち込む 풀죽다, 낙담하다
ひたすら 오로지
練習 연습
付き合う 어울리다, 같이 하다

質問 会話の内容と合っているものはどれか。

① 代表メンバーに選ばれても選ばれなくても、練習することが大切だ。
② 代表メンバーに選ばれなかったのは残念だが、今はとにかく練習を続けるしかない。
③ 次回代表メンバーに選ばれるためには、練習だけでは足りない。
④ 今は少しの練習もできないくらい、代表メンバーから落ちたことがショックだ。

088

～だに ① ~조차 ② ~하는 것만으로도, ~하는 것조차

접속 ① 명사+だに ② 동사의 사전형+だに

① 명사+だに: 어떤 상황에서, 제시된 내용조차 생각하지 못했다는 의미를 나타낸다. 주로 「予想(예상), 想像(상상)」과 같은 명사에 붙는다.「予想だにしなかった(예상조차 하지 않았다)」처럼 뒷부분에 「～ない」가 따른다.
② 동사의 사전형+だに: 그 동작을 하는 것만으로도 어떤 기분이나 느낌이 든다는 의미를 나타낸다. 뒷부분에는 「不愉快だ(유쾌하지 않다), つらい(괴롭다), 恐ろしい(두렵다), 難しい(어렵다)」 등의 부정적인 느낌을 나타내는 표현이 주로 온다.

あの二人(ふたり)が結婚(けっこん)しようとは、予想(よそう)だにしなかった。
저 두 사람이 결혼한다고는 예상도 하지 않았다.

あの政治家(せいじか)の差別的発言(さべつてきはつげん)は聞(き)くだに不愉快(ふゆかい)だ。
저 정치가의 차별적 발언은 듣는 것만으로도 유쾌하지 않다.

プチ会話

A 伊藤(いとう)さんはお客(きゃく)さんからどんなに理不尽(りふじん)なことを言(い)われても、平然(へいぜん)と対応(たいおう)できるのがすごいですよね。

B 本当(ほんとう)、誰(だれ)に何(なに)を言(い)われても微動(びどう)だにしないところ、尊敬(そんけい)しますよ。

A 私(わたし)なんて、クレームが入(はい)るとすぐ落(お)ち込(こ)んでしまって。

B 私(わたし)もあのメンタルの強(つよ)さ、見習(みなら)いたいものです。

質問 会話の内容と合っているものはどれか。

① 伊藤(いとう)さんはとても繊細(せんさい)な心(こころ)の持(も)ち主(ぬし)だ。
② 伊藤(いとう)さんは誰(だれ)が何(なん)と言(い)っても持(も)ち場(ば)を動(うご)こうとしない人(ひと)だ。
③ 伊藤(いとう)さんは他人(たにん)の言(い)うことは全(まった)く気(き)にしない人(ひと)だ。
④ 伊藤(いとう)さんはクレーム対応(たいおう)の時(とき)は少(すこ)しも動(うご)こうとしない人(ひと)だ。

理不尽(りふじん)だ 턱없다, 불합리하다
平然(へいぜん)と 태연하게
対応(たいおう) 대응
微動(びどう) 미동
尊敬(そんけい) 존경
クレーム 불만, 클레임
見習(みなら)う 보고 배우다
繊細(せんさい)だ 섬세하다
持(も)ち場(ば) 부서
動(うご)く 움직이다
他人(たにん) 타인
全(まった)く 전혀
対応(たいおう) 대응

089

～たる ~된, ~인

접속 명사＋たる＋もの, 명사＋たる＋명사

「～たる」는「～である(된, ～인)」와 비슷한 의미이며, 앞에는 자격이나 입장을 나타내는 명사가 온다. 뒷부분에는 '～해야 한다', '～해서는 안 된다'와 같은 표현이 와서 그 자격(직업이나 입장)을 가진 사람들의 당연한 행동을 강조한다.

研究者たるもの、探求心を忘れるべからず。
연구자라면 탐구심을 잃으면 안 된다.

飲酒運転で事故を起こすとは、警官たる資格はない。
음주운전으로 사고를 내다니 경관 자격은 없다.

プチ会話

A レポートの提出が遅くなってしまい、申し訳ありません。

B 学費のためにバイトを頑張っていることはよく知っていますが、このままでは進級が危ないですよ。

A はい。教授がおっしゃっていること、自分でもよくわかっています。

B 学生たるもの、ちゃんと勉強しなければいけませんよ。

提出 제출
学費 학비
進級 진급
教授 교수

質問 会話の内容と合っているものはどれか。

① 教授はAさんに、今の学生にとって足りないものが何かを話した。
② 教授はAさんに、学生のためにもちゃんと勉強すべきだと話した。
③ 教授はAさんに、学生のままでいたければもっと勉強を頑張りなさいと話した。
④ 教授はAさんに、学生なのだから一生懸命勉強しなければならないと話した。

090

~といったらない 너무 ~하다

접속 い형용사의 사전형・명사+といったらない

어떠한 일의 정도가 매우 심하다는 의미를 나타낸다. 긍정적인 표현이 따르기도 하지만, 부정적인 감정을 강조하는 경우가 많다. 변형된 표현으로는 「～ったらない, ～といったらありはしない, ～といったらありゃしない」가 있다.

> **あんな弱いチームに負けるなんて、悔しいといったらない。**
> 저런 약한 팀한테 지다니 너무 분하다.
>
> **みんなの前で転んでしまい、恥ずかしいといったらなかった。**
> 모두 앞에서 굴러서 너무 창피하다.

プチ会話

A 先週、風邪で寝込んでたそうですね。具合の方はどうですか。

B おかげさまで大分良くなりました。

A 一人暮らしで病気になった時の孤独感といったらないですよね。困った時はいつでも頼ってくださいね。

B ありがとうございます。とても心強いです。

風邪 감기
寝込む 푹 잠들다, 깊은 잠이 들다
大分 대부분
孤独感 고독감
心強い 마음이 든든하다
心配 걱정
寂しい 쓸쓸하다

質問 会話の内容と合っているものはどれか。

① Bさんは一人暮らしだが、心配してくれる人がたくさんいるので寂しくない。

② Aさんは心が強いので、一人暮らしで病気になっても孤独を感じない人だ。

③ 一人暮らしで病気になると、これ以上ないくらい孤独を感じるものだ。

④ 一人暮らしの時に孤独を感じないためにも、病気になってはいけない。

쪽지 시험 15

問題1　次の文の（　　　　　）に入れるのに最もよいものを、1・2・3・4から一つ選びなさい。

1　彼は頑固で、一度言い出した（　　　　　）、人の言うことなど聞き入れない。

1 かと思いきや　　2 ものなら　　3 が最後　　4 そばから

2　この辺のレストランの高いこと（　　　　　）ありはしない。

1 というか　　2 として　　3 といったら　　4 とすれば

3　裁判官（　　　　　）、偏見を持って裁判にあたってはならない。

1 からなるもの　　2 なるもの　　3 であるもの　　4 たるもの

4　これほどの騒ぎを起こしたからには、謝罪せず（　　　　　）だろう。

1 には及ばない　　2 にはすまない　　3 とは限らない　　4 とは言えない

5　地震の混乱のため電話はほとんど通じない。今はただ友人の無事を祈る（　　　　　）だ。

1 のみ　　2 ほど　　3 きり　　4 さえ

6　世界の至る所で、何の罪もない子供たちが戦争で傷ついていることは、（　　　　　）だに悲しい。

1 想像する　　2 想像しよう　　3 想像した　　4 想像し

問題２　次の文の ＿★＿ に入る最もよいものを、１・２・３・４から一つ選びなさい。

1　一国の指導者たるもの、＿＿＿ ＿＿＿ ＿★＿ ＿＿＿ 第一に考えるべきだ。

1 自分の利益を　　2 国民の利益を　　3 せず　　4 優先させたり

2　安全のため、地震で倒壊する ＿＿＿ ＿＿＿ ＿★＿ ＿＿＿ だろう。

1 おそれのある　　2 すまない　　3 建物は　　4 とりこわさずには

3　彼女はおしゃべりで、＿＿＿ ＿＿＿ ＿★＿ ＿＿＿ ところを知らない。

1 最後　　2 いったん　　3 とどまる　　4 しゃべりはじめたが

4　２時間も ＿＿＿ ＿＿＿ ＿★＿ ＿＿＿ といったらないよ。

1 腹が立つ　　2 電話したら

3 待たされて　　4 約束を忘れていたなんて

5　学校のいじめ問題は、＿＿＿ ＿＿＿ ＿★＿ ＿＿＿ いくべきものである。

1 ただ　　2 解決して　　3 学校全体で　　4 当事者のみならず

6　幼いころから病弱でおとなしかった彼女が、＿＿＿ ＿＿＿ ＿★＿ ＿＿＿ しなかった。

1 建設会社の社長に　　2 なるとは

3 父の後を継いで　　4 想像だに

091

～とばかりに (마치) ~할 것 처럼, (마치) ~할 듯이

접속 동사・い형용사・な형용사・명사의 보통형＋とばかりに
단, な형용사와 명사의 だ는 붙지 않는 경우가 많다.

「～とばかりに」 앞에 오는 내용이 실제로 이루어지지는 않았지만, 마치 실제로 그러한 일이 있었던 듯한 느낌을 받았다는 의미를 나타낸다. 관용적인 표현인 「ここぞとばかりに(바로 이때라는 듯이, 기회를 놓칠세라)」도 같이 익혀두자.

> **試験の最中なのに、生徒はあきらめたとばかりに寝始めた。**
> 시험 중인데 학생은 마치 포기한 것처럼 자기 시작했다.
>
> **店員は早く帰れとばかりに、お皿を片付けはじめた。**
> 점원은 빨리 집에 가라고 하는 것처럼 그릇을 정리하기 시작했다.

プチ会話

A 昨日の加藤さんとの食事、どうだった？

B レポートを手伝ってもらったお礼に私がごちそうしたんだけど、ここぞとばかりに高い物を頼まれて困ったよ。

A それは大変だったね。

B 加藤さんっていい人なのはわかるんだけど、ちょっと空気読めないところがあるよね。

食事 식사
手伝う 돕다
ごちそう 대접
頼む 주문하다
空気読む 분위기를 읽다
貧乏だ 가난하다

質問 会話の内容と合っているものはどれか。

① 加藤さんはそのお店でしか食べられない料理を注文した。
② 加藤さんはごちそうしてもらえる今がチャンスだと、高い料理を注文した。
③ 加藤さんが選んだお店はどの料理も高かった。
④ 加藤さんは貧乏なので、自分のお金では高い料理が食べられない。

092

～ともなく／ともなしに 무심코, 특별히 ~하지 않고

접속 동사의 사전형＋ともなく／ともなしに

특별하게 어떤 일을 하려고 의식하지 않은 상태에서, 무심코 그 동작을 하고 있다는 의미를 나타낸다.

> **彼女は見るともなくテレビを見ていた。**
> 그녀는 무심코 텔레비전을 보고 있었다.
>
> **彼女は本を読むともなしに、ただページをめくっていた。**
> 그녀는 책을 특별히 읽으려고 하지 않으면서 그저 페이지를 넘기고 있었다.

プチ会話

A 韓国語が話せるんですか。

B いいえ、勉強したこともないですけど。

A でもさっき、韓国語話してましたよね。

B あれは妻が見ているドラマの中でよく出てくるセリフなので、覚えるともなく覚えてしまったんです。

韓国語 한국어
ドラマ 드라마
セリフ 대사
謙遜 겸손

質問 会話の内容と合っているものはどれか。

① Bさんは韓国語を勉強しているが、まだ下手なのでできないと謙遜している。

② Bさんは韓国ドラマを見ながら奥さんに韓国語を覚えさせられている。

③ Bさんは奥さんが見ている韓国ドラマが面白くて、韓国語を勉強したいと思うようになった。

④ Bさんは覚えるつもりはなかったが、ドラマの中でよく聞く韓国語をいつの間にか覚えてしまった。

093

~ながらに ~인 채로

접속 동사의 ます형+ながらに, 명사+ながらに

어떤 상태가 변하지 않고 그 상태 그대로 계속되는 모습을 나타낸다. 주로 관용적으로 사용되는데, 「いる(있다), 生まれる(태어나다), 生きる(살다)」와 같은 동사나 「涙(눈물), 昔(옛날)」 등과 같은 명사에 붙어 쓰인다. 뒤에 명사가 이어지는 경우에는 「～ながらの+명사」의 형태로 쓰인다.

> **彼女は生まれながらに音楽の才能があった。**
> 그녀는 태어날 때부터 음악의 재능이 있었다.
>
> **二人は数年ぶりの再会を涙ながらに喜んだ。**
> 두 사람은 몇 년만의 재회를 울면서 기뻐했다.

プチ会話

A 旅行好きでしたよね。よかったら一緒にこのオンラインイベントに参加してみませんか。

B どんなイベントなんですか。

A 家にいながらにして世界中を旅しているような気持ちになれるイベントなんです。

B へぇ、面白そうですね。最近は旅行になかなか行けないので、ぜひ参加してみたいです。

オンラインイベント 온라인 이벤트
参加 참가, 참여
味わう 맛보다
出発 출발

質問 会話の内容と合っているものはどれか。

① そのオンラインイベントは家にいなくても、世界中から参加できるイベントだ。

② そのオンラインイベントは、家にいたままで海外旅行気分が味わえるイベントだ。

③ そのオンラインイベントは家からすぐに海外旅行に出発できるイベントだ。

④ そのオンラインイベントは参加者に海外旅行が当たるイベントだ。

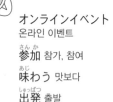

094

～ながらも ~이지만, ~인데도

접속 동사의 ます형・い형용사의 사전형・な형용사의 어간, 명사+ながら
단, な형용사의 어간과 명사에는 であり를 붙여서 でありながら라고 하기도 한다.

「～ながらも」는, 「～ながら」가 지닌 역접의 의미 더욱 강조한 표현이다. 참고로, 「～ながら」는 서로 대립하거나 조화를 이루지 않는 동작이나 성질이 동시에 존재한다는 것을 나타내는 역접 표현이며, 「～けれども」, 「～のに」와 비슷한 의미이다.

周りの人たちに反対されながらも、彼は自分の意志を貫き通した。
주변 사람들이 반대했는데도 그는 자신의 의지를 관철했다.

わが家には、小さいながらも庭があります。
우리 집에는 작기는 하지만 정원이 있습니다.

プチ会話

A アメリカの大学を卒業されたんですか。

B そうなんです。どうしても行きたいと両親に必死でお願いしまして。

A よっぽど行きたい大学だったんですね。

B 両親には家計が苦しいながらも留学させてもらって、本当に感謝しているんです。

卒業 졸업
必死 필사
家計 가계
感謝 감사
貧しい 가난하다
快く 흔쾌히
費用 비용
許可 허가
裕福 유복
苦しむ 괴로워하다

質問 会話の内容と合っているものはどれか。

① Bさんの家庭は貧しくはなかったので、両親も快くアメリカへ行かせてくれた。
② Bさんの両親は留学費用を計算するのに大変苦労をした。
③ Bさんの家庭は裕福ではなかったが、両親は留学を許可してくれた。
④ Bさんの両親は苦しみながら、留学を許可してくれた。

095

～ならまだしも ~라면 몰라도

접속 동사・い형용사의 보통형+ならまだしも, な형용사의 어간・명사+ならまだしも

어느 정도라면 받아들일 수 있지만, 실제로는 더 심각해서 이해할 수도 받아들일 수도 없다는 의미를 나타낸다. 즉, '화자의 강한 불만'을 나타낸다. 비슷한 표현인 「～ならいざしらず(~라면 몰라도)」보다 '좋지 않은 일, 부정적인 상황'이 강조된다.

一度や二度ならまだしも、何度も言われると腹が立つ。
한 번이나 두 번이면 몰라도 몇 번이나 그런 말을 들으면 화가 난다.

子供ならまだしも、もう大人なんだから、それぐらい一人でできるだろう。
어린아이라면 몰라도 이제 어른이니까 그 정도는 혼자 할 수 있겠지.

プチ会話

A 日曜日なのに仕事の連絡？
B いや、仕事のことではないんだけど、また部長からだよ。
A 平日ならまだしも、週末にまで連絡が来るなんて大変だね。
B 本当、大した用事でもないのに。

連絡 연락
平日 평일
用事 볼일
理解 이해
対応 대응
返信 답장

質問 会話の内容と合っているものはどれか。

① 平日なら理解できるが、週末も部長から連絡があるのはストレスだ。
② 平日なら対応できるが、週末の仕事の連絡はいくら部長からでも対応できない。
③ 平日なら返信してもあげてもいいが、週末の部長からの連絡には返信したくない。
④ 平日に仕事をするのは当然だが、週末も仕事をさせられるなんて無理だ。

～なり ~하자마자

접속 동사의 사전형+なり

앞의 동작이 끝나자마자 바로 다른 동작이 발생하는 경우를 나타내는 표현이다.

> **怪しい男はパトカーの音を聞くなり逃げ出した。**
> 수상한 남자는 경찰차 소리를 듣자마자 도망쳤다.
>
> **彼は帰宅するなり、パソコンを立ち上げた。**
> 그는 집에 오자마자 컴퓨터를 켰다.

プチ会話

A 渡辺さん、昨日の飲み会でひどく酔っぱらってたけど、大丈夫かな。

B さっき見かけたけど、出社するなりトイレに駆け込んで行ったよ。

A 二日酔い、なかなか辛そうだね。

B あの調子だと今日は一日仕事にならないんじゃない。

飲み会 술자리, 회식
酔っぱらう 술에 취하다
出社 출근
駆け込む 뛰어들다
二日酔い 숙취
辛い 괴롭다
調子 상태

質問 会話の内容と合っているものはどれか。

① 渡辺さんは出社するとすぐトイレに走って行った。
② 渡辺さんは出社しようと思ったが、我慢できずトイレに走って行った。
③ 渡辺さんは出社するふりをしてトイレに走って行った。
④ 渡辺さんは二日酔いがひどくて今日は出社できないようだ。

쪽지 시험 16

問題１　次の文の（　　　　　）に入れるのに最もよいものを、１・２・３・４から一つ選びなさい。

1　母は私の成績表を見る（　　　　　）、顔色が変わった。

1 なり　　2 きり　　3 から　　4 べく

2　彼女は疲れた（　　　　　）、部屋に入るなりソファーに体を横たえた。

1 とばかりに　　2 かと思うと　　3 というところが　　4 とたんに

3　読む（　　　　　）読んでいた雑誌に、高校生のときの同級生の記事が載っていた。

1 かたわら　　2 につれて　　3 のみならず　　4 ともなく

4　当店は、昔（　　　　　）伝統の味を守り、漬け物を作り続けています。

1 がちの　　2 ずくめの　　3 ながらの　　4 ばかりの

5　私は気が短いので、なかなか待つということができない。待ち合わせで相手が遅れたら、10分（　　　　　）１時間なんて待てない。

1 からある　　2 ともなると　　3 ならまだしも　　4 とはいえ

6　創業30周年のわが社は、伝統を守り（　　　　　）常に新しいことへのチャレンジを行ってまいります。

1 ながらに　　2 ながらも　　3 ながらで　　4 ながらは

問題2　次の文の ＿★＿ に入る最もよいものを、1・2・3・4から一つ選びなさい。

1　ラジオを ＿＿＿ ＿＿＿ ＿★＿ ＿＿＿ 耳に入ってきた。

1 とつぜん地震のニュースが　　2 なしに
3 聞いていたら　　4 聞くとも

2　サッカーの試合で ＿＿＿ ＿＿＿ ＿★＿ ＿＿＿ 応援の声が上がった。

1 ばかりの　　2 誰から　　3 ともなく　　4 天まで届けと

3　父は ＿＿＿ ＿＿＿ ＿★＿ ＿＿＿ 大声でどなった。

1 夜中に　　2 弟の顔を見る　　3 なり　　4 帰ってきた

4　今月 ＿＿＿ ＿＿＿ ＿★＿ ＿＿＿ 職場に近いので満足している。

1 新しい家は　　2 ばかりの　　3 引っ越した　　4 狭いながらも

5　なくしたお金が ＿＿＿ ＿＿＿ ＿★＿ ＿＿＿ 受けざるを得ないだろう。

1 厳しい処分を　　2 自分のものならまだしも
3 会社のお金を　　4 紛失したのだから

6　この温泉郷には ＿＿＿ ＿＿＿ ＿★＿ ＿＿＿ にぎわっている。

1 いつも観光客で　　2 情緒あふれるお土産屋や
3 昔ながらの　　4 飲食店がならび

097

～に（は）あたらない ~할 것까지는 없다, ~할 만한 가치가 없다

접속 동사의 사전형・명사＋に（は）あたらない

상대의 반응에 대하여 '그럴만한 가치가 없다, 그럴 정도의 일은 아니다'고 조언하거나 충고할 때 사용한다. 「驚く(놀라다), 喜ぶ(기뻐하다), 恐れる(두려워하다), 心配する(걱정하다), 感心する(감탄하다), ほめる(칭찬하다)」와 같은 감정을 나타내는 동사에 붙는 경우가 많다.

あのチームが去年の優勝チームを破ったからといって、驚くにあたらない。
저 팀이 작년 우승팀을 무찔렀다고 해서 놀랄 것까지는 없다.

あの人が賞をとったのは運がよかっただけで、尊敬にはあたらない。
저 사람이 상을 받은 것은 운이 좋았을 뿐 존경할 만한 가치는 없다.

プチ会話

A このホテルに幽霊が出るという話をネットで見たんですが、大丈夫でしょうか。

B そんな話が出回っているんですか。

A はい。それで宿泊をキャンセルしようか、ちょっと迷っているんです。

B 単なるうわさにすぎませんので、ご心配にはあたりません。

幽霊 유령
出回る 떠돌다
宿泊 숙박
迷う 망설이다
うわさ 소문
不安 불안
用心 조심, 주의

質問 会話の内容と合っているものはどれか。

① Bさんはホテルに幽霊が出るといううわさを聞いて、とても不安に思っている。

② Bさんは幽霊が出るかどうかはその時の運なので、心配してもしょうがないと言った。

③ Bさんはホテルに幽霊が出るという話はただのうわさなので、心配する必要はないと言った。

④ Bさんはホテルに幽霊が出ると言う話はただのうわさだが、用心した方がいいと言った。

098

～にあって ~에, ~에서

접속 명사＋にあって

특별한 상황(시간, 장소, 사태, 입장 등)을 강조하여 나타낸다. 조사 「～で」나 「～において」보다 딱딱한 표현이다. 응용된 형태로 「～にあって＋は(그러한 상황에서는)」, 「～にあって＋も(그러한 상황에서도)」가 있다.

この不景気にあって、希望に合った仕事を探すのは大変なことだ。
이런 불경기에서 희망에 맞는 일을 찾는 것은 힘든 일이다.

人手不足という状況にあって、外国人を積極的に雇う企業が増えた。
인력 부족이라는 상황에서 외국인을 적극적으로 고용하는 기업이 늘었다.

プチ会話

A　ここ数年で手帳の売り上げが伸びているそうですね。

B　はい。今年も好調で、来年はもう少し手帳の販売スペースを拡大しようかなとも思っているんです。

A　どうしてここまで手帳が人気なのでしょうか。

B　デジタル化が進む時代にあって、手書きの良さが改めて見直されているのではないでしょうか。

手帳 수첩
売り上げ 매출
伸びる 올라가다
好調 호조
販売 판매
拡大 확대

質問 会話の内容と合っているものはどれか。

① 手帳が人気の理由は、今はまだデジタル化が進んでいる途中だからだ。
② 手帳が人気の理由は、デジタル化が進む中、むしろアナログの良さが見直されていることにある。
③ 手帳が人気の理由は、まだデジタル化される前だからだ。
④ 手帳が人気の理由は、デジタル化の時代についていけない人が多いからだ。

099

～に至る ~에 이르다

접속 동사의 사전형・명사＋に至る

어떤 극단적인 상태나 결과에 도달한다는 의미를 나타낸다. 이때 극단적인 상태란, 긍정적인 것, 부정적인 것 모두 사용할 수 있다. 이 문법을 응용한 관용적인 표현「ことここに至る(사태가 안 좋은 상태에 이르다)」도 같이 익혀 두자.

彼は卒業に至るまでひたすら勉強し続けた。
그는 졸업할 때까지 오로지 공부만 계속했다.

これほど業績が悪化するに至っては、工場の閉鎖もやむをえない。
이렇게 실적이 악화하여서는 공장 폐쇄도 부득이하다.

ことここに至ってはどうしようもない。
사태가 이 지경에 이르러서는 어쩔 수 없다.

プチ会話

A 投資の勉強を頑張っているみたいだけど、何かやりたいことでもあるの？

B 実はお金を貯めて宇宙旅行に行くのが夢なんだ。

A それは壮大な夢だね。

B 実現に至るまでは時間がかかりそうだけど、とりあえず費用はあと５年以内には準備できそうだよ。

投資 투자
貯める 저축하다
宇宙 우주
壮大だ 장대하다
実現 실현
費用 비용
決心 결심
叶う 이루어지다
長期間 장기간

質問 会話の内容と合っているものはどれか。

① Bさんはあと５年以内には宇宙旅行に行けそうだ。
② Bさんが宇宙旅行に行く決心をするまで、もう少し時間がかかりそうだ。
③ Bさんの宇宙旅行の夢が叶うのはまだ先の話になりそうだ。
④ Bさんには長期間の宇宙旅行に行きたいという夢がある。

100

~にかたくない 간단히 ~할 수 있다, 쉽게 ~할 수 있다

접속 동사의 사전형, 명사+にかたくない

어떤 일을 하는 것이 어렵지 않다, 간단하다는 의미를 나타낸다. 구체적으로 말하자면, 어떤 일의 난이도(쉽고 어려움)를 나타내는 것이 아니라, 생각하거나 감정이 드는 것이 당연하다는 분위기를 강조하는 표현이다. 따라서 想像(상상), 理解(이해), 推測(추측) 등과 같은 명사, 想像する(상상하다), 察する(살피다) 등의 한정된 단어에 접속한다.

このまま環境破壊が進んだら地球がどうなるか、想像にかたくない。
이대로 환경 파괴가 계속된다면 지구가 어떻게 될지 상상하기 어렵지 않다.

愛する家族を失った彼女の悲しみは察するにかたくない。
사랑하는 가족을 잃은 그녀의 슬픔은 쉽게 살필 수 있다.

プチ会話

A 川口さん、営業部から総務部に異動になるそうですね。

B やっぱり。川口さんの性格からして、営業は合わないんじゃないかと思っていたんですよ。

A それに部長とも上手くいっていなかったようで、自ら異動を希望したらしいですよ。

B 部長、数字に厳しいことで有名ですからね。彼の気持ちは理解するにかたくないです。

営業部 영업부
総務部 총무부
性格 성격
自ら 스스로, 직접
異動 이동
希望 희망
数字 숫자
厳しい 까다롭다, 엄하다
結果 결과

質問 会話の内容と合っているものはどれか。

① Bさんは部長と上手く付き合えなかった川口さんの気持ちを理解しようと頑張っている。

② Bさんは総務部に異動を希望した川口さんの気持ちを理解するのが難しい。

③ Bさんは営業部で結果を残せなかった川口さんのことがどうしても理解できない。

④ Bさんは営業部で苦労していた川口さんの気持ちがよく理解できる。

101

~にかまけて ~에 매달려서, ~에 얽매여서

접속 명사+にかまけて

동사 「かまける(얽매이다)」의 응용 표현으로, 어떤 일에 열중하거나 정신이 팔려 그 외의 일이 소홀해진다는 것을 나타내는 표현이다. 문장 뒷부분에는 부정적인 내용이 따르는 경우가 많다.

> **アルバイトにかまけて、勉強がおろそかになる。**
> 아르바이트에 매달리느라 공부를 소홀히 하게 된다.
>
> **忙しさにかまけて、彼女のメッセージに返信するのを忘れていた。**
> 바빠서 그녀의 메시지에 답장하는 것도 잊었다.

プチ会話

A 育児に協力的な旦那さんでうらやましいな。

B 今はすごく助かってるけど、昔はひどかったんだから。

A そう？ 今の旦那さんからは想像できないんだけど。

B 仕事にかまけて全然育児を手伝ってくれなくて、私がノイローゼになっちゃったの。変わったのはそれからかな。

- 育児 육아
- 協力的 협력적
- 助かる 도움이 되다
- 想像 상상
- ノイローゼ 노이로제
- 口実 핑계
- 余裕 여유
- 任せる 맡기다
- 以前 이전
- 両立 양립

質問 会話の内容と合っているものはどれか。

① Bさんの夫は育児を手伝いたくなかったので、仕事が忙しいことを口実にしていた。

② Bさんの夫は昔は仕事で余裕がなく、子供のことは奥さんに任せっぱなしだった。

③ Bさんの夫は以前は仕事が楽しいあまり、育児をする時間がなかった。

④ Bさんの夫は仕事と育児の両立が下手だ。

～に即して・～に則して ~입각하여, ~에 맞추어, ~에 따라

접속 명사＋に即して・に則して

어떠한 행동의 근거나 기준이 되는 것을 나타낸다. '행동의 근거'라고 이해하면 쉽다.
다만, 접속하는 명사가 「状況(상황), 経験(경험), 事実(사실), 時代(시대)」과 같은 명사이면 「～に即して」를 사용하고, 「法律(법률), 規則(규칙)」과 같이 기준이 되는 것을 나타내는 명사이면 「～に則して」를 사용한다. 뒤에 명사가 이어지는 경우에는 「～に即した・～に則した＋명사」의 형태로 쓰이기도 한다.

旅行の日程は、お客さまの要望に即して決められます。
여행 일정은 손님의 희망에 맞추어 결정됩니다.

この会の運営はこの規約に則して行います。
이 모임 운영은 이 규약에 따라 진행합니다.

プチ会話

A 昨日、子供の宿題を見てあげていたんですが、私が子供の頃とはずいぶん変わっていて驚きました。

B 最近は小学校でも英語やプログラミングの授業など、時代に即した教育が行われていますよね。

A そうですね。子供に聞かれるたびに、答えられないんじゃないかとひやひやしていますよ。

B うちもそうです。親も勉強しないといけませんね。

驚く 놀라다
小学校 초등학교
プログラミング 프로그래밍
授業 수업
内容 내용
変化 변화
重視 중시

質問 会話の内容と合っているものはどれか。

① 時代の変化に合わせて学校教育の内容も変化してきている。
② 時代を先取って、小学校でも英語やプログラミングを教えるようになった。
③ 最近の小学校では歴史の授業よりも英語やプログラミングの方が重視されている。
④ 英語やプログラミングの授業は今の時代には合わなくなってきている。

쪽지 시험 17

問題 1　次の文の（　　　　　）に入れるのに最もよいものを、1・2・3・4から一つ選びなさい。

1　野党がこの議案に反対することは想像（　　　　　）。

1 にもおよばない　　2 にかたくない
3 せずにはすまない　　4 しないではおかない

2　大学の入学試験にことごとく失敗（　　　　　）、自分の勉強不足を実感した。

1 したが最後　　2 したが早いか　　3 するに至って　　4 するに及ばず

3　忙しさ（　　　　　）食事をいいかげんにするのは良くないよ。

1 にかまけて　　2 といえども　　3 はおろか　　4 をふまえて

4　マスコミには事実に（　　　　　）、正確かつ公正な情報を提供してもらいたい。

1 あいまって　　2 つれて　　3 至って　　4 即して

5　冬の登山でも、十分な準備をしていれば、危険など恐れるには（　　　　　）。

1 すまない　　2 あたらない　　3 ちがいない　　4 かたくない

6　コンピュータの活用は現代社会に（　　　　　）、必要な教養となっている。

1 あって　　2 かまけて　　3 かけて　　4 つれて

問題2　次の文の ＿★＿ に入る最も良いものを、1・2・3・4から一つ選びなさい。

1　消費者の ＿＿＿ ＿＿＿ ＿★＿ ＿＿＿ 会社として生き残れない。

1 販売戦略を　　2 ニーズに　　3 即して　　4 考えないと

2　学校側は ＿＿＿ ＿＿＿ ＿★＿ ＿＿＿ 対策を考え始めた。

1 初めて　　2 いじめによる　　3 いたって　　4 自殺者が出るに

3　交通事故で ＿＿＿ ＿＿＿ ＿★＿ ＿＿＿ かたくない。

1 家族を　　2 察するに　　3 なくした　　4 人々の心情は

4　大学生になった ＿＿＿ ＿＿＿ ＿★＿ ＿＿＿ ちっとも勉強しようとしない。

1 息子は　　2 クラブ活動に　　3 かまけて　　4 ばかりの

5　親が敬語を使って話さないから、そのような環境で育ってきた ＿＿＿ ＿＿＿ ＿★＿ ＿＿＿ にはあたらない。

1 敬語を　　2 若者が　　3 非難する　　4 使えなくても

6　社長という ＿＿＿ ＿＿＿ ＿★＿ ＿＿＿、社員とのコミュニケーションにも目を配るべきだ。

1 経営実績　　2 のみならず　　3 立場に　　4 あっては

103

～にたえない (차마) ~할 수 없다

접속 동사의 사전형＋にたえない

상황이 매우 심각하여, 그러한 상황을 견뎌낼 수 없다는 의미를 나타낸다. 「聞くにたえない, 見るにたえない, 読むにたえない」처럼 한정된 동사에 붙는 경우가 많다. 참고로 한자로는 「～に堪えない」라고 쓴다.

> **あの俳優の演技は、見るにたえないほどひどい。**
> 그 배우의 연기는 차마 볼 수 없을 정도로 심하다.
>
> **彼はいつも人の悪口ばかりでまったく聞くにたえない。**
> 그는 항상 다른 사람 욕만 해서 정말이지 들어줄 수가 없다.

プチ会話

A チャンネル登録者が10万人もいるなんてすごいね。

B うれしい反面、時々読むにたえないくらいのコメントも書かれたりするから、傷つくこともあるよ。

A それは許せないね。

B 動画をどう評価するかはそれぞれの自由だけど、マナーの悪い人が一定数いるのは悲しいことだよ。

チャンネル登録者 채널 구독자
コメント 댓글
傷つく 상처 입다
許す 허용하다
評価 평가
自由 자유
一定数 일정수
悪質だ 악질이다

質問 会話の内容と合っているものはどれか。

① Aさんのチャンネルにはひどく悪質なコメントが書かれることもある。
② Aさんのチャンネルには読みきれないくらい多くのコメントが書かれることもある。
③ Aさんのチャンネルには解読できないくらい、よく分からないコメントが書かれることもある。
④ Aさんにはアンチコメントで傷ついた時になぐさめてくれる多くのファンがいる。

104

～に足る ~하기에 충분하다

접속 동사의 사전형・명사＋に足る

「Aに足る」의 형태로, A 할만한 충분한 가치가 있다, A를 할 수 있는 조건을 갖추고 있다는 의미를 나타낸다. 반대로 A할만한 가치가 없다고 할 때는 「～に足りない(～할 만한 가치가 없다)」 또는「～に足らない」를 사용한다.

みんなを納得させるに足る説明をするのは難しい。
모든 사람을 납득시키기에 충분한 설명을 하기란 어렵다.

あの議員は我々の代表とするに足る人物だ。
그 의원은 우리 대표로 삼을 만한 인물이다.

プチ会話

投資 투자
学生時代 학창시절
信頼 신뢰
不足だ 부족하다

A その投資の話、ちょっとうますぎませんか。

B 中田さんは学生時代からよく知っていますし、信頼に足る人ですから大丈夫ですよ。

A そうは言っても…。

B わかりました。今度中田さんと三人で会って話しましょう。

質問 会話の内容と合っているものはどれか。

① Bさんは中田さんのことを信頼するには不足な人だと言っている。
② Bさんは中田さんのことをけっこう信頼できる人だと言っている。
③ Bさんは中田さんのことを十分信頼できる人だと言っている。
④ Bさんは中田さんのことを多分信頼できる人だと言っている。

105

~にのぼる ~에 달하다

접속　명사(주로 수량) + にのぼる

어떤 수량이 많아졌다는 상황을 나타내는 표현이다. '수량의 강조'라고 이해하면 된다.

今回の火災による被害は数十億円にのぼるという。
이번 화재 피해는 수십억 엔에 달한다고 한다.

この団体の会員は5万人にのぼるらしい。
이 단체 회원은 5만 명에 달하는 것 같다.

プチ会話

A　最近人手が足りなくて、よかったらお店手伝ってくれませんか。

B　もちろんです。もしかしてこの前の番組の影響ですか。

A　はい。放送が終わってから100件にものぼる注文があって、驚いています。

B　そんなにですか。メディアの影響力はすごいですね。

人手 일손
影響 영향
放送 방송
注文 주문
驚く 놀라다
程度 정도
引き受ける 받다
殺到 쇄도

質問　会話の内容と合っているものはどれか。

① Aさんのお店にとって、100件程度の注文は時々あることだ。
② Aさんのお店はテレビに出るため、100件の注文を引き受けた。
③ テレビに出たのに100件くらいしか注文がなく、Aさんは驚いている。
④ テレビに出てからAさんのお店にはかなり多くの注文が殺到した。

106

~にひきかえ ~과 비교하여, ~과 대조적으로

접속 명사＋にひきかえ, 동사・い형용사・な형용사의 명사접속형＋の＋にひきかえ

두 가지 사항을 대조하여 나타낸다. 뒷부분에는, 앞부분의 내용과 대립되거나 반대가 되는 내용(결과, 상태)이 온다. 이 표현에서 파생된 「それにひきかえ(그와는 대조적으로)」도 함께 기억해 두자.

> **去年(きょねん)にひきかえ、今年(ことし)の売(う)り上(あ)げは大変好調(たいへんこうちょう)だ。**
> 작년과 달리 올해 매출은 무척 호조를 보이고 있다.
>
> **退職前(たいしょくまえ)のあわただしい生活(せいかつ)にひきかえ、今(いま)の生活(せいかつ)はのんびりしていていい。**
> 퇴직전의 어수선한 생활에 비해 지금의 생활은 여유롭고 좋다.

プチ会話

A また今回(こんかい)も昇進(しょうしん)できませんでした。

B 元気出(げんきだ)してください。肩書(かたが)きだけがすべてじゃないですから。

A でも同期(どうき)たちがどんどん昇進(しょうしん)していくのにひきかえ、私(わたし)はずっと平社員(ひらしゃいん)のままなんですよ。

B 焦(あせ)る気持(きも)ちもわかりますが、見(み)ている人(ひと)はちゃんと見(み)てくれていますよ。

- 昇進(しょうしん) 승진
- 肩書(かたが)き 직함
- 同期(どうき) 동기
- どんどん 자꾸
- 平社員(ひらしゃいん) 평사원
- 焦(あせ)る 초조하다
- 見返(みかえ)り 보답, 보상
- 不満(ふまん) 불만
- 能力的(のうりょくてき) 능력적
- 劣(おと)る 떨어지다

質問 会話の内容と合っているものはどれか。

① 同期(どうき)を昇進(しょうしん)させているにも関(かか)わらず見返(みかえ)りがないので、Ａさんは不満(ふまん)がたまっている。

② 昇進(しょうしん)している同期(どうき)とは反対(はんたい)にＡさんは何(なに)も変(か)わっていないと焦(あせ)っている。

③ 昇進(しょうしん)している同期(どうき)と比(くら)べてＡさんは能力的(のうりょくてき)には劣(おと)っていない。

④ Ａさんはできることなら昇進(しょうしん)した同期(どうき)と代(か)わりたいと思(おも)っている。

107

～にもまして ~보다도

접속 동사・い형용사・な형용사의 명사수식형＋の＋にもまして, 명사＋にもまして

앞부분에 제시된 것보다 정도가 더 강하다는 의미를 나타내는 비교의 표현이다. 「～より」를 강조한 「～よりも」에 가깝다고 이해하면 된다. 의문사에 붙어서 관용적으로 사용되는 경우가 많다.

- **誰にもまして** 누구보다도
- **いつにもまして** 어느 때보다도
- **何にもまして** 무엇보다도

> **今回のイベントは、前回にもまして好評だった。**
> 이번 이벤트는 전회보다도 호평이었다.
>
> **病気をしてからは、以前にもまして健康を大切にするようになった。**
> 병에 걸리고 나서는 이전보다도 건강을 소중히 여기게 되었다.

プチ会話

A 今日はいつにもましてきれいだけど、何かあるの？
B 実は仕事の後、友達が紹介してくれた人とご飯に行くんだ。
A それでそんなに気合いが入ってるんだね。
B 写真を見る限りではとっても素敵な人なんだ。楽しみ！

紹介 소개
素敵だ 멋지다
別人 다른 사람
普段 평소
気をつかう 신경을 쓰다
お世辞 겉치레 인사

質問 会話の内容と合っているものはどれか。

① Bさんは今日はいつもとは別人のようにきれいだ。
② Bさんはいつもきれいだが、今日はさらにきれいに見える。
③ Bさんは今日もとてもきれいだが、普段ほどではない。
④ AさんはBさんに気をつかって、いつもよりきれいだとお世辞を言った。

108

~ばこそ (정말로) ~라서

접속 동사의 ば형＋こそ, い형용사의 어간＋ければ＋こそ, な형용사의 어간・명사＋であれば＋こそ

원인이나 이유를 강조하는 표현이다. 「～からこそ」보다 딱딱한 느낌을 준다. 또한 문장 끝부분에는 설명의 뉘앙스를 강조하기 위해서 「～のだ(～인 것이다)」, 「～ものだ(～인 법이다)」가 따르는 경우가 많다.

会社はよい社員がいればこそ発展するものだ。
회사는 좋은 사원이 있기 때문에 발전하는 법이다.

多くの人の支援があればこそ、大きな力が発揮できるのだ。
많은 사람의 지원이 있기 때문에 큰 힘을 발휘할 수 있는 법이다.

プチ会話

A　まさかまた故郷に戻って来るとは思ってなかったな。
B　学生の時はこんな田舎早く出たいって、あんなに言ってたのにね。
A　都会に住めばこそ気づく田舎の良さがあるんだよ。
B　何かわかる気がするな。

故郷 고향
田舎 시골
都会 도시
勧める 권하다

質問　会話の内容と合っているものはどれか。

① Aさんは田舎の良さを知るために、あえて都会に住むことにした。
② Aさんは都会に住めば田舎の良さがわかると、Bさんに都会暮らしを勧めた。
③ Aさんは都会に住んで初めて田舎の良さに気づいた。
④ Aさんは都会の生活が嫌になって故郷に戻ってきた。

쪽지 시험 18

問題１　次の文の（　　　　）に入れるのに最もよいものを、１・２・３・４から一つ選びなさい。

1　いつも冷静で成績優秀な兄（　　　　）、弟の方はなんと落ち着きのないことか。

1 はあって　　2 とはいえ　　3 にひきかえ　　4 とともに

2　発表によると、今回発生したビル火災による被害は数十億円（　　　　）という。

1 にかかわる　　2 にたる　　3 に基づく　　4 にのぼる

3　新しい会社では、覚えなければならないことが多くて大変だが、それ（　　　　）大変なのは、人間関係だ。

1 にもまして　　2 までもなく　　3 ともなしに　　4 のみならず

4　美しかった森が、開発のためすべて切り倒され、（　　　　）光景だった。

1 見ることができない　　2 見るにたえない

3 見てはいけない　　4 見ないものでもない

5　コンピュータ・ウイルスなんて正しい知識を身につけていれば恐れるに（　　　　）。

1 たりない　　2 たえない　　3 たえる　　4 ならない

6　料理研究家の小林さんは、「家族のことを（　　　　）、いろいろな料理を作りたいという思いも強くなるのでしょう。」と料理の意味について説明した。

1 思ったらこそ　　2 思えばこそ　　3 思うならこそ　　4 思ったならこそ

問題２　次の文の　＿★＿　に入る最もよいものを、１・２・３・４から一つ選びなさい。

1　うるさいと感じるかもしれないが、親は　＿＿＿　＿＿＿　＿★＿　＿＿＿　叱るのだ。

1 こそ　　2 きびしく　　3 思えば　　4 子どものためを

2　山田部長は仕事もできるし、部下をきちんと　＿＿＿　＿＿＿　＿★＿　＿＿＿　人物だ。

1 くれるし　　2 足る　　3 尊敬するに　　4 教育して

3　今回発表された文部科学省の調査によると、＿＿＿　＿＿＿　＿★＿　＿＿＿　そうだ。

1 一か月に一冊も　　2 約50％にのぼる　　3 人が　　4 本を読まない

4　立派な　＿＿＿　＿＿＿　＿★＿　＿＿＿　ことか。我ながら情けない限りだ。

1 となりの家に　　2 わが家は　　3 ひきかえ　　4 なんとみすぼらしい

5　この製品は　＿＿＿　＿＿＿　＿★＿　＿＿＿　まして便利になった。

1 数々の　　2 加えられ　　3 従来品にも　　4 新機能が

6　いくら準備時間が短かった　＿＿＿　＿＿＿　＿★＿　＿＿＿　とは本当に情けない。

1 とはいえ　　2 スピーチをする　　3 大勢の前で　　4 聞くにたえない

109

～手前 ~한 체면에

접속 동사의 사전형, た형+た, ている+手前, 명사+の +手前

이 문형에서 手前는 '체면'이라는 의미를 나타낸다. 어떤 특별한 상황이나 입장이라서, 사실은 그렇게 하고 싶지 않지만 체면상 어쩔 수 없이 할 수밖에 없다는 내용이 따른다.

約束した手前、いまさら行けないなんて言えない。
약속한 체면에 지금 와서 못 간다고 말할 수 없다.

一人でできると言った手前、手伝ってほしいとは言いづらい。
혼자 할 수 있다고 말했는데 도와 달라고는 말하기 어렵다.

プチ会話

A 来週のパーティーなんだけど、よかったら一緒に行ってもらえないかな？

B 私なら大丈夫だけど、急にどうしたの？

A 彼女がいるって言ってしまった手前、一人で参加するわけにはいかないんだ。

B なるほど、そういうことね。

パーティー 파티
参加 참가, 참석
元カノ 전여자친구
状況 상황
口実 구실, 핑계

質問 会話の内容と合っているものはどれか。

① Aさんは彼女にパーティーのことを話してしまったので、一人では行けない状況だ。
② Aさんは元カノも参加するパーティーに一人では行きたくないと思っている。
③ Aさんは彼女がいると言ってしまったので、パーティーに一人では行けない状況だ。
④ Aさんはうそをついて、Bさんとパーティーに行くための口実を作った。

110

～べからざる ~해서는 안 될

접속 동사의 사전형＋べからざる. 단, する는 すべからざる로 나타내기도 한다

「Aべからざる＋명사」의 형태로, 뒤에 오는 '명사'에 대해서 A를 하면 안 된다는 의미를 나타낸다. 즉, 어떤 대상에 대한 '불가능'을 나타낸다. 문장에서 사용하는 딱딱한 표현으로, 「許すべからざる(용납해서는 안 될)」, 「欠くべからざる(없어서는 안 될)」 처럼 관용적으로 사용하는 경우가 많다.

> **リサイクル運動は、環境保護に欠くべからざる活動だ。**
> 재활용 운동은 환경 보호에 없어서는 안 될 활동이다.
>
> **教師が生徒に暴力を振うなど許すべからざることだ。**
> 교사가 학생에게 폭력을 행사하는 일 따위는 용납해서는 안 될 일이다.

プチ会話

A この番組のニュースキャスター、いつの間に変わったんですか。

B 番組で人種問題に関して言うべからざることを言ってしまって、降板することになったんですよ。

A そんなことがあったとは知りませんでした。

B 放送直後からものすごい数のクレームが寄せられたそうで、テレビ局は未だに対応に追われているようですよ。

ニュースキャスター 뉴스 캐스터
人種問題 인종 문제
降板 도중하차
直後 직후
視聴者 시청자
批判 비판
発言 발언

質問 会話の内容と合っているものはどれか。

① そのキャスターは正しいことを言ったにもかかわらず、視聴者から批判を浴びてしまった。

② そのキャスターが降板した理由は、番組で人種問題のことを取り上げたからだ。

③ そのキャスターが降板した理由は、人種問題に関してしてはいけない発言をしてしまったからだ。

④ そのキャスターが降板した理由は、人種問題に関して言うべきだった意見を言わなかったからだ。

～まじき ~해서는 안 될

접속 동사의 사전형＋まじき

단, する는 すまじき로 나타내기도 한다.

그러한 입장에 있는 사람은 당연히 그런 일을 해서는 안 된다는 의미를 나타낸다. 뒤에는 명사가 온다는 점에 주의하도록 한다. 가장 흔히 사용하는 「あるまじき＋こと(있어서는 안 될 일)」로 기억해 두자.

> **学生にあるまじき行為をした者は退学処分にする。**
> 학생에게 있어서는 안 될 행위를 한 사람은 퇴학 처분이다.
>
> **欠陥を知りながら販売するとはメーカーとしてあるまじき行為だ。**
> 결함을 알면서 판매하다니 기업으로서 있어서는 안 될 행위이다.

プチ会話

A 新人の教育、どうなっているんですか。ちゃんと教えたんですか。

B 申し訳ありません。マニュアルは渡したんですが、あとは自分の仕事が手いっぱいだったもので。

A マニュアルを渡すだけでなく、フォローもしっかり頼みますよ。

B 教育担当としてあるまじき態度でした。反省しています。

- 新人・新入 신인, 신입
- 教育 교육
- 教える 가르치다
- マニュアル 매뉴얼
- 渡す 주다, 전달하다
- 手いっぱい 힘에 붙임, 힘에 겨움
- フォロー 보조
- 担当 담당
- 反省 반성
- ふさわしい 어울리다

質問 会話の内容と合っているものはどれか。

① 新入社員の覚えが悪いせいで、教育担当のＢさんまで怒られてしまった。

② Ｂさんは教育担当として正しいことをしたにもかかわらず、怒られてしまった。

③ Ｂさんは自分は教育担当にはふさわしくないと上司に話した。

④ Ｂさんは新入社員に対して、教育担当としてとってはいけない態度をとってしまった。

112

～まみれ ~범벅, ~투성이

접속 명사+まみれ

표면 전체에 ほこり(먼지), 汗(땀), 血(피), 泥(진흙), 油(기름), 傷(흠집)과 같은 지저분하거나 불쾌하게 느끼는 것이 잔뜩 붙어 있는 상태를 나타낸다. 다만, 借金まみれ(빚투성이) 처럼 관용적으로 사용되는 경우도 있으니 같이 알아두자.

> **暑い中、ランニングをしたら汗まみれになった。**
> 더운데 달리기했더니 땀 범벅이 되었다.
>
> **久しぶりに大掃除をしたら、ほこりまみれの帽子が出てきた。**
> 오랜만에 대청소했더니 먼지투성이인 모자가 나왔다.

プチ会話

A そのかごの中に入ってる物、何？

B あ、これ？ 洗剤なんだけど、少量でもびっくりするくらいきれいになるからおすすめだよ。

A へ～、私も使ってみようかな。

B うん。油まみれのフライパンでも、これを使えばあっという間にきれいになるんだ。

洗剤 세제
少量 소량
びっくりする 놀라다
油 기름
フライパン 프라이팬
油汚れ 기름때
効果 효과
発揮 발휘

質問 会話の内容と合っているものはどれか。

① その洗剤は少しの油汚れなら、すぐにきれいにすることができる。
② その洗剤を使えば、フライパンに油をひかなくても良くなる。
③ その洗剤を使えば、油でひどく汚れた物もすぐにきれいにすることができる。
④ その洗剤は油汚れには効果を発揮しない。

113

~めく ~한 듯한 느낌이 들다

접속 명사+めく

어떤 상태인 듯한 느낌이 든다는 의미를 나타낸다. 예를 들어, 「春めく(봄다워지다, 봄 느낌이 들다)」의 경우, 겨울이 끝나가는 시점이어서 완전히 봄은 아니지만, 봄 기운이 느껴진다는 의미이다. 「春(봄), 夏(여름), 秋(가을), 冬(겨울), 謎(수수께끼), 皮肉(비아냥), 冗談(농담), 説教(설교)」 등과 같은 특정 단어에 접속하므로 잘 기억해 두도록 하자.

野の花もさきはじめ、日差しも春めいてきた。
들판의 꽃도 피기 시작했고 햇빛도 봄 느낌이 들기 시작했다.

彼女のなぞめいた笑いが気になった。
그녀의 수수께끼 같은 웃음이 신경 쓰였다.

プチ会話

A 昨日の飲み会のこと、ちょっと反省しているんです。

B 後輩たち、急に静かになっていましたね。

A 酔っぱらうとついつい説教めいたことを言ってしまって。悪い癖です。

B たしかに、これからはもう少し気をつけた方がいいかもしれませんね。

後輩 후배
ついつい 그만, 자신도 모르게
説教 설교
任せる 맡기다

質問 会話の内容と合っているものはどれか。

① Aさんの酒癖は、相手に説教のようなことを言ってしまうことだ。
② Aさんはお酒に酔うと誰にでも説教を始めてしまう。
③ Aさんはお酒に酔うと相手の話が全部説教に聞こえてしまう。
④ Aさんはお酒の力に任せて、自分に説教なんてするなと言ってしまった。

114

~や／や否や ~하자마자

접속 동사의 사전형 + や否や

그 동작과 동시에 바로 뒤의 동작이 발생한다는 의미로 사용한다. 뒷부분에는 '예상 밖의 일이나 동작'이 따르는 경우가 많다.

> **目覚まし時計のベルが鳴るや否や飛び起きた。**
> 자명종 시계 벨이 울리자마자 벌떡 일어났다.
>
> **その情報が流れるや否や、株価が暴落した。**
> 그 정보가 흘러나오자마자 주가가 폭락했다.

プチ会話

A うわ！そのスニーカー、どこで手に入れたの？

B プレゼントでもらったんだ。

A それ、発売されるや否や一瞬で売り切れちゃった超人気モデルだよ。

B そんな貴重なスニーカーだったんだ。知らなかった…。

スニーカー 스니커즈
発売 발매
一瞬 순식간
超人気モデル 인기가 아주 많은 모델
貴重だ 귀중하다
売り切れる 매진되다
再発売 재발매
中止 중지
予約 예약

質問 会話の内容と合っているものはどれか。

① そのスニーカーはすぐに売り切れてしまい、再発売も中止になってしまった。

② そのスニーカーは発売されてからすぐ売り切れてしまった。

③ そのスニーカーは発売される前に予約だけで売り切れてしまった。

④ そのスニーカーは発売が中止になってしまったまぼろしのモデルだ。

쪽지 시험 19

問題 1　次の文の（　　　　）に入れるのに最もよいものを、1・2・3・4から一つ選びなさい。

1　彼(かれ)の皮肉(ひにく)（　　　　）言(い)い方(かた)が気(き)に触(さわ)った。

1 ながらの　　2 めいた　　3 まみれの　　4 きらいの

2　選挙(せんきょ)で金(かね)をばらまくなど許(ゆる)す（　　　　）行為(こうい)だ。

1 べからざる　　2 べく　　3 べからず　　4 べからぬ

3　いかなる理由(りゆう)があってもテロは許(ゆる)す（　　　　）行為(こうい)だと思(おも)う。

1 べき　　2 まい　　3 まじき　　4 らしい

4　子供(こども)たちは雪合戦(ゆきがっせん)で全身雪(ぜんしんゆき)（　　　　）になった。

1 ながら　　2 ずくめ　　3 がち　　4 まみれ

5　家(いえ)に帰(かえ)る（　　　　）テレビをつけたが、見(み)たかった番組(ばんぐみ)はすでに終(お)わっていた。

1 や否(いな)や　　2 が最後(さいご)　　3 末(すえ)に　　4 次第(しだい)で

6　みんなが見(み)ている（　　　　）、あたふたする姿(すがた)は見(み)せたくない。しっかり準備(じゅんび)して発表(はっぴょう)しよう。

1 一方(いっぽう)　　2 次第(しだい)　　3 手前(てまえ)　　4 途端(とたん)

問題２ 次の文の ＿★＿ に入る最もよいものを、１・２・３・４から一つ選びなさい。

1 他の人のアイディアを盗む ＿＿＿ ＿＿＿ ＿★＿ ＿＿＿ まじきことだ。

1 許す　　2 なんて　　3 として　　4 デザイナー

2 飲み会に ＿＿＿ ＿＿＿ ＿★＿ ＿＿＿ わけにはいかない。

1 参加する　　2 キャンセルする

3 今さら　　4 と言ってしまった手前

3 窓を ＿＿＿ ＿＿＿ ＿★＿ ＿＿＿ なってしまった。

1 開けっ放しに　　2 テーブルが

3 ほこりまみれに　　4 しておいたら

4 彼女は ＿＿＿ ＿＿＿ ＿★＿ ＿＿＿ や否や居眠りを始めた。

1 席に着く　　2 疲れていた　　3 よほど　　4 らしく

5 彼はいつも ＿＿＿ ＿＿＿ ＿★＿ ＿＿＿ どうか分からない。

1 冗談めいた　　2 本気で　　3 言っているのか　　4 言い方をするので

6 もはやインターネットは、電気や水道と ＿＿＿ ＿＿＿ ＿★＿ ＿＿＿ なっている。

1 私たちの生活に　　2 同じように　　3 ものと　　4 欠くべからざる

115

～を受けて ~에 반응하여, ~을 받아들여, ~의 영향을 받아

접속 명사+を受けて

어떠한 내용에 반응하거나, 어떠한 내용을 받아들일 때 사용한다.

委員会の決定を受けて、新しい計画がスタートした。
위원회 결정을 받아들여 새 계획을 시작했다.

海外経済の景気回復を受けて輸出は高い伸びを続けている。
해외 경제의 경기 회복의 영향을 받아 수출은 계속 상승하고 있다.

プチ会話

A 勤務形態に関する社員へのアンケート調査の件ですが、このような結果となりました。

B なるほど、在宅勤務を希望する社員が半数以上にも上るんですね。

A 今回の調査結果を受けて、勤務形態の見直しが必要なのではないでしょうか。

B そうですね。早速来週のリーダー会議で、議題に挙げたいと思います。

勤務形態 근무 형태
アンケート調査 설문조사
結果 결과
在宅勤務 재택근무
希望 희망
半数 반수
見直し 재검토
早速 하루 빨리
議題 의제
挙げる 거론하다

質問 会話の内容と合っているものはどれか。

① アンケート調査の結果を見ると今の勤務形態を変える必要がありそうだ。
② 来週のリーダー会議で、アンケート調査の結果をもらう予定だ。
③ アンケート調査の結果を見て、在宅勤務を希望する社員が増えた。
④ 来週のリーダー会議の議題は、アンケート調査結果とは無関係だ。

116

~を押して ~을 무릅쓰고, ~을 뿌리치고

접속 명사+を押して

어떤 문제나 곤란한 일을 극복하려고 하는 상황을 묘사한다. 「反対を押して(반대를 무릅쓰고), 病気を押して(병을 무릅쓰고)」 등의 극히 한정된 단어에 붙는다.

彼は両親の反対を押してアメリカに留学した。
그는 부모의 반대를 무릅쓰고 미국으로 유학하러 갔다.

重要な会議があったので、病気を押して出勤した。
중요한 회의가 있었기 때문에 병을 무릅쓰고 출근했다.

プチ会話

A 今日のサッカーの試合、感動したね。

B 正直、まさか強豪国相手に勝てるとは思わなかったよ。

A 特にひざの怪我を押して出場した山野選手の活躍がすごかったね。

B うん、間違いなく彼が今日のMVPだね。

質問 会話の内容と合っているものはどれか。

① 山野選手はこの試合のために、ひざの怪我を頑張って治した。
② 山野選手は怪我の痛みに耐えて試合に出場し、勝利に貢献した。
③ 山野選手は試合に出場するためにひざの怪我のことを隠していた。
④ 山野選手は試合中にけがをしたにもかかわらず、素晴らしいプレーを見せた。

感動 감동
強豪国 강호국
ひざ 무릎
怪我 상처, 다침
活躍 활약
間違いない 틀림없다
試合 시합
耐える 견디다

117

～を顧みず ~을 돌아보지 않고, ~을 신경 쓰지 않고

접속 명사＋を顧みず

동사 「顧みる(돌아보다, 신경 쓰다)」의 응용 표현으로, 어떤 일을 깊이 생각하거나 대수롭지 않게 여기고 과감하게 어떤 일을 실행한다는 의미를 나타낸다. 뒷부분에는 긍정적인 내용도 부정적인 내용도 올 수 있다.

> **彼(かれ)は医者(いしゃ)の忠告(ちゅうこく)を顧(かえり)みず、お酒(さけ)を飲(の)み続(つづ)けている。**
> 그는 의사의 충고를 신경 쓰지 않고 술을 계속 마셨다.
>
> **相手(あいて)の気持(きも)ちを顧(かえり)みず、自分(じぶん)の気持(きも)ちだけを押(お)し付(つ)けるのは良(よ)くない。**
> 상대방의 기분을 돌아보지 않고 자기 기분만 강요하는 것은 좋지 않다.

プチ会話

A Bさんのおじいさん、物理学(ぶつりがく)の研究(けんきゅう)で有名(ゆうめい)な大野教授(おおのきょうじゅ)なんですって。驚(おどろ)きましたよ。

B 隠(かく)していたわけではないんですが、実(じつ)はそうなんです。

A 大野教授(おおのきょうじゅ)は家(いえ)ではどんな方(かた)だったんですか。

B とても優(やさ)しい祖父(そふ)でしたが、昔(むかし)は家庭(かてい)を顧(かえり)みず研究一筋(けんきゅうひとすじ)だったので、祖母(そぼ)は苦労(くろう)したみたいですよ。

物理学(ぶつりがく) 물리학
研究(けんきゅう) 연구
教授(きょうじゅ) 교수
驚(おどろ)く 놀라다
家庭(かてい) 가정
顧(かえり)みる 돌아보다
一筋(ひとすじ) 외곬, 한결같음
優先(ゆうせん) 우선

質問 会話の内容と合っているものはどれか。

① 大野教授(おおのきょうじゅ)は昔(むかし)から家庭(かてい)のことを一番(いちばん)に考(かんが)える優(やさ)しい人(ひと)だった。
② 大野教授(おおのきょうじゅ)は昔(むかし)は家(いえ)に帰(かえ)らず研究室(けんきゅうしつ)にばかりこもっていた。
③ 大野教授(おおのきょうじゅ)はBさんには優(やさ)しかったが、他(ほか)の家族(かぞく)には厳(きび)しい人(ひと)だった。
④ 大野教授(おおのきょうじゅ)は昔(むかし)は家族(かぞく)よりも研究(けんきゅう)が優先(ゆうせん)だったので、奥(おく)さんはとても大変(たいへん)だった。

118

～を皮切りに ~을 시작으로

접속 명사＋を皮切りに

그것을 시작으로, 관련된 일이 계속된다는 의미를 나타낸다.

> **そのロックバンドは東京公演を皮切りに、各地でコンサートを行う。**
> 그 록 밴드는 도쿄 공연을 시작으로 각지에서 콘서트를 한다.
>
> **この作品を皮切りに、彼女は多くの小説を発表した。**
> 이 작품을 계기로 그녀는 많은 소설을 발표했다.

プチ会話

A あっ、この人また出てる。

B ちょっと前まで無名だったのに、ここ一年でずいぶん人気になりましたよね。

A やっぱりＳＮＳや動画サイトの影響力は無視できないですね。

B TikTokで有名になったのを皮切りに、YouTubeやインスタグラム、テレビまで見ない日はないですからね。

無名 무명
無視 무시
辞める 그만두다
メディア 미디어
始め 처음
満足 만족
中心 중심
活動 활동

質問 会話の内容と合っているものはどれか。

① そのタレントはTikTokで有名になったのを最後に、ＳＮＳでの活動を辞めている。

② そのタレントはTikTokで有名になれなかった代わりに、他のメディアで有名になった。

③ そのタレントはTikTokを始めとして他のメディアでもどんどん有名になっていった。

④ そのタレントはTikTokで有名になったことに満足し、今はテレビを中心に活動している。

119

~を余儀なくされる 어쩔 수 없이 ~하게 되다

접속 명사+を余儀なくされる

「余儀がない(달리 방법이 없다)」가 응용된 표현이다. 사실은 하고 싶지 않지만, 달리 방법이 없어서 어쩔 수 없이 그렇게 할 수밖에 없다는 느낌을 나타낸다. 부정적인 상황을 나타내는 경우가 많다.

経営不振の責任をとって、社長は辞任を余儀なくされた。
경영 부진 책임을 지고 사장은 사임해야만 했다.

資金不足により、新しい支店開設は中止を余儀なくされた。
자금 부족 때문에 새 지점 개설은 중지해야만 했다.

プチ会話

A あれ、また引っ越したんですか。
B 実は大家さんの都合で急に引っ越しを余儀なくされてしまって。
A それは大変でしたね。
B まったくですよ。何度も住む環境が変わるのは、精神的に疲れますね。

引っ越す 이사하다
大家 집주인
都合 형편, 사정
環境 환경
精神的 정신적
疲れる 지치다
延期 연기

質問 会話の内容と合っているものはどれか。

① Bさんは大家さんの都合で引っ越しの予定がなくなってしまった。
② Bさんは大家さんに事情があって、引っ越しをしなければならなくなった。
③ Bさんは大家さんとのスケジュールが合わず、引っ越しが延期になってしまった。
④ Bさんは大家さんに言われて引っ越しを手伝うことになった。

～んばかり ~할 듯함

접속 동사의 ない형+んばかり

지금 당장이라도 어떤 일이 발생할 것 같다는 느낌을 강조하여 나타낸다. 「今にも～しそうだ(금세라도 ～ 할 듯하다)」보다 강한 의미를 지닌 문장체 표현으로 이해하면 좋을 것이다.

今にも夕立が降りださんばかりの空模様だ。
금방이라도 소나기가 쏟아질 듯한 날씨이다.

不合格の知らせを聞いた彼女は、今にも泣き出さんばかりだった。
불합격 통지를 들은 그녀는 금방이라도 울 것 같았다.

プチ会話

A やっと終わった！
B お疲れ様！今日の公演、大成功だったね。
A うん。演奏が終わって割れんばかりの拍手をもらった時には、ちょっと泣きそうになっちゃった。
B 私も。あの瞬間は一生忘れられないと思うな。

公演(こうえん) 공연
大成功(だいせいこう) 대성공
演奏(えんそう) 연주
拍手(はくしゅ) 박수
瞬間(しゅんかん) 순간
一生(いっしょう) 평생
客席(きゃくせき) 객석
拍手(はくしゅ) 박수
楽器(がっき) 악기
落(お)とす 떨어뜨리다
割(わ)る 깨다
反応(はんのう) 반응

質問 会話の内容と合っているものはどれか。

① 客席からの拍手の音が大きすぎて、頭が割れそうなくらいだった。
② 公演が素晴らしかったので、観客は盛大な拍手を送った。
③ Aさんは演奏が終わった後、楽器を落として割ってしまい、泣きそうだった。
④ 公演が終わった後、思ったよりも客席からの反応がなかったので、Aさんは泣きそうだった。

쪽지 시험 20

問題1　次の文の（　　　　　）に入れるのに最もよいものを、1・2・3・4から一つ選びなさい。

1　原油価格の高騰（　　　　　）複数の航空会社が運賃を値上げした。

1 を受けて　　2 を通じて　　3 に沿って　　4 にわたって

2　台風のため飛行機が飛べないので、出発の延期を（　　　　　）。

1 余儀なくされた　　2 ものともしなかった

3 いかんともしがたい　　4 せずにはすまない

3　電車の中で、周囲の迷惑を（　　　　　）携帯電話を使用している人がいる。

1 うけて　　2 かえりみず　　3 かぎりに　　4 すえに

4　住民の反対（　　　　　）マンション建設はどんどん進められた。

1 を機に　　2 を潮に　　3 を押して　　4 をひかえて

5　その会社は、先週発表した新製品を（　　　　　）、次々と新しい製品を発売するそうだ。

1 おいて　　2 もって　　3 かぎりに　　4 かわきりに

6　クリスマス商戦に入った店には、（　　　　　）ばかりのプレゼントが並んでいる。

1 あふれた　　2 あふれん　　3 あふれて　　4 あふれない

問題2　次の文の ＿★＿ に入る最もよいものを、1・2・3・4から一つ選びなさい。

1　今年は ＿＿＿ ＿＿＿ ＿★＿ ＿＿＿ 見込まれている。

1 景気の回復傾向を　2 大企業を中心に　3 就業者の増加が　4 受けて

2　選挙の大敗により、＿＿＿ ＿＿＿ ＿★＿ ＿＿＿ された。

1 政策の　2 余儀なく　3 与党は　4 見直しを

3　せっかく遠くから会いに行ったのに、＿＿＿ ＿＿＿ ＿★＿ ＿＿＿ えない。

1 帰れと　2 帰らざるを　3 言わんばかりの　4 顔をされては

4　遭難者を救助するため、町の人は ＿＿＿ ＿＿＿ ＿★＿ ＿＿＿ 続けたが、依然見つからない状態だ。

1 押して　2 捜索を　3 必死に　4 危険を

5　アナウンサー「この映画は、美しい音楽ときれいな映像が好評で、＿＿＿ ＿★＿ ＿＿＿ ＿＿＿ さらに配給先が増加する見通しです。」

1 世界各国で　2 日本を皮切りに　3 決まっており　4 公開されることが

6　市の消防本部は、危険を顧みず ＿＿＿ ＿＿＿ ＿★＿ ＿＿＿ 高橋さんに表彰を授与した。

1 功績を　2 建物火災から　3 称えて　4 人命を救助した

해석 및 정답

STEP 1

001 p.12

A 표정이 어둡네. 무슨 일 있어?

B 실은 메일 보내도 기무라 씨가 답장을 전혀 안 줘서. 내가 뭔가 미움받을 짓이라도 했나.

A 분명 무슨 사정이 있어서 그런 거겠지. 좀 상황을 두고 보면?

B 그렇네. 좀 더 기다려봐야겠어.

회화 내용에 맞는 것은 무엇인가?

① 기무라 씨와 B씨는 조금 거리를 두는 편이 좋다고 A씨는 생각한다.

② 기무라 씨가 기분이 상해서 연락을 무시하고 있다고 A씨는 생각한다.

③ 기무라 씨에 대해 뭔가 사정이 없는 한 연락을 무시하는 사람은 아니라고 A씨는 생각한다.

④ A씨는 B씨의 기분을 상하게 하지 않기 위해 속마음과는 다르게 이야기했다.

002 p.13

A 첫인상을 좋게 하려면 역시 외모를 단정하게 하는 편이 중요할까요?

B 외모도 중요하지만, 표정이나 말투에 따라서 꽤 인상이 바뀌어요.

A 표정이나 말투요?

B 네. 표정은 무척 좋으니 목소리 톤과 크기에 신경을 써 보세요.

회화 내용에 맞는 것은 무엇인가?

① 표정이나 말투에 따라서 첫인상이 크게 좌우된다.

② 더 좋은 첫인상을 주기 위해서는 무엇보다도 외모가 중요하다.

③ 표정이나 말투는 첫인상에는 그다지 영향을 미치지 않는다.

④ A씨는 외모와 목소리만 바꾸면 첫인상이 굉장히 좋아질 것이다.

003 p.14

A 졸업하면 아버지 회사를 잇는다면서? 부러워 죽겠다.

B 회사를 잇는다고 해도 처음에는 신입사원으로서 처음부터 배워야 해.

A 그래도 이 구직 활동의 어려움을 겪지 않아도 되잖아.

B 그건 그렇지만 나도 주위의 기대가 커서 힘든 건 마찬가지야.

회화 내용에 맞는 것은 무엇인가?

① B씨는 A씨에 대해 압박이 적어서 부럽다고 생각한다.

② A씨는 B씨처럼 장래에 사장이 되고 싶다고 생각한다.

③ A씨는 B씨가 구직 활동하지 않아도 되는 점을 무척 부러워한다.

④ A씨는 가능하면 B씨 아버지의 회사에 들어가고 싶다고 생각한다.

004 p.15

A (아파트 관리인실에서) 무슨 일이십니까?

B 저, 502호에 사는 사람인데요. 위층에서 나는 소리가 시끄러워서 잠을 잘 수가 없어요. 뭐라고 말 좀 해주세요.

A 그러신가요? 실은 다른 집에서도 불만이 들어와서 지금부터 상황을 파악하러 가려던 참이었어요.

B 한밤중인데 애들도 일어나 버려서 너무 민폐예요.

회화 내용에 맞는 것은 무엇인가?

① B씨는 다른 집에서 불만이 들어 왔다고 관리인실에 불려 갔다.

② B씨는 약간의 소리에도 신경을 쓰는 민감한 타입이다.

③ B씨의 위층에 사는 주민은 항상 주변에 폐를 끼친다.

④ B씨는 도저히 참을 수 없어져서 관리인실에 불만을 말하러 갔다.

005 p.16

A 오늘은 정시에 집에 갈 수 있겠어요? 괜찮으면 한 잔 어떨까 해서요.

B 가고 싶은 마음은 굴뚝 같지만, 오늘도 여느 때처럼 야근해야 할 것 같아요.

A 급한 일인가요? 그렇지 않으면 오늘 정도는 괜찮지 않아요?

B 실은 이제부터 미국 지사와의 회의가 있어요. 나중에 또 권해 주세요.

회화 내용에 맞는 것은 무엇인가?

① B씨의 일은 야근이 많지만, 오늘은 특별히 정시에 끝날 것 같다.

② B씨는 항상 야근하며 오늘도 예외는 아니다.

③ B씨는 보통 야근은 없는데 오늘은 평소와 다르게 회의가 생겼다.

④ B씨는 회의가 끝난 후 A씨와 마시러 가고 싶다고 생각한다.

006 p.17

A 어제는 아이의 갑작스러운 발열 때문에 조퇴하게 되어 폐를 끼쳤습니다.

B 천만에, 그것보다 아이 상태는 어때?

A 다행히 열도 내려서 오늘은 엄마가 봐주고 있어요.

B 잘되었네. 다른 사람에게 부탁하지 않고 육아하는 건 힘든 법이지. 무슨 일이 있으면 언제든 말하라고.

회화 내용에 맞는 것은 무엇인가?

① B씨는 A씨가 다른 사람에게 의지하지 않고 육아하기 때문에 힘들겠다고 생각한다.

② B씨는 육아는 주변 사람과 서로 도와가면서 해야 한다고 생각한다.

③ B씨는 A씨가 육아 때문에 일에 민폐를 끼치지 않으면 좋겠다고 생각한다.

④ B씨는 육아에 관해 그다지 다른 사람에게 의지하지 않는 편이 좋다고 생각한다.

쪽지 시험 01 p.18

문제1

1 3 이 병은 수술받지 않고 회복되는 경우는 없다고 한다.

2 2 프로젝트 성공은 여러분의 협력 덕분이므로 감사하고 있습니다.

3 4 이런 오밤중에 전화를 잘못 걸다니 너무 비상식적이다.

4 2 여러분도 아시다시피 우리 회사는 올해로 창립 30주년을 맞이했습니다.

5 1 선거 결과 여부에 따라서는 한번 결정된 계획이 재검토될 수도 있다.

6 3 처음 혼자 해외로 출장을 가게 되어 몹시 불안하다.

문제2

1 2 (1423)
구단 측은 팬이 있기에 가능한 프로야구라는 사실을 좀 더 잘 인식하길 바란다.

2 3 (4231)
학업 성적에 따라서는 장학금 지급을 정지하는 경우도 있을 수 있다.

3 1 (2413)
우리 엄마는 뭔가 빠트리지 않고 외출하는 일이 없는 사람입니다.

4 1 (2314)
내 작품이 이렇게 많은 사람에게 (좋은) 평가를 받다니 정말 기쁠 따름이다.

5 4 (2143)
최근 몇십 년에 걸친 조사 결과가 나타내고 있는 것처럼 지구온난화는 확실히 진행되고 있습니다.

6 2 (3421)
대로를 신호도 기다리지 않고 건너다니, 일요일 심야라서 자동차 통행도 평소보다 적다고는 해도 너무 위험한 행위이다.

007 p.20

A 옆집 부부 싸우는 거 같은데 괜찮을까요?

B 항상 저래요. 이래 봬도 오늘은 아직 조용한 편이에요.

A 어머, 그런가요? 이웃도 힘들겠어요.

B 요전에는 밤까지 시끄러워서 경찰까지 찾아올 지경이었다니까요.

회화 내용에 맞는 것은 무엇인가?

① B씨의 옆집에서는 부부 싸움이 심해서 경찰까지 출동한 적이 있다.

② B씨의 옆집에서는 부부 싸움 탓에 경찰까지 부르려고 한 적이 있다.

③ B씨는 이 이상 싸움이 심해지면 또 경찰을 부르려고 생각한다.

④ B씨의 옆집 부부는 경찰에게 따끔하게 한 소리 들었기 때문에 더는 싸우지 않을 것이다.

008 p.21

A 시험 시작까지 앞으로 5분 남았어. 슬슬 교과서 정리하면?

B 지금 잠깐 말 걸지 말아 봐. 필사적으로 단어 외우는 중이니까.

A 인제 와서 본들 시험 점수가 오를 것 같지는 않은데.

B 아아, 더 성실하게 수업 들었으면 좋았을걸.

회화 내용에 맞는 것은 무엇인가?

① B씨는 마지막까지 노력하는 것을 포기하지 않는 우수한 학생이다.

② A씨는 B씨에게 지금 보고 있는 부분은 시험에 나오지 않을 것이라고 알려주었다.

③ A씨는 지금 필사적으로 공부해도 소용없다고 생각한다.

④ A씨는 B씨보다도 높은 점수를 받기 위해 B씨의 공부를 방해하고 있다.

009 p.22

A 일부러 집까지 와주셔서 감사합니다.

B 아니에요. 이곳에서는 혼자서 살고 계시나요?

A 네, 아내가 죽은지 20년이 되었지만, 아내는 하루도 잊은 적이 없어요.

B 대단한 부부시네요. 저도 그렇게 되고 싶어요.

회화 내용에 맞는 것은 무엇인가?

① A씨는 조금씩 죽은 아내를 잊고 있다.

② A씨는 죽은 부인을 매일 계속 생각한다.

③ A씨는 20년 동안 부인을 잊은 적이 딱 하루 있다.

④ A씨는 죽은 부인을 하루 정도 잊어도 어쩔 수 없다고 생각한다.

010 p.23

A 앗! 큰일이네.

B 갑자기 왜 그래?

A 세탁기 돌려둔 채였던 거 완전히 까먹고 있었네. 그대로 말려도 되려나.

B 두 시간 정도면 괜찮지 않을까? 냄새 좀 맡아 보면?

회화 내용에 맞는 것은 무엇인가?

① A씨는 세탁기를 돌려둔 채로 말리는 것을 잊어버렸다.

② A씨는 세탁기를 돌리는 것을 완전히 잊고 있었다.

③ A씨는 세탁기가 망가진 것을 그대로 두고 있다.

④ A씨는 세탁기를 한 번 더 돌려야 하게 되었다.

011 p.24

A 초심자라도 사용하기 쉬운 동영상 편집 소프트웨어 뭔가 없나요?

B A씨도 동영상 편집에 관심 있어요?

A 실은 저 말고 엄마요. 최근에 유튜브에 관심이 있는 것 같아서요.

B 그런가요! 몇 살이든 새로운 것에 도전하려는 사람은 멋져요.

회화 내용에 맞는 것은 무엇인가?

① B씨는 새 취미를 발견한 B씨를 멋지다고 생각한다.

② B씨는 나이를 먹은 사람이 이제부터 동영상 편집을 배우기란 어렵다고 생각한다.

③ B씨의 주변에는 나이를 핑계로 새로운 것에 도전하는 사람이 적다.

④ B씨는 몇 살이 되어도 계속 도전하는 A씨의 어머니를 멋지다고 생각한다.

012 p.25

A 어딘가 좋은 사람 없을까?

B 또 그 얘기야?

A 이번에 우리 팀에 올 사람이 잘생긴 독신이면서 일도 잘하고 성격도 좋거나 하는 일은….

B 드라마도 아니고 그런 일이 생길 리가 없어.

회화 내용에 맞는 것은 무엇인가?

① A씨는 최근 드라마 같은 만남을 경험했다.

② B씨는 A씨에게 새 사원 이야기를 들었지만, 드라마 같다고 믿지 않는다.

③ B씨는 A씨의 이야기를 드라마로 만들면 재밌겠다고 생각한다.

④ B씨는 A씨의 이야기는 현실적이지 않다고 생각한다.

쪽지 시험 02 p.26

문제1

1 2 어린아이도 아니고 아이스크림을 너무 많이 먹어서 배탈이 나다니 믿기지 않는다.

2 1 지금은 어떤 시골 마을이든 전기가 통한다.

3 3 나이를 먹고 화를 잘 내게 된 아빠는 요즘 근처 어린 아이에게까지 큰소리로 호통을 치는 형국이다.

4 2 주변 사람이 아무리 반대해 봤자 그는 마음을 바꾸지 않을 것이다.

5 2 어떤 상대든 시합 중에는 1초도 방심하면 안 된다.

6 4 아들은 항상 옷을 벗어둔 채 내버려 두어서 짜증이 난다.

문제2

1 1 (4213)

그에게 내일은 중요한 회의가 있으므로 늦지 말라고 말했는데 한 시간이나 늦었다.

2 4 (3142)

학창 시절도 아니고 한 달이나 여행한다니 가능할 리가 없다.

3 3 (2431)

문학상 응모자가 적어서 마감을 일주일 연기했다. 그렇게 했다고 해서 참가자가 늘 전망은 없지만 말이다.

4 2 (3421)

오늘 오후 다섯 시까지 내일 회의 자료를 완성해야 해서 1분도 소홀히 할 수 없는 상황이다.

5 4 (3142)

비록 어린아이여도 자신이 한 일은 자기가 책임을 져야 한다고 생각한다.

6 2 (1324)

이따금 창문을 열어서 공기를 순환시키는 편이 좋다. 방 창문을 닫아두기만 하면 냄새나 습기가 차서 곰팡이가 생길 위험이 있다.

013 p.28

A 아오, 힘들어. 스즈키 씨, 학교랑 남편 불평만 계속했어.

B 그렇게 힘들다면 기분 나빠 하면서까지 같이 어울릴 필요 없지 않아?

A 그렇긴 한데 우리 집 딸이랑 스즈키 씨네 집 아들 같은 반이거든.

B 부모 간의 관계도 힘들구나.

회화 내용에 맞는 것은 무엇인가?

① B씨는 아이를 위해서 어울리기 힘든 사람과도 친하게 지내는 편이 좋다고 생각한다.

② B씨는 인간관계에서 기분이 나빠질 정도라면 거리를 두는 편이 좋다고 생각한다.

③ B씨는 스즈키 씨가 A씨를 싫어하지 않는 한 계속 어울리는 편이 좋다고 생각한다.

④ B씨는 스즈키 씨도 기분 나쁘게 만들어야 한다고 생각한다.

014 p.29

A 고양이를 키우고 계시나요?

B 네, 아들이 초등학생일 때 길에 버려진 것을 발견해서 그때부터 쭉 키웠어요.

A 그런가요? 다정한 아드님이시네요.

B 처음에는 동물이 어려웠는데 지금은 사랑해 마지않는 소중한 존재예요.

회화 내용에 맞는 것은 무엇인가?

① B씨는 고양이가 어렵지만, 함께 살다 보니 조금씩 좋아지는 중이다.

② B씨는 사랑하는 아들을 위해서 고양이를 데리고 왔다.

③ B씨는 반려묘가 없으면 살 수 없을 정도로 매우 아끼고 귀여워하고 있다.

④ B씨는 옛날부터 동물이 어려웠고 지금도 아들을 위해 참고 있다.

015 p.30

A 어제 쓰러졌다고 들었는데 벌써 출근해도 괜찮아요?

B 걱정 끼쳐서 죄송해요. 링거를 맞았더니 완전히 건강해졌어요.

A 그래도 무리는 금물이에요. 하지만 어제는 무슨 일이었어요?

B 무리한 다이어트랑 일 피로가 겹쳐서 몸 상태가 좀 나빠진 것 같아요.

회화 내용에 맞는 것은 무엇인가?

① B씨는 다이어트와 일의 피로 때문에 건강이 나빠졌다.

② B씨는 일이 너무 힘들어서 점점 살이 빠졌다.

③ B씨가 쓰러진 것은 다이어트와 일의 피로 둘 중 하나가 원인이다.

④ B씨가 쓰러진 것은 다이어트 탓도 일이 바쁜 탓도 아니다.

016 p.31

A 토요일 영화 말인데 다른 날로 바꿔도 될까? 정말 미안.

B 음, 기대하고 있었는데. 중요한 일이라도 생겼어?

A 실은 사장님이 골프를 치러 가자고 하셔서.

B 할 수 없지. 사장님의 제안이라면 가지 않을 수도 없을 테고.

회화 내용에 맞는 것은 무엇인가?

① B씨는 사장님의 초대라고 해도 주말에는 가면 안 된다고 생각한다.

② B씨는 아무리 사장님의 권유라도 거절하면 좋겠다고 생각한다.

③ 사장의 권유라서 거절할 수 없는 것을 B씨도 이해한다.

④ 사장의 권유를 거절하기 위한 이유를 B씨도 같이 생각할 작정이다.

017 p.32

A 여기 새로운 데다가 주위 환경도 좋네요.

B 그렇습니다. 게다가 넓이도, 해가 잘 드는 점도 무척 인기 있는 물건이에요.

A 그렇겠어요.

B 이 방은 아직이지만 같은 구조인 다른 층의 방은 대부분 팔렸어요.

회화 내용에 맞는 것은 무엇인가?

① 이 방은 넓이와 해가 잘 드는 점 이외에는 완벽하기 때문에 인기 있는 물건이다.

② 이 방은 넓지만 해가 잘 안 드는 점은 아쉽다.

③ 이 방은 넓고 밝아서 인기 있는 물건이다.

④ 이 방은 그다지 넓지는 않지만 해가 잘 드는 좋은 물건이다.

018 p.33

A 어? 고려 인삼 안 드시나요?

B 네, 독특한 쓴맛 때문에 못 먹겠어요.

A 그런가요? 몸에 좋은데 아깝네요.

B 아무리 몸에 좋다고 해도 맛이 없는 건 먹을 수 없어요.

회화 내용에 맞는 것은 무엇인가?

① B씨는 고려 인삼은 몸에 좋지 않다고 생각한다.

② B씨는 맛있지 않아도 몸에 좋으면 먹고 싶다고 생각한다.

③ B씨는 A씨에게 주기 위하여 고려 인삼을 못 먹는 척했다.

④ B씨는 아무리 몸에 좋아도 입에 맞지 않는 것은 먹고 싶지 않다고 생각한다.

쪽지 시험 03 p.34

문제1

1 4 이곳은 인기 있는 가게이지만 줄을 서서까지 먹고 싶다고는 생각하지 않기 때문에 줄이 길면 포기한다.

2 2 앞으로도 양국 교류가 오랫동안 이어지기를 바랍니다.

3 1 사장의 경영 능력이 사원의 노력과 맞물려 그 회사는 급성장을 이루었다.

4 1 상대 팀은 시합에 이기기 위해서라면 어떤 더러운 수도 쓸 것이다.

5 2 이번에 머문 호텔은 전망도 서비스도 최고였다.

6 3 연예인이라도 그 프라이버시는 마땅히 지켜져야 할 것이다.

문제2

1 3 (2431)

마지막 이별에 애정을 담아 바친 꽃에는 그녀의 죽음을 아쉬워하는 이들의 마음이 담겨 있었다.

2 2 (1423)

모처럼 밤까지 새며 공부했는데 결과는 좋지 않았다.

3 2 (3421)

국제경제 전문가라고 해도 눈이 휘둥그레지게 변화하는 세계 경제 흐름을 분석하여 예측하는 것은 몹시 어렵다.

4 4 (2341)

이 뮤지컬 영화는 좋은 스토리와 배우의 열연이 어우러져 완성도 높은 작품으로 마무리되었다.

5 3 (1432)

지금의 제가 있는 것은 당신의 협조가 있었기 때문입니다. 신세를 진 당신의 부탁이라면 가능한 것은 모두 하겠습니다.

6 4 (2341)

오랜 시간에 걸친 연구 개발 끝에 파워든 연비든 누구도 흉내 낼 수 없는 뛰어난 엔진이 개발되었다.

019 p.36

A 여름휴가에는 어딘가 가시나요?

B 아이들과 아내가 원해서 하와이에 갈 예정이에요.

A 하와이요? 부럽네요.

B 저도 기대는 하고 있지만 해외여행이라도 되면 돈도 더 들고 휴가 조정도 해야 하니까 이래저래 힘들어요.

회화 내용에 맞는 것은 무엇인가?

① 해외여행은 국내보다도 비용 면이나 휴가 일수 등 부담되는 것이 많다.

② A씨는 일에 미치는 영향이 적은 국내 여행을 가고 싶어 한다.

③ 해외여행을 가기 위해서 A씨는 한동안 휴가를 받을 생각이다.

④ 비용이나 휴가 조정이 쉽지 않아서 A씨는 하와이에는 못 갈지도 모른다.

020 p.37

A 슬슬 진로 정해야겠네. 졸업 후에도 밴드 활동 계속할 생각이야?

B 할 수 있다면 프로 데뷔까지 열심히 하고 싶지만, 현실적이지 않겠지.

A 그래도 그게 제일 하고 싶은 거지?

B 가수는 못 되더라도 뭔가 음악에 관련된 일을 하고 싶어.

회화 내용에 맞는 것은 무엇인가?

① B씨는 가수가 될 때까지 꿈을 포기하고 싶지 않다고 생각한다.

② B씨는 가수 데뷔는 무리라도 최소한 음악업계에서 일하고 싶어 한다.

③ B씨는 이미 밴드 활동을 계속하는 것을 포기하고 말았다.

④ B씨는 음악에 관련된 일을 한다면 역시 밴드 활동이 가장 좋다고 생각한다.

021 p.38

A 교과서 들고 다니기 힘들지 않아? 요즘은 다들 태블릿PC로 수업 듣고 있어.

B 알아, 태블릿PC 못 살 건 아니지만….

A 그러면 왜?

B 확실히 편리할 것 같지만, 난 역시 종이책이 좋아.

회화 내용에 맞는 것은 무엇인가?

① B씨는 태블릿PC를 살 수 있을 정도의 돈은 갖고 있지만 굳이 사지 않을 뿐이다.

② B씨는 태블릿PC를 살 돈의 여유가 없다.

③ B씨는 요즘 저렴한 태블릿PC가 많아서 살까 말까 망설이고 있다.

④ B씨는 태블릿PC를 사지 않기 위한 이유를 열심히 찾고 있다.

022 p.39

A 선배님, 소케 대학교에 무사히 합격했습니다!

B 잘되었네. 정말 축하해!

A 선배님의 공부법 조언 없이는 합격할 수 없었을 거예요. 정말 고맙습니다.

B 아니, 아니, 전부 A의 노력 덕분이야.

회화 내용에 맞는 것은 무엇인가?

① A씨는 공부법 조언이 없어서 가고 싶은 대학에 합격하지 못했다.

② A씨는 B씨가 가르쳐 준 공부법이 없었다면 합격하지 못했으리라 생각한다.

③ A씨는 B씨의 조언을 잊어버렸지만, 가까스로 합격할 수 있었다.

④ A씨는 B씨의 조언 없이도 합격할 수 있었다고 생각한다.

023 p.40

A 이 머그잔, 멋지다. 어디에서 샀어?

B 사실은 도예가 취미인 엄마가 선물해 준 거야.

A 이거 어머니가 직접 만드신 거야? 대단하시다.

B 직접 만든 것 특유의 따뜻함과 독특한 맛이 있어서 요즘 계속 이것만 사용하고 있어.

회화 내용에 맞는 것은 무엇인가?

① A씨는 직접 만든 것치고는 완성도가 높은 머그잔을 매우 마음에 들어 한다.

② A씨는 사실 직접 만든 것보다 기성품이 더 사용하기 편하다고 생각한다.

③ A씨는 직접 만든 것이기 때문에 느낄 수 있는 장점을 매우 마음에 들어 한다.

④ A씨는 엄마를 신경 써서 그 머그잔을 자주 쓰려고 한다.

024 p.41

A 지금 옷 정리하는 중인데 이 코트 아직 입어?

B 그 코트가 있었네. 벌써 몇 년이나 안 입어서 잊고 있었어.

A 더는 안 입을 거라면 팔든지 버리든지 하면?

B 음, 어떡하지? 유행은 지났지만, 질은 좋은 건데.

회화 내용에 맞는 것은 무엇인가?

① A씨는 B씨의 코트가 양질이기 때문에 버리는 것보다 파는 것이 좋다고 생각한다.

② A씨는 B씨가 코트를 팔거나 버릴 것 중 하나를 선택하길 바라고 있다.

③ A씨는 입지 않는 옷은 팔거나 버리는 등 어쨌든 처리하고 싶어 한다.

④ A씨는 B씨의 의견은 아무래도 좋아 코트를 빨리 버리고 싶어 한다.

쪽지 시험 04 p.42

문제1

1 2 상대방을 이해하고 존중하지 않고는 인간관계는 잘 안 될 것이다.

2 4 홋카이도 고유의 맛을 이 기회에 즐겨 주세요.

3 1 이 주변은 심야만 되면 인적이 끊겨 버린다.

4 4 친한 친구가 입원했으니 병원에 못 가더라도 전화 정도는 해두자.

5 3 이유를 제대로 이야기해주면 돈을 빌려주지 못할 것도 없다.

6 3 그 회사 정보는 다른 사람에게 물어보든 인터넷에서 조사하든 하면 쉽게 알 수 있다.

문제2

1 1 (2413)
이 가게에서는 바닷가 마을만의 신선한 물고기를 사용한 요리를 맛볼 수 있다.

2 2 (1423)
평소 사용하는 컴퓨터가 망가져서 몹시 난감하다. 수리를 내보내든 새것을 사든 뭔가 해야 할 것이다.

3 1 (2314)
너만 이 조건을 받아들여 준다면 나도 협력하지 못할 건 아닌데.

4 3 (4132)
투자란 시장전문가의 조언은 물론 대상 분야를 명확하게 이해하지 않고 성공할 수는 없다.

5 1 (2413)
매년 수험 시즌이 되면 현지인은 물론 간토 전역에서 많은 예비교 학생과 고등학생이 이 신사를 방문한다고 한다.

6 3 (1432)
통근에 편도 두 시간은 힘들다. 30분까지는 아니더라도 적어도 한 시간 이내인 곳에 살고 싶다.

025 p.44

A 전에 산 슈트케이스 말인데 사용감은 어때?

B 그게 아직 세 번밖에 안 썼는데 타이어 부분이 망가졌어.

A 과연, 저렴한 이유가 있었네. 분명히 5천 엔도 안 했지?

B 응. 다음 여행 전에 다시 사야 해.

회화 내용에 맞는 것은 무엇인가?

① B씨의 슈트케이스의 질은 저렴한 가격에 알맞은 정도였다.

② B씨의 슈트케이스는 생각보다도 튼튼했다.

③ B씨의 슈트케이스는 가격치고는 금방 망가지고 말았다.

④ B씨는 어차피 금방 망가질 테니까 또 저렴한 것을 사려고 생각한다.

026 p.45

A 아버지, 입원하셨다면서요. 상태는 어떠신가요?

B 다행히 생명이 달린 병은 아니라서 제대로 요양만 하면 좋아질 거예요.

A 다행입니다. 뭔가 도움이 필요한 일이 있으면 언제든 의지해 주세요.

B 신경 써 주셔서 감사합니다.

회화 내용에 맞는 것은 무엇인가?

① B씨 아버지의 상태는 지금은 안정적이지만 완치는 되지 않는다고 한다.

② B씨 아버지의 병은 중병이 아니라고 해서 다들 안심하고 있다.

③ B씨 아버지는 한때는 위험한 상태였지만 지금은 좋아지고 있다.

④ B씨 아버지는 그저 과로 때문에 쓰러진 것뿐인듯 하다

027 p.46

A 오사카 여행 호텔 말인데, 엄청 저렴한 곳 발견했어!

B 조식 포함 인당 2천 엔? 하지만 이 사진이 좀….

A 별로 마음에 안 들어?

B 숙박 요금은 저렴한 편이 좋기는 한데, 위치나 청결감도 중요하니까.

회화 내용에 맞는 것은 무엇인가?

① A씨도 B씨도 숙박료는 저렴한 것이 최고라고 생각한다.

② A씨는 이 호텔보다 저렴하고 좋은 곳은 없다고 생각한다.

③ B씨는 이 호텔이 조건에 비해 그다지 저렴하지 않다고 생각한다.

④ 호텔비는 저렴하면 저렴할수록 좋지만, B씨에게는 더 우선순위가 높은 것이 있다.

028 p.47

A 오랜만이네요. 흡연실에서 보지 못해서 담배는 끊은 줄 알았습니다.

B 요즘 너무 바빠서 휴식은커녕 화장실 갈 시간도 없어요.

A 그렇게 바쁜가요?

B 이 점심도 얼른 먹고 다시 돌아가야 해요.

회화 내용에 맞는 것은 무엇인가?

① B씨는 쉬는 것은 물론 화장실도 못 갈 정도로 바쁜 나날을 보내고 있다.

② B씨는 너무 바빠서 쉴 수 있는 건 화장실 갈 때 정도이다.

③ B씨는 시간이 없기 때문에 휴식을 취할지 화장실에 갈지 중 하나만 선택해야 한다.

④ B씨는 금연하기 위해 일부러 바쁘게 일하고 있다.

029 p.48

A 봄부터 제과 학교에 다닌다면서?

B 졸업하면 프랑스에서도 수업해서 제빵사가 되고 싶어.

A 틀림없이 의대에 갈 거로 생각했기 때문에 깜짝 놀랐어.

B 지금까지는 부모님의 기대에 부응하고자 열심히 노력했지만, 드디어 내가 가장 하고 싶은 일을 찾았어.

회화 내용에 맞는 것은 무엇인가?

① B씨는 의대에 합격하지 못해 제과 학교에 다니기로 했다.

② B씨는 아무리 노력해도 부모님의 기대에 부응하지 못해 의사가 되기를 포기했다.

③ B씨는 부모님의 기대에 부응하기 위해 애써왔지만 발견한 꿈은 다른 길이었다.

④ A씨는 아이는 당연히 부모의 기대에 부응해야 한다고 생각한다.

030 p.49

A 사토 씨의 부인, 귀국 자녀래요.

B 그 소문이 사실이었군요.

A 어학에 능통해서 영어는 물론이거니와 중국어도 원어민 수준이래요.

B 그래요? 지금 저와 함께 한국어 레슨도 받고 있어요.

회화 내용에 맞는 것은 무엇인가?

① 사토 씨의 부인은 영어보다 중국어에 능통하다.

② 사토 씨의 부인은 영어는 물론 다른 외국어 능력도 높다.

③ 사토 씨의 부인은 외국에 산 적이 없는데도 어학 감각이 매우 높다.

④ 사토 씨의 부인은 영어는 그다지 잘하지 않는 것 같다.

쪽지 시험 05 p.50

문제1

1 4 수험 공부는 물론이거니와 지망 학교 선택도 4년간 생활을 좌우하는 중요한 요소입니다.

2 1 발 상처가 좀처럼 낫지 않는다. 뛰는 것은커녕 걷는 것조차 못한다.

3 1 공공요금 인상은 국민 생활에 관련된 중요한 문제이다.

4 2 새 기획에 대해 자기 나름대로 아이디어를 내놓았다.

5 3 보고서 제출은 이번 주 금요일까지이지만 빨리 낼 수 있으면 가장 좋다.

6 3 예정대로 공사를 끝내려고 주야를 불문하고 작업을 계속하고 있다.

문제2

1 2 (3421)
일은 빨리 되는 게 가장 좋지만 더 중요한 것은 실수하지 않는 것이다.

2 4 (3241)
사건 진상에 관련된 물적 증거를 확보하고자 수사에 전력을 다하고 있다.

3 4 (2143)
이 지구상에는 전기는커녕 수도조차 없는 생활을 하는 사람이 아직 많이 있다.

4 3 (2431)
이 상품은 양은 물론이거니와 질적인 면에서도 뛰어나서 잘 팔려요.

5 1 (2413)
이번 일에 관해서는 당신 나름대로 말하고 싶은 것이 있으리라고 생각하지만 이미 결정된 일이니 협력해 주셨으면 합니다.

6 2 (1423)
각 점포에서는 손님의 마음을 잡고자 더 좋은 서비스를 연구하고 있다.

031 p.52

A 어제 남자친구가 왜 전화 안 받냐고 화를 냈는데, 그렇게 화낼 일일까?

B 음, 무슨 일 있었어?

A 회사 회식에서 너무 취했거든. 전화 온 지 전혀 몰랐어.

B 음, 남자친구가 화난 건 애정 때문인 것 같은데.

회화 내용에 맞는 것은 무엇인가?

① B씨는 A씨의 애인은 조금 제멋대로라고 생각한다.

② B씨는 A씨가 소중하기 때문에 애인이 화가 난 것으로 생각한다.

③ B씨는 A씨의 애인이 화난 것과 애정은 별개라고 생각한다.

④ B씨는 애인에 대해 화를 내는 것은 애정이 아니라고 생각한다

032 p.53

A 부모님은 유학에 대해 뭐라고 하시나요?

B 부모님은 반대하시는데 아무리 반대하셔도 제 의지는 변함없어요.

A 그렇습니까? 그럼 저희 쪽에서도 한번 부모님께 말씀을 드려보도록 하겠습니다.

B 감사합니다. 선생님 말씀이라면 부모님도 들어주실지도 모릅니다.

회화 내용에 맞는 것은 무엇인가?

① B씨의 부모는 유학에 대해 반대하려는 중이다.

② B씨는 부모님과 마음이 맞지 않아서 빨리 유학하고 싶어 한다.

③ B씨는 무슨 일이 있어도 꼭 유학하고 싶다는 강한 의지를 갖고 있다.

④ B씨는 이대로 부모님이 계속 반대하면 유학은 그만둘 생각이다.

033 p.54

A 저기서 얘기하는 회색 정장 입은 사람 이름이 뭐더라?

B 아, 야마다 씨 말이야?

A 맞아, 야마다 씨다. 생각해내려고 해도 생각이 안 나서.

B 알아. 이럴 땐 상대방에게 이름을 물어보려고 해도 물어보지도 못해.

회화 내용에 맞는 것은 무엇인가?

① B씨는 이름이 기억나지 않는다면 상대방에게 물어봐야 한다고 생각한다.

② A씨는 야마다 씨의 이름을 거의 떠올릴 뻔했다.

③ A씨는 야마다 씨와 어디서 만났는지 아직도 기억이 나지 않는다.

④ A씨는 야마다 씨의 이름을 기억하려고 노력했지만, 아무리 하여도 생각나지 않았다.

034 p.55

A 어? 저 가게, 사람이 엄청 많은데, 그렇게 인기가 많았던가?

B 저기, 이번 달 말로 문을 닫게 되었나 봐. 그래서 세일 중이래.

A 그렇구나. 그러고 보니 지금까지 한 번도 안 들어갔네.

B 괜찮은 물건을 발견할지도 모르니까 지금 좀 가보지 않을래?

회화 내용에 맞는 것은 무엇인가?

① 저 가게는 이번 달 말로 문을 닫게 되었다.

② 저 가게는 세일하는 물건이 소진되는 시점에 문을 닫을 예정이다.

③ 저 가게는 이제 월말에만 문을 닫게 되었다.

④ 저 가게는 이달 말에만 문을 닫을 예정이다.

035 p.56

A 지역 활성화를 위해 필요하다고 생각되는 것이 있으면 계속해서 의견을 내주시기 바랍니다.

B 저, 외국인 관광객의 증가를 토대로 로마자 표기를 늘리는 것이 좋지 않을까요?

A 확실히 그건 좋은 의견이네요.

B 관광 안내와 도로 표지판뿐만 아니라 재해 정보에 대한 외국어 대응도 필요하다고 생각합니다.

회화 내용에 맞는 것은 무엇인가?

① B씨는 외국인 관광객 증가를 전제로 한 의견을 냈다.

② B씨는 외국인 관광객 증가와 무관하게 상식적으로 외국어 대응이 필요하다고 생각한다.

③ B씨는 거리에 로마자 표기가 늘어나면 외국인 관광객도 늘어날 것으로 본다.

④ B씨는 외국인 관광객이 늘어날지는 아직 알 수 없다고 생각한다.

036 p.57

A 오늘 시합 이겨서 다행이야!

B 진짜 이거 지면 월드컵 못 나갈 뻔했어.

A 선수들도 부담에도 아랑곳하지 않고 최고의 퍼포먼스를 보여줬지.

B 응, 저번 경기와는 비교가 안 될 정도로 훌륭했어.

회화 내용에 맞는 것은 무엇인가?

① 선수들은 적당한 압박 덕분에 지난번보다 더 좋은 플레이를 해냈다.

② 선수들은 부담을 느끼고 불안해하면서도 이길 수 있었다.

③ 선수들은 압박에 지지 않고 아주 멋진 플레이를 해냈다.

④ 선수들은 좀 더 압박을 느끼는 편이 좋을지도 모른다고 생각한다.

쪽지 시험 06 p.58

문제1

1 1 오늘을 마지막으로 두 번 다시 술은 마시지 않겠어요.

2 3 기계는 누가 뭐래도 자신이 쓰기 편하다고 생각하는 것이 제일이다.

3 4 지금까지의 반성을 토대로 실행할 수 있는 계획을 세워야 한다.

4 1 그는 무릎 부상을 아랑곳하지 않고 결승전에 진출했다.

5 4 기계를 수리에 내놓았지만, 부품이 없어서 수리하려고 해도 할 수 없다는 말을 들었다.

6 2 엔화 강세 덕분에 올여름 방학 해외로 나가는 사람들은 예년보다 많았다.

문제2

1 2 (1423)

그 정치인은 그 솔직한 말투 때문에 오해받는 일도 많았다.

2 4 (2143)

그의 질문 의도를 알 수 없었기 때문에 대답하려고도 대답할 수 없었다.

3 1 (3412)

아이들은 추위에도 아랑곳하지 않고 눈 속을 뛰어다니며 신나게 놀고 있다.

4 4 (1342)

이번 거래를 끝으로 C사와는 전혀 거래하지 않게 되었다.

5 4 (3241)

진로 선택을 할 때는 현실을 감안한 판단이 필요하지 않을까.

6 4 (3142)

아이는 하고 싶은 일을 찾아 후회하지 않게 살아갈 수 있는 사람이 되었으면 좋겠다. 어떤 어려움에 부닥치든 자신의 꿈을 실현하기 위해 냉정하게 판단하고 맞서기를 바란다.

STEP 2

037 p.62

A 학창 시절 사진 정리하다가 이런 사진 발견했는데.

B 와, 뭐야 이 머리!

A 옛날에는 금발이나 빡빡 깎거나 기발한 머리만 했었구나.

B 젊은 혈기에 그런 건데 지금 이렇게 사진으로 보니까 너무 부끄럽다.

회화 내용에 맞는 것은 무엇인가?

① B씨는 젊어 보이기 위해 굳이 특이한 헤어스타일을 했다.

② B씨는 학창 시절 젊음에 맡겨 지금으로서는 생각할 수 없는 헤어스타일에 도전했다.

③ B씨는 젊을 때부터 쭉 남들과는 다른 헤어스타일을 좋아했다.

④ B씨가 젊었을 때, 금발이나 빡빡 깎은 머리가 유행이었다.

038 p.63

A B씨의 어머니, 다음 주에 한국 가신다면서?

B 응, 좋아하는 한국 아이돌 콘서트가 있대.

A 그렇게 좋아하시는구나.

B 엄마한테는 요즘 가장 큰 삶의 보람인가 봐.

회화 내용에 맞는 것은 무엇인가?

① B씨 어머니는 다시 태어나면 한국 아이돌이 되고 싶다.

② B씨 어머니의 삶의 즐거움은 한국 아이돌을 쫓는 것이다.

③ B씨 어머니에게 B씨는 아무래도 좋은 존재이다.

④ B씨 어머니는 한국 아이돌을 좋아하기 위해 태어났다.

039 p.64

A 요즘은 회사원으로 일하는 한편 부업으로 수입을 얻는 사람이 늘고 있어요.

B 그런 것 같습니다. A씨는 뭔가 관심 있는 부업이 있나요?

A 실은 요즘 동영상 제작에 관심이 있어요.

B 동영상 제작이요? 확실히 회사원 유튜버도 늘고 있지요.

회화 내용에 맞는 것은 무엇인가?

① 요즘은 회사에서 일하는 것보다도 프리랜서로서 일하는 사람이 늘고 있다.

② 요즘은 회사원이라고 속이면서 돈을 버는 사람이 늘고 있다.

③ A씨는 회사에서 일하는 것보다도 동영상 제작을 하면서 생활하고 싶다고 생각한다.

④ A씨는 회사에서 일하면서 빈 시간에 다른 일도 해 보고 싶다고 생각한다.

040 p.65

A B씨도 분명 신주쿠역이었죠? 저도 같은 방향이라서 함께 돌아가지 않겠습니까?

B 죄송해요. 요즘은 니시신주쿠역을 이용하고 있어요.

A 아, 이사라도 하셨어요?

B 실은 운동할 겸 한 정거장 걷고 있거든요.

회화 내용에 맞는 것은 무엇인가?

① B씨는 체육관에 가기 위하여 요즘은 니시신주쿠역을 이용하고 있다.

② B씨는 운동을 겸해서 니시신주쿠역까지 걸어가려고 하고 있다.

③ B씨는 별로 운동이 안 된다고 생각하면서도 한 정거장 걸으려고 한다.

④ B씨는 운동하고 싶지 않아서 니시신주쿠역으로 이사했다.

041 p.66

A 요전에 갖고 싶어 했던 건조기 말인데 주말에 좀 보러 가 볼까?

B 정말? 하지만 사기에는 꽤 비싼데.

A 보너스도 들어왔으니, 큰맘 먹고 사도 괜찮지 않을까?

B 그래? 그러면 바로 토요일에 가보지 않을래?

회화 내용에 맞는 것은 무엇인가?

① A씨는 보너스는 적었지만, B씨에게 갖고 싶은 것을 사 주고 싶다고 생각한다.

② A씨는 보너스와는 관계없이 건조기를 사도 된다고 생각한다.

③ A씨는 보너스가 들어왔기 때문에 건조기를 사도 된다고 생각한다.

④ B씨는 A씨의 보너스가 들어오면 건조기를 사고 싶다고 생각했다.

042 p.67

A 기무라 씨의 결혼식에 입고 갈 옷 벌써 준비했어?

B 응. 언니 원피스 빌리려고.

A 좋겠다. 어제 여기저기 보러 다녔지만 결국 못 샀어.

B 요즘은 임대 드레스도 인기인가 봐. 한번 봐 보면?

회화 내용에 맞는 것은 무엇인가?

① A씨는 원하는 옷이 있었지만 비싸서 못 샀다.

② A씨는 드레스를 빌릴 생각이어서 가게에서는 사지 않았다.

③ A씨는 결혼식에서 입을 옷을 샀지만 별로 마음에 들지 않는다.

④ A씨는 여러 가게를 봤지만, 아무것도 사지 않고 돌아왔다.

쪽지 시험 07 p.68

문제1

1 3 내일은 시험이 있으니 오늘은 열심히 공부하자.

2 2 그녀는 육아하는 한편 동화를 집필하고 있다.

3 3 모처럼 다나카 선생님을 뵈었는데 중요한 이야기는 하지 못했다.

4 1 이런 초보적인 실수를 한다니 너무 수치스럽다.

5 1 공원의 벚꽃이 만개해서 아주 예쁘대요. 구경 겸 함께 가지 않겠어요?

6 4 A "취업설명회에 가서 준비가 부족한 부분을 알게 된 것만으로도 수확이 있었어."
B "정말. 참가한 보람이 있었네."

문제2

1 3 (1432)
역 앞에 새로운 책방이 오늘 오픈해서 쇼핑 겸 들러 보았다.

2 4 (2341)
비도 잦아들기 시작했으니 슬슬 외출해 보자.

3 1 (2413)
이번에 이런 훌륭한 상을 주시다니 진심으로 영광입니다.

4 4 (3142)
다나카 씨는 은행원으로서 근무하는 한편 작가로서도 활약하고 있다.

5 4 (1342)
A "충동구매를 한 물건은 모처럼 사더라도 사용하지 않는 일이 종종 있어."
B "맞아, 결국 무용지물이 된다니까."

6 3 (4231)
지금까지 고생한 보람이 있게 논문이 드디어 완성되어 이제는 발표만 남았다.

043 p.70

A 오, 휴대전화 또 바꿨어요?

B 실은 지금 수리를 맡겼거든요.

A 산 지 얼마 안 되었던 거 같은데요. 무슨 일 있었어요?

B 사자마자 바로 아이가 망가뜨려서요. 분노를 넘어서 슬퍼졌지요.

회화 내용에 맞는 것은 무엇인가?

① B씨는 새 휴대전화를 사자마자 아이가 망가뜨렸다.

② B씨는 새 휴대전화를 사려던 참에 아이가 망가뜨렸다.

③ B씨는 가게 옆에서 막 산 휴대전화를 망가뜨렸다.

④ B씨는 새 휴대전화를 샀지만, 이번에는 아이 휴대전화가 망가져 버렸다.

044 p.71

A 피곤한 표정이네. 무슨 일 있어?

B 티가 나? 어제 전혀 잠을 못 잤어.

A 설마, 전혀 안 잔 거야?

B 동영상 보기도 하고 SNS 보기도 하느라 잠을 못 자고 말았다.

회화 내용에 맞는 것은 무엇인가?

① B씨는 휴대전화를 보다가 아침까지 못 잤다.

② B씨는 휴대전화를 보다가 어느샌가 자 버렸다.

③ B씨는 동영상이나 SNS를 보다가 잘 수 없었을지도 모른다.

④ B씨는 뭔가 걱정거리가 있어서 밤에 잠을 못 잔 듯하다.

045 p.72

A 어제 교통사고가 났다고요?

B 네. 접촉 사고였는데, 새 차였건만 운이 없었죠.

A 하지만 다치지 않은 것만으로도 다행이에요.

B 맞아요. 부딪힌 위치가 나빴다면 입원했을지도 몰라요.

회화 내용에 맞는 것은 무엇인가?

① B씨는 부딪힌 상대가 다치지 않은 것을 다행으로 여기고 있다.

② B씨는 교통사고가 났지만, 다치지 않은 것은 다행이었다.

③ B씨의 새 차는 교통사고가 났지만 흠집이 나지 않아 다행이었다.

④ B 씨는 교통사고가 나서 다치지 않았으면 좋았겠다고 생각한다.

046 p.73

A 어제 야구 경기 봤어요?

B 물론입니다. 그 스코어는 대단했어요.

A 앞서거니 뒤서거니 하는 대접전인 바람에 긴장하면서 봤어요.

B 그렇네요. 이겼으니까 말할 수 있지만 정말 재미있는 경기였어요.

회화 내용에 맞는 것은 무엇인가?

① 어제 경기는 끝까지 누가 이겨도 이상하지 않은 경기였다.

② 어제 경기는 두 사람이 응원하는 팀이 압승해서 기분 좋은 경기였다.

③ 어제 경기는 두 사람이 응원하는 팀이 중간까지 지고 있었지만 역전승했다.

④ 어제 경기는 예상했던 대로 두 사람이 응원하는 팀이 이겼다.

047 p.74

A 아들이 함께 테니스 시합을 해 보고 싶다는데, 아직 어린 애니 무리겠지요.

B 저 연습 열심히 하는 아드님이군요. 저는 상관없어요.

A 정말요? 감사합니다.

B 그 대신 상대가 어른이든 아이든 진심으로 대전하는데 괜찮죠?

회화 내용에 맞는 것은 무엇인가?

① B씨는 아이와 경기할 때는 상대에 맞춰 져주는 사람이다.

② B씨는 A씨의 아이가 어른이 되면 대전해도 된다고 말했다.

③ B씨는 상대가 누구든 경기에 대충 임하지 않는 사람이다.

④ B씨는 대전 상대에 따라 경기 태도를 바꾸는 사람이다.

048 p.75

A 요즘 남편 기분이 별로 안 좋아.

B 혹시 육아 스트레스? 요즘 A씨 야근하느라 집에 늦게 갔잖아.

A 응, 육아가 힘든 건 알지만 매일 불평만 들으면 못 견디겠어.

B 오늘은 일찍 퇴근하는 게 어때? 나머지 일은 나 혼자서도 할 수 있으니까.

회화 내용에 맞는 것은 무엇인가?

① A씨는 불평을 듣는 것은 싫지만 입으로는 남편에게 대항할 수 없다고 생각한다.

② A씨는 아이를 열심히 키우는 남편에게 무슨 말을 들어도 어쩔 수 없다고 생각한다.

③ A씨는 남편의 고생도 이해하지만, 불평만 듣는 것이 너무 싫다.

④ A씨는 남편이 매일 불평만 하고 있어서 일을 그만둘 생각도 하고 있다.

쪽지 시험 08 p.76

문제1

1. 1 꼭 보고 싶다고 생각했던 영화였는데 바빠서 못 갔다.
2. 3 아들은 용돈을 받는 족족 써 버린다.
3. 1 올해는 실적이 너무 나빠서 보너스가 나오지 않았다. 하지만 급료가 나오는 것만으로도 다행이다.
4. 3 강에 떨어진 모자는 떴다 가라앉았다 하며 물결에 흘러가 버렸다.
5. 2 승진할 수 없는 것뿐이라면 아직 참을 수 있지만 급료까지 줄어든다면 곤란하다.
6. 2 초심자든 베테랑이든 우리 회사는 의욕이 있는 사람을 채용하고자 한다.

문제2

1. 3 (4231)
   나이를 먹으면 어렸을 때와 달리 공부하는 족족 잊어버립니다.
2. 1 (3214)
   여름보다 겨울이 좋다고 해도 매일 이렇게 추우면 곤란하다.
3. 1 (4213)
   이 아파트는 오래되어서 별로 깨끗하지 않지만, 회사에서 가까운 것만으로도 다행이다.
4. 2 (1324)
   모르는 것을 질문하려고 했지만 긴장해서 물어보지 못하고 말았다.
5. 4 (1342)
   직장은 평소에 일하는 사람이면 좋든 싫든 인생의 절반 인생을 보내는 곳일지도 모른다.
6. 1 (2413)
   업체와 소매상은 상부상조하는 관계이므로 함께 번영해야 한다.

049 p.78

A 오늘 오랜만에 만나서 반가웠어요.

B 저야말로 아주 즐거웠어요.

A 아이가 태어나고 나서 좀처럼 저만의 시간을 가질 수 없었는데 가끔은 밖으로 나올 필요도 있네요.

B 맞아요. 다음에 또 차 마시러 가요.

회화 내용에 맞는 것은 무엇인가?

① A씨는 아이가 태어나기 전에 친구들을 많이 만나 두고 싶어 한다.

② A씨는 출산하기 전부터 혼자 나갈 일이 별로 없었다.

③ A씨는 아이가 태어나면 좀처럼 외출하기 힘들 것 같다고 생각하고 있다.

④ A씨는 출산 후 혼자 나가는 일이 거의 없었다.

050 p.79

A 부장님, 다음 달부터 육아휴직을 받으신다면서요?

B 사실은 그렇습니다. 저 스스로 솔선수범해서 회사 분위기를 바꿔가고 싶어서요.

A 육아는 엄마가 해야 한다는 생각은 지금 시대에 맞지 않으니까요.

B 네, 시대에 맞게 일하는 방식도 좀 더 유연하게 바꿀 수 있으면 좋겠습니다.

회화 내용에 맞는 것은 무엇인가?

① B씨는 일이 힘들어졌기 때문에 육아휴직을 내면서 자신도 쉬기로 했다.

② B씨는 바쁜 부인 대신 어쩔 수 없이 육아휴직을 쓰기로 했다.

③ 둘 다 육아는 당연히 엄마가 할 일이라고 생각하지 않는다.

④ 둘 다 아이를 꾸짖는 것만이 엄마의 몫이라고 생각하지 않는다.

051 p.80

A 신경 쓰인다던 카페 직원 연락처 물어봤어?

B 그게, 아직 못 물어봤어.

A 왜? 기다려도 소용없다니까. 기회는 직접 잡으러 가야지.

B 등 떠밀어 줘서 고마워. 오늘 카페에 가볼게.

회화 내용에 맞는 것은 무엇인가?

① A씨는 조금 더 기다려보는 게 좋을지도 모른다고 조언했다.

② A씨는 그저 기다리기만 해서는 의미가 없으니까 빨리 연락처를 물어보라고 조언했다.

③ A씨는 점원을 여기에서 기다리는 것보다 직접 카페에 가는 것이 좋다고 조언했다.

④ A씨는 여기에서 기다리면 일을 할 수 없다며 B씨를 카페에 보내기로 했다.

052 p.81

A 선배, 회사 앞에 모인 사람들 봤어요?

B 아니, 못 봤는데 무슨 일 있어?

A 맞은편 가게에서 드라마 촬영이 있는 듯 연예인이 온다고 해서 구경꾼이 엄청났거든요.

B 와, 나도 이제 보러 가볼까?

회화 내용에 맞는 것은 무엇인가?

① 회사 앞 구경꾼들은 모두 연예인을 보기 위해 몰려들었다.

② 앞으로 연예인이 온다는 안내문이 회사 앞에 붙어 있었다.

③ 연예인이 진짜 올지는 모르겠지만 건너편 가게에서 드라마 촬영이 있다는 소문이다.

④ 연예인이 오지 않아 회사 앞은 몹시 실망한 사람들로 가득했다.

053 p.82

A 이번 달 매출도 꽤 어렵네요.

B 저희도요. 그래도 A씨네는 손님이 꽤 오잖아요.

A 온다고 해도 잘해야 하루에 10~15명 정도뿐이에요.

B 그런가요? 우리 집은 그 절반 정도예요.

회화 내용에 맞는 것은 무엇인가?

① 오늘은 A씨 가게에 평소보다 많은 손님이 오고 있다.

② A씨 가게에는 대체로 매일 10명이 조금 넘는 손님이 온다.

③ A씨 가게는 하루 최대 15명까지 이용할 수 있다.

④ A씨는 매일 10~15명 정도의 손님이 와주면 된다고 생각하고 있다.

054 p.83

A 선생님한테 칭찬을 듣다니 웬일이야?

B 또 혼나는 줄 알았더니 칭찬받아서 나도 깜짝 놀랐어.

A 확실히, 항상 혼나기만 하니까.

B 가끔은 이렇게 칭찬받는 것도 나쁘지 않네.

회화 내용에 맞는 것은 무엇인가?

① B씨는 선생님에게 혼나는 줄 알았지만, 사실은 칭찬하는 말이었다.

② B씨가 선생님에게 칭찬받을 줄은 본인도 예상하지 못했다.

③ B씨는 선생님에게 혼나기만 했지만, 가끔 칭찬을 듣기도 한다.

④ B씨는 선생님께 혼나는 이유도 칭찬받는 이유도 알 수 없었다.

쪽지 시험 09 p.84

문제1

1 3 일만 했던 아빠는 아프고 나서 건강을 제일 생각하게 되었다.

2 2 성적이 우수한 학생에게는 장학금이 주어져야 마땅하다.

3 4 이미 해버린 일이니까 인제 와서 아무리 후회해 봐야 소용없으니 즐거운 일이나 생각하자.

4 1 연휴라서 유원지는 어디든 상당히 혼잡했다.

5 2 심야 편의점 아르바이트 평균 시급은 1,300엔 정도입니다.

6 3 이번 기말시험은 상당히 어려우리라 생각했더니 의외로 쉬웠다.

문제2

1 2 (1423)
일주일 후 중요한 시험이 닥쳐서 모두 진지하게 공부하고 있다.

2 3 (2134)
저소득자에게는 세금 부담을 가볍게 하는 등 조치가 취해져야 마땅하다고 생각한다.

3 3 (1432)
불평만 하고 있어도 소용없으니까 우선 지금은 직접 할 수 있는 일을 생각하자.

4 4 (3142)
저 운동은 다른 사람에게는 어려운 트레이닝이어도 야마다 씨에게는 가벼운 산책 정도이다.

5 1 (2314)
세계적인 금융 위기가 발생하고 난 이래 대규모 정리해고가 이어져 많은 사람이 퇴직해야만 했다.

6 4 (1243)
항상 약속 시간을 지키지 않는 그 사람이므로 어차피 오늘도 시간대로 오지 않으리라 생각했더니 약속 10분이나 전에 왔다.

055 p.86

A 요즘 재밌는 일본 드라마 있어?

B 음, 요즘은 드라마를 잘 안 봐.

A 의외네. 한때 그렇게 빠져서 보더니.

B 요즘 드라마는 현실에서 벗어난 설정만 있어서 전혀 감정 이입이 안 되니까.

회화 내용에 맞는 것은 무엇인가?

① B씨는 요즘 바빠서 좋아하는 드라마를 볼 시간조차 없다.

② B씨는 좀 더 현실적이지 않은 스토리의 드라마를 보고 싶어 한다.

③ B씨는 최근 드라마 설정이 재미있다고 생각하지만, 자신의 취향은 아니다.

④ B씨는 최근 드라마 내용에 전혀 공감하지 못해 흥미를 잃었다.

056 p.87

A 오전에 보내드린 발주서 건 말인데, 기재 오류가 있어서 정정한 것을 방금 다시 보내드렸습니다.

B 연락해주셔서 감사합니다.

A 바쁘신 와중에 대단히 죄송합니다만, 오늘 중으로 확인해 주시면 무척 감사하겠습니다.

B 알겠습니다. 바로 확인할게요.

회화 내용에 맞는 것은 무엇인가?

① A씨는 바쁜 건 알지만 거래처의 부탁이라면 당연히 들어야 한다고 생각한다.

② A씨는 바쁜 와중에 주문하고 있으므로 (상대방이) 이해해 주길 바라고 있다.

③ A씨는 바쁜 상황임을 이해한 뒤 미안해하며 부탁하고 있다.

④ A씨는 B씨가 있는 곳은 사실은 별로 바쁘지 않으리라 생각한다.

057 p.88

A 아들, 배우가 되고 싶어 한다면서?

B 응, 처음에는 반대했는데 누굴 닮았는지 완고해.

A 그러면 이대로 지켜볼 생각이야?

B 반대한다고 해서 아이 마음이 바뀌지는 않을 테니까 우선은 하고 싶은 대로 시키려고.

회화 내용에 맞는 것은 무엇인가?

① B씨는 이번에 반대하면 아들은 꿈을 접어버릴 테니 좀 더 지켜보기로 했다.

② B씨는 만약 남편이 반대하면 아들의 마음도 달라질지 모른다고 생각한다.

③ B씨는 아들이 배우가 되는 것을 포기하고 있다.

④ B씨는 자신이 반대해도 아들의 꿈은 바뀌지 않을 것이라고 생각한다.

058 p.89

A 오늘 아침 역 앞에서 정장 차림의 남편분을 봤는데, 분명 얼마 전에 퇴직하지 않으셨어요?

B 사실은 재취업이 결정되어서요. 전직 관련 회사의 고문을 맡게 되었거든요.

A 회사 고문이라니 대단하네요.

B 아니요, 고문이라고는 해도 허울뿐이에요.

회화 내용에 맞는 것은 무엇인가?

① B씨의 남편은 회사 고문이긴 하지만 이름뿐이다.

② B씨 남편은 복장만큼은 회사 고문 같다.

③ B씨 남편이 회사 고문이라는 건 사실 거짓말인 것 같다.

④ B씨는 남편이 회사 고문이 됐다는 말을 믿지 않는다.

059 p.90

A 이 치마 버려?

B 응, 못 입는 건 아닌데 좀 꽉 끼어서.

A 그러면 내가 가져도 돼?

B 물론이지. 버리기엔 좀 아깝다고 생각했던 참이었어.

회화 내용에 맞는 것은 무엇인가?

① B씨는 유행이 지났기 때문에 치마를 버리기로 했다.

② 그 치마는 B씨에게는 사이즈가 조금 맞지 않지만 애쓰면 입을 수 있다.

③ B씨는 옛날에는 그 치마를 입었지만, 지금은 입을 수 없게 되어 버렸다.

④ B씨는 그 치마를 입을 수 있지만 A씨를 위해 거짓말을 했다.

060 p.91

A 요즘 일본에서 일하는 외국인이 늘었죠?

B 그렇네요. 저출생 고령화의 영향으로 일하는 사람이 줄어드니 외국인에게 의존할 수밖에 없을지도 몰라요.

A 우리 회사도 신입사원 확보가 해마다 어려워지고 있기 때문에 외국인 유학생 채용도 검토 중입니다.

B 그렇습니까? 언젠가는 외국인 없이는 이루어질 수 없는 시대가 올지도 모르겠네요.

회화 내용에 맞는 것은 무엇인가?

① 미래에는 일본에 외국인 노동자가 없어도 문제없는 세상이 될 것 같다.

② 장래에는 일본에 외국인이 별로 오지 않을지도 모른다.

③ 일본은 외국인 노동자가 없으면 곤란한 상황이 올지도 모른다.

④ 일본은 외국인 노동자에게 생활하기 어려운 나라가 될지도 모른다.

쪽지 시험 10 p.92

문제1

1 1 이 책은 전혀 재밌지 않아서 더는 읽을 마음이 들지 않는다.

2 4 금융 위기 때문에 대기업이라고 해도 파산 위기에 처할 위험성이 있다.

3 1 일이 쌓여 있어서 쉬는 날이라고는 해도 출근해야 한다.

4 3 아오키 선생님의 지도 없이는 논문을 다 쓰지 못했을 것이다.

5 2 지금 정전으로 인하여 전철 운행이 지연되고 있습니다. 급하실 텐데 손님께는 몹시 죄송합니다.

6 3 A "무라야마 씨, 오늘도 또 지각이래. 과장님이 화내는 것도 이해가 가지 않는 건 아니라니까."
B "요즘 계속 그러는 듯하니 무리도 아니지."

문제2

1 1 (2413)
네 제안에는 찬성할 수 없는 건 아니지만 예산을 생각하면 조금 어렵다고 생각해.

2 2 (3421)
그 분야 전문가도 아니고 대학교수라고는 해도 알 수 있을 리가 없어.

3 3 (4231)
공부에서 예습과 복습이 중요하다고는 해도 매일 계속하는 것은 힘든 일이다.

4 1 (2413)
개가 귀엽다고 해서 주인 허락 없이 마음대로 만지는 것은 위험할 경우도 있다.

5 2 (3124)
오늘 비로 인해 길이 질척거리는데 많은 분이 와 주셔서 진심으로 감사의 말씀을 드립니다.

6 3 (1432)
역 앞에 오픈한 레스토랑은 요리는 맛있지 않은 데다가 서비스도 나빠서 두 번 다시 가고 싶지 않다.

061 p.94

A 이 회원가입, 유선 전화 번호 입력이 필수인데.

B 정말? 20년 전이라면 몰라도 요즘 유선전화가 있는 집은 적지 않아?

A 나도 그렇게 생각해.

B 거기도 휴대전화 번호와 같게 써도 괜찮지 않을까?

회화 내용에 맞는 것은 무엇인가?

① 유선전화 번호가 필요한 것은 20년 전이라면 이해할 수

있지만 요즘 시대에는 맞지 않는다.

② 20년 전 같으면 집 전화번호를 알았을 텐데 지금은 잊어버렸다.

③ 20년 전에는 몰랐지만 유선전화가 있는 집은 적은 것 같다.

④ 유선 전화 번호가 필요하다는 것은 20년 전의 가입 양식에서 변하지 않은 것 같다.

062 p.95

A 저희 강아지를 보호해 주셔서 정말 감사합니다.

B 아니요. 주인을 찾아서 다행이에요.

A 어제는 걱정되서 밤에 잠도 못 잤어요. 혹시 괜찮으시다면 뭔가 사례를 하고 싶은데요.

B 아니요, 사례할 필요는 없어요. 당연한 일을 했을 뿐이니까요.

회화 내용에 맞는 것은 무엇인가?

① B씨는 개를 보호한 것이 사례받을 만한 일이 아니라고 생각한다.

② B씨는 사례를 받고 싶지만, 예의상 거절했다.

③ B씨는 사례를 받고 싶어서 개를 보호했다.

④ B씨는 소중한 개를 보호하고 있었으니 더 감사받을 만하다고 생각한다.

063 p.96

A 그렇게 열심히 뭘 보고 있어?

B 아, 이거? 주말 데이트 사전 조사하는 중이야.

A 꽤 기합이 들어 있네.

B 당연하지. 유이와 정식으로 사귈 수 있을지는 이 데이트에 걸렸으니까.

회화 내용에 맞는 것은 무엇인가?

① B씨는 유이와 사귈 수 있을지 친구와 내기하고 있다.

② B씨는 주말에 데이트해보고 유이와 사귈지 말지 결정할 생각이다.

③ B씨가 생각하는 주말 데이트에는 상당한 돈이 드는 것 같다.

④ B씨에게 여자친구가 생길지는 주말 데이트에 달렸다.

064 p.97

A 좀 들어봐! 야마다 씨가 이혼한다는 이야기, 거짓말이었나 봐.

B 뭐, 거짓말? 아, 오늘 만우절이라서?

A 만우절을 빙자해서 그런 거짓말을 한다니 말도 안 돼!

B 정말이지 말해도 좋을 것과 나쁜 것이 있지.

회화 내용에 맞는 것은 무엇인가?

① 만우절이 계기가 되어 야마다 씨는 이혼하게 되었다.

② 만우절을 핑계로 야마다 씨는 심한 거짓말을 했다.

③ 야마다 씨가 이혼한다는 이야기는 만우절이라고 아무도 믿지 않았다.

④ 만우절이기 때문에 야마다 씨의 거짓말도 용서받을 수 있을 것이다.

065 p.98

A 전 부동산 업계는 경험이 없는데, 뭔가 도움이 될 만한 일이 있을까요?

B 실은 앞으로는 부동산 사업에 그치지 않고 관광 분야로도 사업을 확대해 나가려고 합니다.

A 그렇군요. 그래서 연락을 주셨군요.

B 네, 여행업계에서 경험이 풍부하신 A씨가 와 주시면 이보다 더 든든할 게 없습니다.

회화 내용에 맞는 것은 무엇인가?

① B씨 회사는 앞으로 부동산 이외의 사업에도 손을 벌리려 하고 있다.

② B씨 회사는 앞으로 부동산 사업을 접고 관광업에 주력할 예정이다.

③ B씨 회사는 부동산이냐 관광이냐로 향후 사업 내용을 고민 중이다.

④ B씨의 이야기로 미루어 볼 때 현재 부동산업계는 분위기가 별로 좋지 않은 상황인 것 같다.

066 p.99

A 테니스 시작할 생각이야?

B 아직 모르겠는데, 여기서 체험 레슨을 한대.

A 체험 레슨? 그거 좋네.

B 응, 등록은 어찌 되었든 한번 참여해볼까.

회화 내용에 맞는 것은 무엇인가?

① B씨는 최근 테니스 학원에 등록했고 A씨에게도 체험 레슨을 권하고 있다.

② B씨는 등록하는 것을 전제로 테니스 체험 레슨을 가보려고 한다.

③ B씨는 등록 여부를 떠나 테니스 체험 레슨을 가보려고 한다.

④ B씨는 등록은 안 하겠지만 무료라서 테니스 체험 레슨을 가보려고 한다.

쪽지 시험 11 p.100

문제1

1 3 결과는 어찌 되었든 오늘은 수확이 많은 시합을 했다.

2 1 아들은 추위를 핑계로 방에서 나오려고도 하지 않는다.

3 2 곧 퇴원할 수 있으니까 병문안 올 필요도 없다.

4 4 신입사원이라면 몰라도 베테랑인 자네가 이런 실수를 한다니 믿기지 않아.

5 1 계약 성패는 거래처가 이 조건을 어떻게 생각하느냐에 달려 있다.

6 3 이 공항에서는 국내에 그치지 않고 해외의 여행 정보 서비스를 받을 수 있다.

문제2

1 2 (3124)
영화라면 몰라도 현실에서는 정의가 이긴다고는 할 수 없다.

2 2 (1324)
지난주에 출장을 구실로 출장지에 있는 친구와 식사하러 갔다.

3 3 (2431)
자네들이 성공할지 여부는 주어진 시간을 어떻게 사용하는가에 달려 있다.

4 3 (4231)
이 장식은 젊은 여성에 그치지 않고 아이부터 노인까지 폭넓은 층에 인기를 끌고 있다.

5 4 (3241)
실현 가능한지 여부는 제쳐두고 우선은 신상품 아이디어를 다 함께 내보자.

6 4 (3142)
벽에 페인트를 칠할 때는 그 나름의 기술이 필요하다. 다만 약간의 요령만 생기면 숙련된 장인에 미치지는 못하더라도 마무리는 크게 달라질 것이다.

067 p.102

A B씨의 동영상 너무 재미있었어요! 어떤 카메라로 촬영하고 있나요?

B 사실은 전부 휴대전화 한 대로 촬영하고 있어요.

A 대단하네요.

B 휴대전화면 충분해요. 아무리 고사양의 카메라를 가지고 있어도 잘 다루지 못하면 그만이니까요.

회화 내용에 맞는 것은 무엇인가?

① 정말 좋은 카메라란 어떤 사람이 사용해도 예쁘게 촬영할 수 있는 카메라다.

② 고사양 카메라보다 요즘 휴대폰이 더 예쁜 동영상을 촬영할 수 있다.

③ 아무리 좋은 카메라라도 사용하는 사람이 기능을 이해하지 못하면 아무 의미가 없다.

④ B씨는 좋은 카메라를 갖고 있었지만 잘 사용하지 못해서 휴대폰으로 바꿨다.

068 p.103

A 아내와는 여행지에서 만났어요. 하루에 우연히 세 번이나 길거리에서 만났어요.

B 마치 영화 같은 이야기네요.

A 실은 돌아오는 비행기에서도 우연히 옆자리였어요.

B 정말 부인과는 만날 만해서 만났군요.

회화 내용에 맞는 것은 무엇인가?

① B씨는 여행지에서 우연인 척 부인을 알게 되는 계기를 마련했다.

② A씨의 여행 목적은 누군가 좋은 사람을 만나는 것이었다.

③ A씨와 부인은 만날 운명이었다고 할 수 있다.

④ B씨는 자신도 운명의 사람을 만나야 한다고 생각한다.

069 p.104

A 이 일, 마에다 씨가 맡아 줄까요?

B 아까 미팅에서 봤을 땐 꽤 관심이 있는 것 같던데 어떨까요.

A 마에다 씨가 가장 적임자라고 생각해요.

B 그렇지요. 하지만 거절하면 그땐 다른 사람을 찾으면 그만이지요.

회화 내용에 맞는 것은 무엇인가?

① 이 일은 마에다 씨만 할 수 있는 일이다.

② 마에다 씨가 거절할 때를 대비하여 B씨는 다른 사람에게도 말을 걸고 있다.

③ 거절당해도 다른 사람을 찾을 때까지는 마에다 씨가 협력해 주기를 바라고 있다.

④ 마에다 씨가 이 일의 적임자라고 생각하지만, 본인이 관심이 없으면 어쩔 수 없다.

070 p.105

A 이 영화 보러 갈까 망설이고 있는데 어떻게 생각해?

B 아, 그거? 사실 주말에 보고 왔는데….

A 어땠어?

B 영상은 좋았지만, 굳이 영화관에서 볼 필요는 없는 것 같아.

회화 내용에 맞는 것은 무엇인가?

① B씨는 영상의 아름다움을 보고 싶다면 영화관으로 보러 가야 한다고 했다.

② B씨는 그 영화를 보고 영화관으로 보러 갈 만한 가치가 없다고 느꼈다.

③ B씨는 그 영화를 보고 종합적으로는 돈을 주고 봐도 된다고 느꼈다.

④ B씨는 영화를 보러 갔지만 끝까지 볼 시간이 없었다.

071 p.105

A 저, 이 요리 안에 계란이 들어있나요?

B 계란은 들어 있지 않은데 싫어하시나요?

A 실은 알레르기가 있어서 조금이라도 먹으면 큰일나요.

B 부디 안심하십시오. 저희는 계란은 일절 사용하지 않았습니다.

회화 내용에 맞는 것은 무엇인가?

① A씨는 계란 알레르기가 있는데 전에 조금 먹었더니 너무 맛있어서 놀랐다.

② A씨는 계란을 조금이라도 먹으면 멈추지 않게 되어 버리기 때문에 자제하고 있다.

③ A씨는 계란 알레르기가 있지만 과식하지 않으면 큰일 나지 않는다.

④ A씨는 계란을 조금이라도 먹으면 심한 알레르기 증상이 나타나고 만다.

072 p.107

A 뭐 찾으시나요?

B 여기에 놔뒀을 자료를 찾을 수가 없어서요.

A 그거라면 아까 하야시 씨가 가져갔는데요.

B 아, 하야시 씨요? 가져갈 거면 한마디 해주면 되는걸.

회화 내용에 맞는 것은 무엇인가?

① B씨는 하야시 씨가 모르는 사이에 도와준 것에 감사하고 있다.

② B씨는 하야시 씨가 말없이 자료를 가져간 것을 못마땅하게 느낀다.

③ B씨는 자료 외에도 하야시 씨가 가져가길 바라는 것이 있어 아쉬워하고 있다.

④ B씨는 말없이 도와준 하야시 씨를 착한 사람으로 여기고 있다.

쪽지 시험 12 p.108

문제1

1 3 그런 건 뻔하잖아. 네게 그 말을 들을 필요도 없어.

2 1 아무튼 해보자. 안 되면 그만두면 된다.

3 4 양국의 무역 마찰은 일어날 만해서 일어났다고 할 수 있다.

4 2 아무리 뛰어난 제품을 개발해도 수익으로 이어지지 않으면 그걸로 끝이다.

5 2 입원해 있었다면 병문안을 갔을 텐데. 왜 전화 안 했니?

6 2 전원이 모이든 안 모이든 예정대로 회의를 진행하기로 한다.

문제2

1 2 (4231)
저는 솔직한 감상을 말했을 뿐 비판할 생각은 없습니다.

2 4 (1342)
열이 있다면 쉬면 좋았을 걸 무리하니까 감기가 심해진 거야.

3 2 (4321)
음주운전이 얼마나 위험한 행위인지 새삼스럽게 말할 필요도 없다.

4 2 (1423)
이 상품은 품질이 좋고 가격도 합리적이다. 팔릴 만해서 잘 팔린다고 할 수 있을 것이다.

5 4 (1342)
결혼해서 오랜 세월 함께 생활했다고 해도 이혼해 버리면 그뿐이다.

6 2 (1423)
최선을 다하면 성공하든 못 하든 상관없다고 생각한다.

073 p.110

A 저기 앉아 있는 사람 전 여자친구 아니야?

B 아, 진짜네. 뭔가 어색한데?

A 같이 있는 사람 혹시 새 남자친구 아닐까?

B 어떨까? 이미 헤어졌으니 누굴 사귀든 말든 나한테는 상관없어.

회화 내용에 맞는 것은 무엇인가?

① B씨는 헤어진 전 여자친구의 연애에는 관심이 없다.

② B씨는 전 여자친구에게 새 애인이 생겼을지 궁금해하고 있다.

③ B씨는 전 여자친구가 누구와도 사귀지 않았으면 좋겠다.

④ B씨는 전 여자친구를 다시 만날까 고민 중이다.

074 p.111

A 이직한다고? 갑자기 또 왜?

B 실은 다른 회사에서 좋은 조건으로 스카우트되었거든.

A 과연, 그랬구나.

B 게다가 우리 회사 합병 얘기가 나오는 것 같아서, 이직하려면 지금 말고 달리 없을 것 같았어.

회화 내용에 맞는 것은 무엇인가?

① B씨는 이직하기에는 지금이 가장 좋은 때라고 생각한다.

② B씨는 회사가 합병되더라도 지금처럼 근무할 수밖에 없다고 생각한다.

③ B씨는 지금의 직장보다 좋은 회사는 더 없다고 생각한다.

④ B씨는 직장을 옮기려면 지금이 아니라고 생각했지만 뜻밖에 좋은 얘기를 들었다.

075 p.112

A 출산 예정일이 얼마 남지 않았네요.

B 네. 출산을 앞두고 아내는 다음 주에 친정으로 돌아갈 예정입니다.

A 그렇습니까? B씨도 곧 아버지군요.

B 아직 실감이 나지 않습니다만, 아기를 만나는 것이 기다려지네요.

회화 내용에 맞는 것은 무엇인가?

① B씨 부인은 출산 전 본가에 가는 것을 자제하도록 하고 있다.

② B씨는 부인이 출산하기 전에 본가에 가려고 한다

③ B씨 부인은 출산 전 고향으로 돌아가 아이를 낳을 예정이다.

④ B씨 부인은 무사히 출산한 뒤 아기와 함께 본가로 돌아갈 예정이다.

076 p.113

A 방에 있는 가구 모두 정말 멋지네요.

B 옛날부터 앤티크 가구를 좋아해서 조금씩 모았어요.

A 훌륭한 취미군요.

B 앤티크 가구는 시대가 지나도 변하지 않는 매력이 있기 때문에 비싸도 그만 사 버립니다.

회화 내용에 맞는 것은 무엇인가?

① 앤티크 가구는 시대와 함께 변화하는 점이 매력이다.

② 앤티크 가구의 장점은 아무리 시간이 지나도 변하지 않는 매력에 있다.

③ 앤티크 가구는 다양한 시대의 장점을 접목하면서 항상 매력을 더하고 있다.

④ 앤티크 가구의 매력은 낡고 비싸게 팔린다는 것이다.

077 p.114

A 그럼 오늘의 면접은 이상입니다.

B 귀중한 시간을 내주셔서 감사합니다.

A 면접 결과는 일주일 안에 서면으로 연락드리겠습니다.

B 알겠습니다. 잘 부탁드립니다.

회화 내용에 맞는 것은 무엇인가?

① 면접 결과에 대해서는 전화로 연락이 올 예정이다.

② 담당자가 서류를 가지고 결과를 알려줄 예정이다.

③ 면접 결과는 문서로 통보될 예정이다.

④ 면접관은 합격의 경우 일주일 안에 필요 서류를 가져와 달라고 전했다.

078 p.115

A 따님, 유치원에 많이 익숙해졌나 봐요.

B 네, 덕분에 어떻게든.

A 첫날은 엄청나게 울어서 힘들었잖아요.

B 지금은 부모님 걱정을 신경 쓰지 않고 즐겁게 다니고 있어서 마음을 놓았습니다.

회화 내용에 맞는 것은 무엇인가?

① B씨의 딸은 부모가 걱정하는 것을 알고 유치원에 익숙해지려고 애쓰고 있다.

② B씨의 딸은 부모의 걱정과 상관없이 새로운 환경에 적응하고 있다.

③ B씨의 딸은 부모가 걱정할 정도로 유치원을 무척 좋아한다.

④ B씨의 딸은 부모가 걱정할 필요도 없을 정도로 즐겁게 유치원에서 지내고 있다.

쪽지 시험 13 p.116

문제1

1 1 까다로운 예선을 거쳐 16개 팀이 결승에 진출했다.

2 4 초등학교 선생님은 엄격하셔서 조금이라도 지각하면 복도에 서 있어야 했다.

3 2 주민 반대를 무릅쓰고 댐 건설공사가 진행되고 있다.

4 4 당사는 9월 1일부로 가와다 상사와 합병합니다.

5 3 이 프로젝트의 책임자는 그를 두고 달리 없을 것이다.

6 2 A "결혼을 앞둔 지금 심정은 어때?"
B "너무 떨려요."

문제2

1 4 (3142)

제멋대로인 동생은, 마음에 들지 않는 일을 조금이라도 당하면 바로 큰 소리로 울기 시작한다.

2 4 (2143)

새로 주택 개발을 진행한다면 이 지역을 두고 달리 없을 것이다.

3 1 (2314)

소비자들의 식품에 대한 불안을 아랑곳하지 않고 가공식품 수입은 늘기만 한다.

4 3 (4231)

당사는 뛰어난 최신 기술로 산업 발전과 사회에 공헌하기 위해 힘쓰고 있습니다.

5 1 (2413)

역 앞의 새로운 슈퍼마켓은 다음 주 개점을 앞두고 완전히 준비가 갖추어져 이제는 손님을 기다리기만 하면 된다.

6 1 (2134)

신입사원은 각 기업에서 연수를 거치고 드디어 현장 업무에 종사하게 되었다.

STEP 3

079 p.120

A 프레젠테이션 자료 확인해주셔서 감사합니다.

B 잘했더라. 이왕이면 내일 실전처럼 발표 연습까지 해볼까?

A 알겠습니다. 준비해 놓겠습니다.

B 이번 계약을 성사할 수 있을지는 다음 주 프레젠테이션에 달려 있으니까. 같이 힘내자.

회화 내용에 맞는 것은 무엇인가?

① 이번에는 계약을 따내지 못할 가능성이 높지만, 프레젠테이션에 열심히 임할 생각이다.

② 다음 주 프레젠테이션에 따라 계약을 따낼 수 있을지가 결정된다.

③ 이번 계약은 거의 따낼 게 틀림없지만, 끝까지 방심해서는 안 된다.

④ B씨는 이번 계약을 따러 갈지 말지 솔직히 아직 망설이고 있다

080 p.121

A 주말에 무슨 계획 있으세요?

B 아니요, 특별히 일은 없는데 무슨 일이세요?

A 실은 사토 씨의 신혼집이 완성되었기 때문에 축하 겸 놀러 갈 예정인데, 함께 가지 않겠습니까?

B 그거 좋네요. 꼭 저도 함께하게 해주세요.

회화 내용에 맞는 것은 무엇인가?

① 두 사람은 주말에 축하 선물은 준비하지 않고 사토 씨의 집에 놀러 갈 예정이다.

② 두 사람은 주말에 사토 씨의 집에 놀러 갈 예정이지만 축하 인사는 아직 비밀이다.

③ 두 사람은 사토 씨에게 축하 인사를 전하고 나서 새집에 놀러 갈 예정이다.

④ 두 사람은 주말에 신혼집 축하 겸 사토 씨의 집에 놀러 갈 예정이다.

081 p.122

A 어제 부장님께서 데려가 주신 가게 너무 맛있었어.

B 정말, 그렇게 맛있는 중화요리 처음 먹어 봐.

A 집에 와서 인터넷으로 찾아봤는데 그 가게 음식 전부 3,000엔부터래.

B 우와, 맛있을 만했네.

회화 내용에 맞는 것은 무엇인가?

① A씨는 어제 먹은 요리는 맛있는 것에 비해 가격이 저렴하다고 생각한다.

② 어제 먹은 요리는 다 합해서 3,000엔밖에 하지 않았다.

③ 어제 가게의 음식은 모두 3000엔이 넘는 고급 요리이다.

④ 어제 가게 요리는 3,000엔부터 인터넷으로 주문할 수 있다고 한다.

082 p.123

A 신규 프로젝트, 스케줄대로 진행이 안 되는 것 같네.

B 야마모토 씨 담당인데, 저도 좀 걱정하고 있어요.

A 그녀는 뭐든 혼자 껴안는 경향이 있으니까 B씨가 좀 도와 줘.

B 알겠습니다.

회화 내용에 맞는 것은 무엇인가?

① 야마모토 씨는 다른 사원에게 미움을 받아서 도와주는 사람이 주위에 없다.

② 야마모토 씨는 남에게 의지하는 것이 서툴러서 전부 혼자 해 버리려는 경향이 있다.

③ 야마모토 씨는 사람의 호불호가 심해서 일도 혼자 하는 편이 편하다고 생각한다.

④ 야마모토 씨는 자기 혼자 하는 것을 싫어하는 주제에 남에게 부탁도 못 하는 사람이다.

083 p.124

A 요즘 계속 기운이 없는 것 같은데 무슨 일 있어요?

B 사실은 투자했던 주식이 폭락해서 큰 손해를 보고 말았어요.

A 우와, 그건 너무 뼈아프네요.

B 일찍 팔았어야 했는데 후회해도 후회할 수가 없습니다.

회화 내용에 맞는 것은 무엇인가?

① A씨는 우울해하는 B씨를 열심히 격려하고 있다.

② B씨는 주식에 실패하고 만 것을 몹시 억울해하고 있다.

③ B씨는 주식에서 큰 손실을 보았지만 어쩔 수 없다고 생각한다.

④ A씨는 몹시 아파하는 B씨가 걱정되어 말을 걸었다.

084 p.125

A 어제 소개받은 사람 어땠어?

B 좋은 사람이긴 했는데 나랑은 좀 안 맞는 것 같아.

A 그래? 구체적으로 어떤 점이?

B 온몸을 명품으로 감싸서 나랑은 금전 감각이 맞지 않을 것 같았어.

회화 내용에 맞는 것은 무엇인가?

① B씨의 데이트 상대는 가짜 명품만 몸에 지니고 있었다.

② B씨의 데이트 상대는 명품이 담긴 상자를 선물해줬다.

③ B씨의 데이트 상대가 몸에 걸친 물건은 모두 명품이었다.

④ B씨의 데이트 상대는 명품 브랜드로 B씨를 전신 코디해 주었다.

쪽지 시험 14 p.126

문제1

1 1 이 꽃은 전 세계에 300종 이상 있어서 일본에도 50종류나 있다고 한다.

2 1 인터넷상의 자료를 사용할 때는 정보가 올바른지 아닌지 확인할 필요가 있다.

3 2 올해는 장남의 결혼, 차남의 취직 등 좋은 일만 있는 1년이었다.

4 3 일을 못 하는 사람은 상사나 선배의 조언을 제대로 듣지 않는 경향이 있다.

5 3 요즘 매주 휴일 출근이 이어지면서 그는 피로가 극에 달하고 있다.

6 2 이번에 아래 쓰인 곳으로 사무소를 이전하였으므로 인사 겸 안내해드립니다.

문제2

1 1 (2314)
친구가 다쳤다는 말을 들었기 때문에 병문안 겸 그를 찾아갔다

2 2 (1324)
그는 성실하지만 너무 지나치게 성실해서 유머가 모자란 경향이 있다.

3 3 (2431)
도심인데도 잘 가꾸어진 정원을 바라보며 하는 점심 식사는 사치스러움의 극치라고 할 수 있을 것이다.

4 1 (2314)
이 학교는 하나에서 열까지 다 규칙이어서 숨이 막힐 것처럼 힘들다.

5 4 (2341)
아파트의 계약기간 만료일이 가까워지면 계약을 갱신할지 여부를 선택하라는 통지가 도착합니다.

6 3 (2134)
인기 가수 콘서트 티켓을 사려고 했지만 3,000석이나 되는 자리가 순식간에 매진되어 결국 못 샀다.

085 p.128

A 제 실수 때문에 부장님께도 폐를 끼쳐서 죄송합니다.

B 부하 직원의 실수는 상사가 사과해야 하는 법이지요. 일단 고객님도 이해해주셔서 다행입니다.

A 앞으로는 같은 실수를 반복하지 않도록 충분히 주의하겠습니다.

B 네, 다음에는 이번에 반성한 보람이 있게 열심히 해주세요. 기대하고 있습니다.

회화 내용에 맞는 것은 무엇인가?

① 부하 직원이 실수하면 상사가 사과해야 한다.

② 부하 직원이 실수했을 경우 상사가 사과할 필요는 없다.

③ B씨는 부하 직원의 실수라도 자신이 사과하지 않으면 마음이 편하지 않은 성격이다.

④ B씨는 부하 직원의 실수에 대해 대신 사과하지 않은 것을 미안하게 생각하고 있다.

086 p.129

A 이 드라마 지금부터 같이 보지 않을래?

B 이렇게 날씨가 좋은데 집에 틀어박혀 있으면 아깝잖아.

A 그렇지만 엄청 재밌다고 소문난 드라마인걸.

B 드라마를 보기 시작하면 눈 깜짝할 사이에 하루가 끝날 것이 뻔하니까 사양할래.

회화 내용에 맞는 것은 무엇인가?

① B씨는 드라마가 너무 재미있어서 아무것도 못 하고 하루가 끝날까 봐 걱정한다.

② B씨는 A씨와 함께 드라마를 보기 시작하면 끝까지 보게 될까 봐 두려워하고 있다.

③ B씨는 자신이 드라마를 볼 때쯤이면 A씨가 끝까지 보고 말 것이라고 예상한다.

④ B씨는 드라마의 처음과 끝만 보면 충분하다고 생각한다.

087 p.130

A 이번에도 또 대표팀에 안 뽑혔네.

B 나도…. 하지만 낙담해 봐야 소용없으니 지금은 그저 연습이나 해야지!

A 그러게. 끙 앓을 틈이 있으면 연습해야지.

B 괜찮다면 이제부터 같이 연습하자.

회화 내용에 맞는 것은 무엇인가?

① 대표팀에 뽑히든 뽑히지 않든 연습하는 것이 중요하다.

② 대표팀에 뽑히지 않은 것은 아쉽지만 지금은 어쨌든 연습을 계속할 수밖에 없다.

③ 다음 대표팀에 뽑히려면 연습만으로는 부족하다.

④ 지금은 연습을 조금도 할 수 없을 정도로 대표팀에서 떨어진 것이 충격이다.

088 p.131

A 이토 씨는 손님에게 아무리 불합리한 말을 들어도 태연하게 대응할 수 있는 것이 대단하네요.

B 정말 누구한데 무슨 말을 들어도 미동도 하지 않는 점이 존경스러워요.

A 나 같으면 클레임이 들어오자마자 우울해질 텐데.

B 저도 그 멘탈이 강한 점을 본받고 싶어요.

회화 내용에 맞는 것은 무엇인가?

① 이토 씨는 매우 섬세한 마음의 소유자다.

② 이토 씨는 누가 뭐래도 부서를 옮기지 않는 사람이다.

③ 이토 씨는 남의 말은 전혀 신경 쓰지 않는 사람이다.

④ 이토 씨는 클레임 대응 때는 조금도 움직이려고 하지 않는 사람이다.

089 p.132

A 보고서 제출이 늦어져서 죄송합니다.

B 학비 때문에 아르바이트를 열심히 하는 것은 잘 알지만 이대로라면 진급이 위험해요.

A 네, 교수님께서 말씀하시는 바는 저도 잘 알고 있어요.

B 학생인 만큼 제대로 공부해야 해요.

회화 내용에 맞는 것은 무엇인가?

① 교수는 A씨에게 요즘 학생에게 부족한 것이 무엇인지 말했다.

② 교수는 A씨에게 학생을 위해서라도 제대로 공부해야 한다고 말했다.

③ 교수는 A씨에게 학생으로 있고 싶으면 공부를 더 열심히 하라고 말했다.

④ 교수는 A씨에게 학생이니까 열심히 공부해야 한다고 말했다.

090 p.133

A 지난주에 감기로 앓아누웠다면서요. 상태는 어떤가요?

B 덕분에 많이 좋아졌어요.

A 혼자 살면서 아플 때면 너무 외롭지요. 곤란할 때는 언제든 의지해 주세요.

B 감사합니다. 마음이 아주 든든해요.

회화 내용에 맞는 것은 무엇인가?

① B씨는 혼자 살지만 걱정해 주는 사람이 많아서 외롭지 않다.

② A씨는 마음이 강해서 혼자 살다가 아파도 외로움을 느끼지 않는 사람이다.

③ 혼자 살다가 아프면 몹시 외로움을 느끼는 법이다.

④ 혼자 살 때 외로움을 느끼지 않기 위해서라도 병에 걸리면 안 된다.

쪽지 시험 15 p.134

문제1

1 3 그는 고집이 세서 한번 말을 꺼냈다 하면 남의 말 따위는 들어주지 않는다.

2 3 이 주변 레스토랑은 몹시 비싸다.

3 4 판사라면 편견으로 재판에 임해서는 안 된다

4 2 이 정도 소란을 일으켰으니 사과해야만 한다.

5 1 지진 혼란 탓에 전화는 거의 연결되지 않는다. 지금은 그저 친구가 무사하기를 기도할 뿐이다.

6 1 세계 곳곳에서 아무 죄도 없는 어린이가 전쟁 때문에 다치고 있는 것은 상상만 해도 슬프다.

문제2

1 3 (1432)

한 나라의 지도자라면 자기 이익을 우선하지 않고 국민 이익을 제일 먼저 생각해야 한다.

2 4 (1342)

안전을 위해 지진 때문에 무너질 위험이 있는 건물은 헐어야 할 것이다.

3 1 (2413)

그녀는 수다쟁이여서 한번 말하기 시작했다 하면 그칠 줄을 모른다.

4 4 (3241)

두 시간이나 기다리다가 전화했더니 약속을 잊었다고 해서 몹시 화가 났다.

5 3 (1432)

학교 괴롭힘 문제는 단지 당사자뿐만 아니라 학교 전체에서 해결해야 할 문제이다.

6 2 (3124)

어렸을 때부터 병약하고 얌전했던 그녀가 아버지의 뒤를 이어 건설 회사 사장이 되다니 상상도 못 했다.

091 p.136

A 어제 가토 씨와의 식사 어땠어?

B 리포트를 도움 받은 답례로 내가 대접했는데 지금이 기회라는 듯 비싼 것을 주문해서 곤란했어.

A 힘들었겠네.

B 가토 씨 좋은 사람인 건 알지만 좀 분위기 못 읽을 때가 있단 말이지.

회화 내용에 맞는 것은 무엇인가?

① 가토 씨는 그 가게에서만 먹을 수 있는 요리를 주문했다.

② 가토 씨는 대접받을 수 있는 지금이 기회라는 듯 비싼 요리를 주문했다.

③ 가토 씨가 선택한 가게는 모든 음식이 비쌌다.

④ 가토 씨는 가난해서 자기 돈으로는 비싼 요리를 먹을 수 없다.

092 p.137

A 한국어를 말할 수 있어요?

B 아니요, 공부한 적도 없는데요.

A 근데 아까 한국어로 말했잖아요.

B 그건 아내가 보는 드라마 중에 자주 나오는 대사라서 외우려고 한 건 아닌데 외워 버렸어요.

회화 내용에 맞는 것은 무엇인가?

① B씨는 한국어를 공부하지만, 아직 서툴러서 못한다고 겸손해하고 있다.

② B씨는 한국 드라마를 보면서 부인 때문에 한국어를 배우고 있다.

③ B씨는 부인이 보는 한국 드라마가 재미있어서 한국어를 공부하고 싶다고 생각하게 되었다.

④ B씨는 외우려는 생각은 없었지만, 드라마 안에서 자주 듣는 한국어를 어느 사이엔가 외어버렸다.

093 p.138

A 여행 좋아하셨죠? 괜찮다면 함께 이 온라인 이벤트에 참여해 보지 않을래요?

B 어떤 이벤트인가요?

A 집에 있으면서 전 세계를 여행하는 듯한 기분이 들 수 있는 이벤트예요.

B 와, 재미있을 것 같아요. 요즘은 좀처럼 여행을 갈 수 없으니 꼭 참여해 보고 싶어요.

회화 내용에 맞는 것은 무엇인가?

① 그 온라인 이벤트는 집에 없어도 전 세계에서 참여할 수 있는 이벤트이다.

② 그 온라인 이벤트는 집에 있으면서 해외여행 기분을 맛볼 수 있는 이벤트이다.

③ 그 온라인 이벤트는 집에서 바로 해외여행을 떠날 수 있는 이벤트이다.

④ 그 온라인 이벤트는 참가자가 해외여행이 당첨되는 이벤트다.

094 p.139

A 미국 대학을 졸업하셨어요?

B 그렇습니다. 꼭 가고 싶다고 부모님께 필사적으로 부탁드렸어요.

A 무척 가고 싶던 대학이었군요.

B 가계가 어렵지만 유학을 하러 가게 해주셔서 부모님께는 무척 감사드리고 있어요.

회화 내용에 맞는 것은 무엇인가?

① B씨의 가정은 가난하지 않았기 때문에 부모님도 흔쾌히 미국으로 가게 해 주었다.

② B씨의 부모님은 유학 비용을 계산하느라 몹시 애를 먹었다.

③ B씨의 가정은 부유하지 않았지만, 부모님은 유학을 허락해 주었다.

④ B씨의 부모는 괴로워하면서 유학을 허락해 주었다.

095 p.140

A 일요일인데 일 연락?

B 아니, 일 얘기는 아닌데 또 부장님이 보냈네.

A 평일이면 몰라도 주말까지 연락이 오다니 힘들겠다.

B 진짜 중요한 일도 아닌데.

회화 내용에 맞는 것은 무엇인가?

① 평일이면 이해하지만, 주말에도 부장님에게 연락이 오는 것은 스트레스다.

② 평일이라면 대응할 수 있지만 주말 업무 연락은 아무리 부장님이 보낸 것이라도 대응할 수 없다.

③ 평일이라면 답장해도 되지만 주말에 온 부장님의 연락에는 답장하고 싶지 않다.

④ 평일에 일하는 것은 당연하지만 주말에도 일해야 하는 것은 무리다.

096 p.141

A 와타나베 씨, 어제 술자리에서 심하게 취했던데 괜찮을까?

B 아까 봤는데 출근하자마자 화장실로 뛰어 들어갔어.

A 숙취 꽤 힘들 것 같아.

B 저 상태라면 오늘 온종일 일도 못 할 거야.

회화 내용에 맞는 것은 무엇인가?

① 와타나베 씨는 출근하자마자 화장실로 뛰어갔다.

② 와타나베 씨는 출근하려고 했지만 참지 못 하고 화장실로 뛰어갔다.

③ 와타나베 씨는 출근하는 척하고 화장실로 뛰어갔다.

④ 와타나베 씨는 숙취가 심해서 오늘은 출근을 못 할 것 같다.

쪽지 시험 16 p.142

문제1

1 1 엄마는 내 성적표를 보자마자 얼굴색이 변했다.

2 1 그녀는 피곤한 듯 방에 들어가자마자 소파에 몸을 뉘었다.

3 4 무심코 읽고 있던 잡지에 고등학생 때의 동급생 기사가 실려 있었다.

4 3 당 점포는 옛날 그대로의 전통의 맛을 지켜 장아찌를 계속 만들고 있습니다.

5 3 나는 성질이 급해서 좀체 기다릴 수 없다. 만나기로 했는데 상대가 늦으면 10분이면 몰라도 한 시간은 기다리지 못한다.

6 2 창업 30주년인 우리 회사는 전통을 지키면서도 항상 새로운 것에 도전하려고 합니다.

문제2

1 3 (4231)
라디오를 들으려고 해서 듣던 것은 아닌데 갑자기 지진 뉴스가 들렸다.

2 4 (2341)
축구 시합에서 누구부터인지 하늘까지 들릴 것처럼 응원 소리가 커졌다.

3 2 (1423)
아빠는 한밤중에 돌아온 남동생 얼굴을 보자마자 큰소리로 호통을 쳤다.

4 1 (3214)
이번 달 막 이사한 새집은 좁아도 직장과 가까워서 만족한다.

5 4 (2341)
잃어버린 돈이 자기 거라면 몰라도 회삿돈을 분실한 것이라서 엄한 처분을 받을 것이다.

6 4 (3241)
이 온천지는 옛 정취가 넘치는 기념품 가게와 음식점이 있어 언제나 관광객으로 붐빈다.

097 p.144

A 이 호텔에 유령이 나온다는 이야기를 인터넷에서 봤는데 괜찮을까요?

B 그런 얘기가 떠돌아요?

A 네. 그래서 숙박 취소할지 좀 망설이고 있어요.

B 단순한 소문일 뿐이니 걱정할 필요 없어요.

회화 내용에 맞는 것은 무엇인가?

① B씨는 호텔에 유령이 나온다는 소문을 듣고 매우 불안해하고 있다.

② B씨는 귀신이 나올지 어떨지는 그때의 운이기 때문에 걱정해도 소용없다고 했다.

③ B씨는 호텔에 귀신이 나온다는 말은 그냥 소문이니 걱정할 필요가 없다고 했다.

④ B씨는 호텔에 귀신이 나온다는 말은 그냥 소문이지만 조심하는 게 좋다고 했다.

098 p.145

A 최근 몇 년 사이 수첩 매출이 증가하고 있다네요.

B 네, 올해도 호조여서 내년에는 수첩 판매 공간을 좀 더 확대할까 생각 중이에요.

A 왜 이렇게까지 수첩이 인기일까요?

B 디지털화가 진행되는 시대에 손글씨의 장점이 다시 재조명되고 있는 것은 아닐까요?

회화 내용에 맞는 것은 무엇인가?

① 수첩이 인기인 이유는 지금은 아직 디지털화가 진행되는 중이기 때문이다.

② 수첩이 인기인 이유는 디지털화가 진행되는 가운데, 오히려 아날로그의 장점이 재조명받고 있기 때문이다.

③ 수첩이 인기인 이유는 아직 디지털화되기 전이기 때문이다.

④ 수첩이 인기인 이유는 디지털화 시대를 따라가지 못하는 사람이 많기 때문이다.

099 p.146

A 투자 공부를 열심히 하는 것 같은데, 하고 싶은 거라도 있어?

B 사실 돈을 모아서 우주여행을 가는 게 꿈이야.

A 장대한 꿈이구나.

B 실현할 때까지는 시간이 걸릴 것 같지만, 일단 비용은 5년 안에는 준비할 수 있을 것 같아.

회화 내용에 맞는 것은 무엇인가?

① B씨는 앞으로 5년 안에는 우주여행을 갈 수 있을 것 같다.

② B씨가 우주여행을 가기로 결심하기까지 시간이 좀 더 걸릴 것 같다.

③ B씨의 우주여행 꿈이 실현되는 것은 아직 먼 이야기이다.

④ B씨는 장기간 우주여행을 가고 싶다는 꿈이 있다.

100 p.147

A 가와구치 씨, 영업부에서 총무부로 이동한다고 하네요.

B 역시. 가와구치 씨의 성격으로 보아 영업은 맞지 않는 게 아닐까 생각했어요.

A 게다가 부장님과도 잘 안 맞았던 것 같아서 스스로 이동을 희망한 것 같아요.

B 부장님 숫자에 엄격하기로 유명하니까요. 그의 마음은 이해할 수 있어요.

회화 내용에 맞는 것은 무엇인가?

① B씨는 부장과 잘 어울리지 못한 가와구치 씨의 마음을 이해하려고 애쓰고 있다.

② B씨는 총무부로 이동을 희망한 가와구치 씨의 마음을 이해하기 어렵다.

③ B씨는 영업부에서 결과를 남기지 못한 가와구치 씨를 도저히 이해할 수 없다.

④ B씨는 영업부에서 고생하던 가와구치 씨의 마음을 잘 이해할 수 있다.

101 p.148

A 육아에 협조적인 남편이라 부럽다.

B 지금은 많이 도움이 되고 있지만 옛날에는 너무했다니까.

A 그래? 지금 남편을 보면 상상이 안 되는데.

B 일에 매달리느라 육아는 전혀 도와주지 않아서 내가 노이로제에 걸려 버렸어. 바뀐 건 그때부터였을 거야.

회화 내용에 맞는 것은 무엇인가?

① B씨 남편은 육아를 돕고 싶지 않아서 일이 바쁜 것을 핑계로 삼았다.

② B씨 남편은 예전엔 일 때문에 여유가 없어서 자녀는 부인에게 맡기기만 했다.

③ B씨 남편은 예전에는 일이 너무 즐거워서 육아를 할 시간이 없었다.

④ B씨 남편은 일과 육아의 양립이 서툴다.

102 p.149

A 어제 아이의 숙제를 봐줬는데, 제가 어렸을 때와는 많이 달라져서 놀랐어요.

B 최근에는 초등학교에서도 영어와 프로그래밍 수업 등 시대에 맞는 교육이 이루어지고 있지요.

A 그렇네요. 아이가 물어볼 때마다 대답할 수 없는 것은 아닐까 하고 조마조마해요.

B 저희도 그래요. 부모도 공부해야겠어요.

회화 내용에 맞는 것은 무엇인가?

① 시대 변화에 맞춰 학교 교육의 내용도 변화하고 있다.

② 시대를 앞서 초등학교에서도 영어와 프로그래밍을 가르치게 됐다.

③ 요즘 초등학교에서는 역사 수업보다 영어와 프로그래밍이 더 중시되고 있다.

④ 영어나 프로그래밍 수업은 요즘 시대에 맞지 않게 되었다.

쪽지 시험 17

p.150

문제1

1 2 야당이 이 의안에 반대하는 것은 쉽게 상상할 수 있다.

2 3 대학 입학시험에 모조리 실패하고 나니 내 공부 부족을 실감했다.

3 1 바쁜 일에 얽매여 식사를 대충 하는 것은 좋지 않아.

4 4 언론은 사실에 따라 정확하고 공정한 정보를 제공받기를 바란다.

5 2 겨울 등산이라도 준비를 충분히 했으면 위험 따위는 두려워할 필요가 없다.

6 1 컴퓨터 활용은 현대 사회에서 필요한 교양이 되었다.

문제2

1 1 (2314)

소비자 니즈에 따라 판매 전략을 생각하지 않으면 회사로서는 살아남을 수 없다.

2 3 (2431)

학교 측은 괴롭힘 때문에 자살자가 나오기에 이르자 처음으로 대책을 강구하기 시작했다.

3 4 (1342)

교통사고로 가족을 잃은 사람의 심정은 쉽게 살필 수 있다.

4 2 (4123)

갓 대학생이 된 아들은 동아리 활동에 얽매여 조금도 공부하려 하지 않는다.

5 4 (2143)

부모가 경어를 써서 말하지 않기 때문에 그런 환경에서 자란 젊은이가 경어를 쓰지 않아도 비난할 필요는 없다.

6 1 (3412)

사장이라는 입장에서는 경영 실적뿐만 아니라 사원과의 커뮤니케이션도 살펴야 한다.

103

p.152

A 채널 구독자가 10만 명이나 된다니 대단하다.

B 기쁘지만 가끔 차마 읽을 수 없는 댓글도 쓰여 있어서 상처받기도 해.

A 그건 용서할 수 없네.

B 동영상을 어떻게 평가하느냐는 각자의 자유지만 매너 없는 사람이 일정 수 있다는 건 슬픈 일이야.

회화 내용에 맞는 것은 무엇인가?

① A씨의 채널에는 심하게 악플이 달리기도 한다.

② A씨의 채널에는 다 읽을 수 없을 정도로 많은 댓글이 달리기도 한다.

③ A씨의 채널에는 해독할 수 없을 정도로 잘 모르는 댓글이 달리기도 한다.

④ A씨에게는 악플러 때문에 상처받았을 때 위로해주는 많은 팬이 있다.

104

p.153

A 그 투자 이야기, 좀 너무 달콤한 거 아녜요?

B 나카타 씨는 학창 시절부터 잘 알았고, 충분히 신뢰할 만한 사람이니까 괜찮아요.

A 그렇기는 해도….

B 알았어요. 다음에 나카타 씨와 셋이 만나서 이야기해요.

회화 내용에 맞는 것은 무엇인가?

① B씨는 나카타 씨를 신뢰하기에는 부족한 사람이라고 말하고 있다.

② B씨는 나카타 씨를 꽤 신뢰할 수 있는 사람이라고 말하고 있다.

③ B씨는 나카타 씨를 충분히 신뢰할 수 있는 사람이라고 말하고 있다

④ B씨는 나카타 씨를 아마 신뢰할 수 있는 사람이라고 말하고 있다.

105

p.154

A 요즘 일손이 부족해서 그런데 혹시 가게 좀 도와주겠어요?

B 물론입니다. 혹시 요전의 프로그램 영향인가요?

A 네, 방송이 끝나고 나서 100건이나 되는 주문이 와서 놀랐어요.

B 그 정도예요? 미디어의 영향력은 대단하네요.

회화 내용에 맞는 것은 무엇인가?

① A씨의 가게에는 100건 정도의 주문은 가끔 있는 일이다.

② A씨의 가게는 TV에 나오기 위해 100건의 주문을 받았다.

③ TV에 나왔는데도 100건 정도밖에 주문이 없어 A씨는 놀랐다.

④ TV에 나온 뒤 A씨의 가게에는 꽤 많은 주문이 몰렸다.

106 p.155

A 이번에도 승진을 못 했어요.

B 힘내요. 직함이 전부는 아니니까요.

A 하지만 동기들이 점점 승진하는 것과 달리 저만 계속 평사원이에요.

B 초조해하는 마음은 알지만 보고 있는 사람도 제대로 봐 줄 거예요.

회화 내용에 맞는 것은 무엇인가?

① 동기를 승진시켰는데도 대가가 없어 A씨는 불만이 쌓여 있다.

② 승진한 동기와는 반대로 A씨는 달라진 게 없다며 초조해하고 있다.

③ 승진한 동기에 비해 A씨는 능력적으로는 떨어지지 않았다.

④ A씨는 가능하면 승진한 동기를 대체하고 싶어 한다.

107 p.156

A 오늘은 오늘따라 더 예쁜데, 무슨 일 있어?

B 사실은 퇴근 후에 친구가 소개해 준 사람이랑 밥 먹으러 갈 거야.

A 그래서 그렇게 힘을 주었구나.

B 사진 보니까 아주 멋진 사람이야. 기대돼.

회화 내용에 맞는 것은 무엇인가?

① B씨는 오늘은 평소와는 다른 사람처럼 예쁘다.

② B씨는 항상 예쁘지만, 오늘은 더 예뻐 보인다.

③ B씨는 오늘도 매우 예쁘지만, 평소만큼은 아니다.

④ A씨는 B씨를 배려하여 평소보다 예쁘다고 아첨했다.

108 p.157

A 설마 다시 고향으로 돌아올 줄은 몰랐네.

B 학생 때는 이런 시골 빨리 나가고 싶다고 그렇게 말했는데 말이야.

A 도시에 살아야 깨닫는 시골의 장점이 있지.

B 왠지 알 것 같아.

회화 내용에 맞는 것은 무엇인가?

① A씨는 시골의 장점을 알기 위해 굳이 도시에 살기로 했다.

② A씨는 도시에 살면 시골의 장점을 알 수 있다며 B씨에게 도시 생활을 권유했다.

③ A씨는 도시에 산 다음에야 시골의 장점을 깨달았다.

④ A씨는 도시 생활이 싫어져 고향으로 돌아왔다.

쪽지 시험 18 p.158

문제1

1 3 항상 냉정하고 성적이 우수한 형과 대조적으로 남동생은 어쩌면 저렇게 침착하지 못할까.

2 4 발표에 따르면 이번에 발생한 건물 화재에 의한 피해는 수십억 엔에 이른다고 한다.

3 1 새 회사에서는 외워야 하는 것이 많아서 힘들지만, 그것보다도 더 힘든 것은 인간관계이다.

4 2 아름다웠던 숲이 개발 때문에 모두 베어져서 차마 볼 수 없는 풍경이 되었다.

5 1 컴퓨터 바이러스 따위 올바른 지식을 갖추고 있으면 두려워할 필요가 없다.

6 2 요리 연구가인 고바야시 씨는 '가족을 생각하면 다양한 요리를 만들고 싶다는 생각도 강하게 들지요.'라며 요리의 의미에 관해 설명했다.

문제2

1 1 (4312)
시끄럽다고 느낄지도 모르지만, 부모님은 아이를 위하기 때문에 더욱 엄격하게 야단을 치는 것이다.

2 3 (4132)
야마다 부장님은 일도 잘하고 부하를 제대로 교육하여 주므로 존경할 만한 인물이다.

3 3 (1432)
이번에 발표된 문부과학성 조사에 따르면 한 달에 한 권도 책을 읽지 않는 사람이 약 50%에 달한다고 한다.

4 2 (1324)
근사한 옆집에 비해서 우리 집은 너무 초라해 보인다. 내가 생각해도 한심하기 짝이 없다.

5 2 (1423)
이 제품은 여러 새로운 기능이 더해져 기존 제품보다도 편리해졌다.

6 4 (1342)
아무리 준비 기간이 짧다고 해도 많은 사람 앞에서 차마 듣기 힘든 연설을 하는 것은 한심하기 짝이 없다.

109 p.160

A 다음 주 파티 말인데 괜찮다면 함께 가지 않을래?

B 난 괜찮은데 갑자기 왜?

A 여자친구가 있다고 말한 체면에, 혼자 참석할 수는 없어서.

B 역시, 그런 거였군.

회화 내용에 맞는 것은 무엇인가?

① A씨는 여자친구에게 파티 이야기를 했기 때문에 혼자서는 갈 수 없는 상황이다.

② A씨는 전 여자친구도 참가하는 파티에 혼자서는 가고 싶지 않다고 생각한다.

③ A씨는 여자친구가 있다고 말했기 때문에 파티에 혼자서는 갈 수 없는 상황이다.

④ A씨는 거짓말을 해서 B씨와 파티에 가기 위한 구실을 만들었다.

110 p.161

A 이 프로그램 뉴스캐스터 어느 틈에 바뀌었나요?

B 프로그램에서 인종 문제에 관해서 하지 말아야 할 말을 해서 도중하차하게 됐어요.

A 그런 일이 있는 줄은 몰랐어요.

B 방송 직후부터 엄청나게 많은 클레임이 접수되었다고 하는데, 방송국은 아직도 대응하느라 바쁜 것 같아요.

회화 내용에 맞는 것은 무엇인가?

① 그 캐스터는 옳은 말을 했는데도 시청자들의 비판을 받고 말았다.

② 그 캐스터가 도중하차한 이유는 방송에서 인종 문제를 거론했기 때문이다.

③ 그 캐스터가 하차한 이유는 인종 문제에 관해 하면 안 될 발언을 했기 때문이다.

④ 그 캐스터가 하차한 이유는 인종 문제에 관해 말했어야 할 의견을 말하지 않았기 때문이다.

111 p.162

A 신입 교육 어떻게 되어가고 있나요? 제대로 가르쳤나요?

B 죄송합니다. 매뉴얼은 전달했지만, 나머지는 제 일이 벅차서요.

A 매뉴얼을 전달할 뿐만 아니라 보조도 잘 부탁해요.

B 교육 담당으로서 있어서는 안 될 태도였습니다. 반성하고 있습니다.

회화 내용에 맞는 것은 무엇인가?

① 신입사원 기억이 안 나는 바람에 교육 담당인 B씨마저 혼나고 말았다.

② B씨는 교육 담당으로서 옳은 일을 했는데도 혼나고 말았다.

③ B씨는 자신이 교육 담당에는 어울리지 않다고 상사에게 말했다.

④ B씨는 신입사원에 대해 교육 담당으로서 해서는 안 될 태도를 취하고 말았다.

112 p.163

A 그 바구니 안에 들어 있는 거 뭐야?

B 아, 이거? 세제인데 소량으로도 깜짝 놀랄 정도로 깨끗해져서 추천이야.

A 오, 나도 써볼까?

B 응. 기름 범벅인 프라이팬도 이걸 쓰면 순식간에 깨끗해져.

회화 내용에 맞는 것은 무엇인가?

① 그 세제는 약간의 기름때라면 금방 깨끗하게 할 수 있다.

② 그 세제를 사용하면 프라이팬에 기름을 두르지 않아도 된다.

③ 그 세제를 사용하면 기름으로 심하게 더러워진 것도 금방 씻을 수 있다.

④ 그 세제는 기름때에는 효과를 발휘하지 않는다.

113 p.164

A 어제 회식에 대해서 좀 반성하고 있어요.

B 후배들 갑자기 조용해졌었어요.

A 취하면 그만 설교 같은 말을 해 버려서. 나쁜 버릇이에요.

B 확실히, 앞으로는 좀 더 조심하는 편이 좋을지도 몰라요.

회화 내용에 맞는 것은 무엇인가?

① A씨의 술버릇은 상대방에게 설교 같은 말을 하는 것이다.

② A씨는 술에 취하면 누구에게나 설교를 시작하고 만다.

③ A씨는 술에 취하면 상대방의 이야기가 전부 설교로 들린다.

④ A씨는 술의 힘을 빌려 자신에게 설교 따위는 하지 말라고 말해 버렸다.

114 p.165

A 우와! 그 운동화 어디에서 구했어?

B 선물 받았어.

A 그거 출시되자마자 순식간에 매진된 인기 모델이야.

B 그런 귀중한 운동화였구나. 몰랐네.

회화 내용에 맞는 것은 무엇인가?

① 그 운동화는 금방 매진되었고 재발매도 중지되었다.

② 그 운동화는 발매되자마자 다 팔렸다.

③ 그 운동화는 발매되기 전에 예약만으로 매진되었다.

④ 그 운동화는 발매가 중지되어 버린 환상 같은 모델이다.

쪽지 시험 19 p.166

문제1

1 2 그의 빈정거리는 말투가 마음에 들지 않았다.

2 1 선거에서 돈을 뿌리는 것은 용서할 수 없는 행위이다.

3 3 어떤 이유로도 테러는 용서할 수 없는 행위라고 생각한다.

4 4 아이들은 눈싸움해서 온몸에 눈 범벅이 되었다.

5 1 집에 오자마자 TV를 켰지만 보고 싶었던 프로그램은 이미 끝난 상태였다.

6 3 모든 사람이 보고 있는 이상 허둥대는 모습은 보이고 싶지 않다. 잘 준비해서 발표하자.

문제2

1 3 (2431)

다른 사람의 아이디어를 훔치다니 디자이너로서 용서할 수 없는 행동이다.

2 3 (1432)

회식에 참석한다고 말해 버린 이상 인제 와서 취소할 수는 없다.

3 2 (1423)

창문을 열어둔 채 내버려 두었더니 탁자가 먼지투성이가 되어 버렸다.

4 4 (3241)

그녀는 상당히 피곤했던 듯 자리에 앉자마자 졸기 시작했다.

5 2 (1423)

그는 항상 농담처럼 말을 하므로 진심으로 말하는 건지 여부를 모르겠다.

6 4 (2143)

이제 인터넷은 전기나 수도와 마찬가지로 우리 생활에 빼놓을 수 없는 것이 되었다.

115 p.168

A 근무 형태에 관한 사원 설문조사 건인데, 이런 결과가 나왔습니다.

B 과연, 재택근무를 희망하는 직원이 절반 이상이나 되는군요.

A 이번 조사 결과를 받아들여서 근무 형태의 재검토가 필요하지 않을까요?

B 그렇네요. 바로 다음 주 팀장 회의에서 의제로 꼽도록 하겠습니다.

회화 내용에 맞는 것은 무엇인가?

① 설문조사 결과를 보면 지금의 근무 형태를 바꿀 필요가 있을 것 같다.

② 다음 주 팀장 회의에서 설문조사 결과를 받을 예정이다.

③ 설문조사 결과를 보고 재택근무를 희망하는 직원이 늘었다.

④ 다음 주 팀장 회의 의제는 설문조사 결과와 무관하다.

116 p.169

A 오늘 축구 경기 감동했어.

B 솔직히 강국 상대를 이길 수 있을 줄은 몰랐어.

A 특히 무릎 부상을 무릅쓰고 출전한 야마노 선수의 활약이 대단했지.

B 응, 틀림없이 그가 오늘의 MVP네.

회화 내용에 맞는 것은 무엇인가?

① 야마노 선수는 이 경기를 위해 무릎 부상을 열심히 치료했다.

② 야마노 선수는 부상의 아픔을 참고 경기에 나서서 승리에 기여했다.

③ 야마노 선수는 경기에 출전하기 위해 무릎 부상을 숨겼다.

④ 야마노 선수는 경기 중 상처를 입었는데도 멋진 플레이를 보였다.

117 p.170

A B씨의 할아버지 물리학 연구로 유명한 오노 교수님이라면서요. 놀랐어요.

B 숨기려고 한 건 아닌데 사실 그래요.

A 오노 교수님은 집에서는 어떤 분이셨어요?

B 아주 다정한 할아버지였지만, 옛날에는 가정을 신경 쓰지 않고 연구만 해서 할머니는 고생하셨던 것 같아요.

회화 내용에 맞는 것은 무엇인가?

① 오노 교수는 옛날부터 가정을 가장 먼저 생각하는 다정한 사람이었다.

② 오노 교수는 옛날에는 집에 돌아가지 않고 연구실에만 틀어박혀 있었다.

③ 오노 교수는 B씨에게는 다정했지만 다른 가족에게는 엄격한 사람이었다.

④ 오노 교수는 옛날에는 가족보다도 연구가 우선이었기 때문에 부인은 매우 힘들었다.

118 p.171

A 앗, 이 사람 또 나오네.

B 얼마 전까지 무명이었는데, 최근 1년 사이에 인기가 많아졌어요.

A 역시 SNS나 동영상 사이트의 영향력은 무시할 수 없네요.

B TikTok으로 유명해진 걸 시작으로 유튜브나 인스타그램, TV까지 안 보는 날이 없으니까요.

회화 내용에 맞는 것은 무엇인가?

① 그 탤런트는 틱톡으로 유명해진 것을 끝으로 SNS 활동을 그만두었다.

② 그 탤런트는 틱톡으로 유명해지지 않은 대신 다른 매체에서 유명해졌다.

③ 그 탤런트는 틱톡을 시작으로 다른 미디어에서도 점점 유명해졌다.

④ 그 탤런트는 틱톡으로 유명해진 것에 만족하고 지금은 TV를 중심으로 활동하고 있다.

119 p.172

A 어, 또 이사했어요?

B 실은 집주인의 사정으로 갑자기 이사해야 했어요.

A 힘들었겠어요.

B 정말요. 몇 번씩 사는 환경이 바뀌는 것은 정신적으로 피곤하네요

회화 내용에 맞는 것은 무엇인가?

① B씨는 집주인의 사정으로 이사 예정이 없어졌다.

② B씨는 집주인에게 사정이 있어 이사해야 했다.

③ B씨는 집주인과 일정이 맞지 않아 이사가 연기되고 말았다.

④ B씨는 집주인이 말해 이사를 돕게 됐다.

120 p.173

A 드디어 끝났다!

B 수고했어! 오늘 공연 대성공이었어.

A 응. 연주가 끝나고 터질 듯한 박수를 받았을 때는 조금 울컥했어.

B 나도. 그 순간은 평생 잊지 못할 것 같아.

회화 내용에 맞는 것은 무엇인가?

① 객석 박수 소리가 너무 커서 머리가 깨질 지경이었다.

② 공연이 훌륭했기 때문에 관객은 성대한 박수를 보냈다.

③ A씨는 연주가 끝난 뒤 악기를 떨어뜨려서 깨뜨리는 바람에 울컥했다.

④ 공연이 끝난 뒤 생각보다 객석에서 반응이 없었기 때문에 A씨는 울컥했다.

쪽지 시험 20 p.174

문제1

1 1 원유 가격 급등의 영향을 받아 여러 항공사가 운임을 올렸다.

2 1 태풍 때문에 비행기가 못 떠서 어쩔 수 없이 출발을 연기해야 했다.

3 2 전철 안에서 주위에 민폐 끼치는 것을 신경 쓰지 않고 휴대전화를 사용하는 사람이 있다.

4 3 주민 반대를 무릅쓰고 아파트 건설은 척척 진행되었다.

5 4 그 회사는 지난주 발표한 신제품을 시작으로 연이어 새 제품을 발매한다고 한다.

6 2 크리스마스 판매 경쟁에 들어간 가게에는 넘쳐날 듯한 선물이 즐비하다.

문제2

1 2 (1423)

올해는 경기 회복세의 영향을 받아 대기업을 중심으로 취업자의 증가가 기대된다.

2 4 (3142)

선거 대패로 인해 여당은 어쩔 수 없이 정책 재검토를 해야 했다.

3 4 (1342)

모처럼 멀리서 만나러 갔는데 돌아가라고 말하는 듯한 표정을 하면 돌아가지 않을 수 없다.

4 3 (4132)

조난자를 구조하기 위하여 마을 사람은 위험을 무릅쓰고 필사적으로 수색을 계속했지만, 여전히 발견되지 않는 상태이다.

5 1 (2143)

아나운서 "이 영화는 아름다운 음악과 예쁜 영상이 호평받아 일본을 시작으로 세계 각국에서 개봉하기로 결정되었으며 배급처가 더 늘어날 전망입니다."

6 1 (2413)

시의 소방본부는 위험을 신경 쓰지 않고 건물 화재에서 인명을 구조한 공적을 칭찬하여 다카하시 씨에게 표창을 수여했다.

MEMO

MEMO

JLPT N1

문법

회화와 함께

제대로 정리하기

실전 모의 테스트

실전 모의 테스트 채점표

자신의 실력이 어느 정도인지 확인할 수 있도록 임의적으로 만든 채점표입니다.
실제 시험은 상대 평가 방식이므로 참고로만 봐 주시길 바랍니다.

언어지식 (문자・어휘・문법)

		배점	만점	정답 문항 수	점수
문자・어휘・문법	문제 1	1점×6문항	6		
	문제 2	1점×7문항	7		
	문제 3	1점×6문항	6		
	문제 4	2점×6문항	12		
	문제 5	1점×10문항	10		
	문제 6	1점×5문항	5		
	문제 7	2점×5문항	10		
합계			56점		

*** 점수 계산법** : 언어지식(문자・어휘・문법) [   ]점÷56×60 = [   ]점

독해

		배점	만점	정답 문항 수	점수
독해	문제 8	2점×4문항	8		
	문제 9	2점×9문항	18		
	문제 10	3점×4문항	12		
	문제 11	3점×2문항	6		
	문제 12	3점×4문항	12		
	문제 13	2점×2문항	4		
합계			60점		

청해

		배점	만점	정답 문항 수	점수
청해	문제 1	2점×5문항	10		
	문제 2	2점×6문항	12		
	문제 3	2점×5문항	10		
	문제 4	2점×11문항	22		
	문제 5	2점×3문항	6		
합계			60점		

N1

言語知識（文字・語彙・文法）・読解

（110分）

注　　意
Notes

1. 試験が始まるまで、この問題用紙を開けないでください。
   Do not open this question booklet until the test begins.
2. この問題用紙を持って帰ることはできません。
   Do not take this question booklet with you after the test.
3. 受験番号と名前を下の欄に、受験票と同じように書いてください。
   Write your examinee registration number and name clearly in each box below as written on your test voucher.
4. この問題用紙は、全部で２９ページあります。
   This question booklet has 29 pages.
5. 問題には解答番号の 1 、 2 、 3 …が付いています。
   解答は、解答用紙にある同じ番号のところにマークしてください。
   One of the row numbers 1, 2, 3 … is given for each question. Mark your answer in the same row of the answer sheet.

受験番号　Examinee Registration Number	

名　　前　Name	

問題1 ＿＿＿＿＿の言葉の読み方として最もよいものを、1・2・3・4から一つ選びなさい。

1　せっかくの機会を逸してはならない。

1 いっしては　2 だっしては　3 のがしては　4 めんしては

2　原告側の主張を覆すような証拠はまだ出ていない。

1 くつがえす　2 ひるがえす　3 まどわす　4 ゆるがす

3　社内外の膨大なデータを分析して、ビジネスに生かしたい。

1 ばくだいな　2 きょだいな　3 ぼうだいな　4 こうだいな

4　祖母は迷信を深く信じている。

1 びしん　2 まいしん　3 みしん　4 めいしん

5　交渉によって葛藤を解決できるようにしたい。

1 かっしょう　2 かっとう　3 けいしょう　4 けいとう

6　彼女は与えられた仕事を手際よく進めていった。

1 てさい　2 てぎわ　3 しゅさい　4 しゅぎわ

問題２（　　　　　）に入れるのに最もよいものを、１・２・３・４から一つ選びなさい。

7　彼はブランド物の時計を自慢げに（　　　　　）。

1　あまやかした　2　うちあかした　3　みせびらかした　4　もてあました

8　退職金が出たら家のローンを（　　　　　）して返済するつもりだ。

1　一様　2　一切　3　一括　4　一変

9　この事件の（　　　　　）には、大物政治家が関係していると噂されている。

1　後援　2　背景　3　根拠　4　裏腹

10　記者会見で大臣が発した低俗な発言が（　　　　　）をかもしている。

1　物議　2　非難　3　反発　4　論議

11　両社の意見の（　　　　　）が大きく、合併への合意にはまだ達していない。

1　へだたり　2　いつわり　3　あせり　4　かたまり

12　予算案が否決されて、政府は苦しい立場に（　　　　　）。

1　追い出された　2　追い抜かれた　3　追い込まれた　4　追い求められた

13　ひどい暑さのせいで、何をするのも（　　　　　）。

1　いちじるしい　2　はなはだしい　3　まぎらわしい　4　わずらわしい

問題3 ＿＿＿＿＿の言葉に意味が最も近いものを、１・２・３・４から一つ選びなさい。

14 彼のそんだいな態度は、みんなに歓迎されないだろう。

1 誇り高い　2 謙虚な　3 真剣な　4 偉そうな

15 事故は事前点検の不手際が原因だった。

1 不安　2 不況　3 不備　4 不正

16 このチームは根性が足りないので、いつも最後に負けてしまう。

1 はずみ　2 ねばり　3 むすび　4 あまり

17 研究テーマに関連する文献を丹念に調べている。

1 丁寧に　2 濃密に　3 簡単に　4 迅速に

18 大きい音にびっくりして目が覚めた。

1 ほっと　2 はっと　3 さっと　4 ざっと

19 この団体は、広く市民から支援を受けている。

1 キャリア　2 サポート　3 チェンジ　4 タイミング

問題4 次の言葉の使い方として最もよいものを、１・２・３・４から一つ選びなさい。

20 掲載

1 求人サイトにアルバイトの求人広告を掲載した。

2 来週発売されるスマホは最新のチップを掲載しているらしい。

3 トラックなどの車両は掲載できる重量が定められている。

4 今度の会議で、新しい企画の具体案を掲載します。

21 リスク

1 産業用ロボットの導入は、コスト削減や生産効率の向上などのリスクがある。

2 面接では、自分のリスクを活かしてどう企業に貢献できるか述べましょう。

3 企業の海外進出はリスクはあるが、成功すれば利益は大きい。

4 彼は長年銀行に勤めており、金融に詳しいことがリスクである。

22 禁物

1 刃物類は飛行機に持ち込みが禁物されている商品だ。

2 久しぶりに訪れた寺は境内の撮影が禁物になっていた。

3 子供にプレッシャーになるので過度の期待をするのは禁物だ。

4 この標識がある場所では、すべての車両の通行が禁物されている。

23 ふらふら

1 彼は運転が乱暴で、事故を起こすのではないかと私はいつもふらふらしている。

2 今日は久しぶりの晴天だったので、近くの公園をふらふらしてきた。

3 風が吹くたびに、桜の花びらが、ふらふらと舞い降りていた。

4 レポートを書くために二日も徹夜したら、足がふらふらする。

24　まぎらわしい

1　この国は工業化が進み、経済がまぎらわしく発展した。

2　彼の説明はまぎらわしいので、勘違いしやすい。

3　近所との付き合いはまぎらわしい面もある。

4　この建物はかなり老朽化し、破損がまぎらわしい。

25　はずむ

1　雨でインクがはずんでしまって、葉書の字が読みにくかった。

2　久しぶりの同窓会では会話が盛り上がり、声がはずんできた。

3　息子はスポーツクラブに所属し、週末になると練習にはずんでいる。

4　家庭環境のせいではすんだ性格を持つようになるとは思わない。

問題5 次の文の（　　　　）に入れるのに最もよいものを、1・2・3・4から一つ選びなさい。

26 本日はお忙しい（　　　　）お越しくださいまして、誠にありがとうございました。

1 ことを　　2 ところを　　3 ほうを　　4 わけを

27 もうすぐレポートの締め切りなので、今映画（　　　　）。

1 といっても過言ではない　　2 どころではない

3 にもほどがある　　4 にすぎない

28 新しいスマホの発売イベントは、来週東京で開催される（　　　　）全国を回りながら行われるそうだ。

1 が早いか　　2 とはいうものの　　3 のを皮切りに　　4 のに対して

29 海の幸、山の幸をバランスよく上品に仕上げたこの旅館の料理には、老舗（　　　　）職人技が感じられる。

1 からといって　　2 ごときの　　3 ならではの　　4 までもなく

30 彼女は人が聞いていようと（　　　　）、一人で話し続ける。

1 聞いていまいと　　2 聞いていまいが

3 聞いていないと　　4 聞いていたとはいえ

31 分からなかったら人に聞けばいい（　　　　）、一人でやろうとするからそんな失敗をしてしまうのだ。

1 ことを　　2 ばかりに　　3 だけに　　4 ものを

32　（育児相談コーナーで）

Q「あかちゃんのお薬をミルクにまぜて飲ませても大丈夫ですか？」

A「ミルクは大切な栄養源です。味が変わって飲み残したり、ミルク嫌いになったりする（　　　　）混ぜないでください。」

1　おそれがありますので　　2　とおりですで
3　わけがないので　　4　せいですので

33　あなたがどんなに仕事に（　　　　）、あなた一人だけでその仕事を処理するのは無理でしょう。

1　専念してみたら　　2　専念したからには
3　専念してみたのに　　4　専念したところで

34　市役所周辺の歩道は、表面が滑らかなタイル風のものになっている。雨の日には、歩いても、自転車で通行しても滑りやすく（　　　　）。

1　危険極まりない　　2　危険に限られる
3　危険に至っている　　4　危険の限界だ

35　現在の日本もかつてないほど政治の力が重要である。今の政治家に、自分の国を守り繁栄へと導こうとする気概を持った人は果たして（　　　　）。

1　何人とは限らないだろう　　2　何人もいたのだ
3　何人いるであろうか　　4　何人かはいるはずだ

問題6 次の文の ＿★＿ に入る最もよいものを、1・2・3・4から一つ選びなさい。

（問題例）

あそこで ＿＿＿ ＿＿＿ ＿★＿ ＿＿＿ は山田（やまだ）さんです。

1 テレビ　　2 見ている　　3 を　　4 人

（解答のしかた）

1. 正しい答えはこうです。

あそこで ＿＿＿ ＿＿＿ ＿★＿ ＿＿＿ は山田（やまだ）さんです。

1 テレビを　3 を　2 見ている　4 人

2. ＿★＿ に入る番号を解答用紙にマークします。

（解答用紙）

（例）（れい）	① ● ③ ④

---

36 舞台に ＿＿＿ ＿＿＿ ＿★＿ ＿＿＿ とばかりに大歓声があがった。

1 歌手が　　2 なり　　3 待ってました　　4 登場する

37 投資というと聞こえはいいが、＿＿＿ ＿＿＿ ＿★＿ ＿＿＿ 抱えることになる。

1 大きな変動リスクを　　2 借り入れを

3 してまで　　4 するのは

38 親は、子供の立場を考えずに、子供をただしかればよいというものではない。

＿＿＿ ＿＿＿ ＿★＿ ＿＿＿ 子供は親に反発するだけである。

1 それなしには　　2 親子の関係は

3 支えられているのであって　　4 信頼関係に

39 漫画とアニメは長い間多くの人に親しまれてきた。いまや日本を語る ＿＿＿

＿＿＿ ＿★＿ ＿＿＿ 言えよう。

1 うえで　　2 欠かせない

3 存在と　　4 漫画とアニメは

40 少子高齢化を背景に ＿＿＿ ＿＿＿ ＿★＿ ＿＿＿ 中小企業もＩＴ化と産業用ロボットの導入に力を入れている。

1 生産年齢人口が減少し　　2 中で

3 大企業に限らず　　4 人手不足が深刻になりつつある

問題7　次の文章を読んで、文章全体の内容を考えて、 41 から 45 の中に入る最もよいものを、1・2・3・4から一つ選びなさい。

インスタグラムなどのSNSに見た目の良い食べ物や観光地などをアップする「インスタ映え」が話題だが、いろいろと問題も生じている。例えば、最近で記憶に新しいものとしてはアイスクリームの食べ残し問題があった。これは「インスタ映え」することで人気のアイスクリーム店のゴミ箱に、そのお店の商品が食べずに大量に捨てられていたというびっくりするような事件だ。商品をろくに食べずに写真だけ撮って捨てるという行動に対して、大きな批判が寄せられたのだ。

「お金を払えばその食べ物を捨てようが残そうが客の勝手」と主張する人がいる。しかし、これはあまりにもモラルが低い 41 。料理は作り手が一生懸命に生み出したものだし、それを粗末に扱うことは人としてあまりにも残念な行動だ。

食べもしないのに写真を撮るためだけに料理を注文する人や、食べ物を粗末にする行動を防ぐためにはどうしたら良いのだろうか？飲食店の中には、予約制を導入し、仕込みの無駄を無くすことを行っているところがある。こうすれば人数分の料理だけを作ればいいので、その時々の量に応じて食材も用意できるので食品ロスが少なくなる。

42 、少量の料理のメニューの提供を行っている飲食店もある。「インスタ映え」狙いでお店を訪れるお客さんは少しでもたくさんの料理を撮影し、それぞれの見た目や味を楽しみたいと考えているはずだ。 43 、品数を増やし、食べきれる量で提供してみるのだ。お客さんも色々な味が楽しめるし、お店側にとっても料理の宣伝になってまさに一石二鳥だ。

ここまで飲食店での迷惑事例について伝えたが、観光地でもインスタ映えによる迷惑行為が問題になることもある。「インスタ映え」にこだわりすぎると食品ロスや観光地の自然破壊などの問題に 44 。

インスタ映えする写真を撮ることは確かに楽しいし、写真として思い出を残すことも大事なことだ。でも、生の景色や料理の味を純粋に楽しみながら、マナーを守っていくことを 45 。

41

1 考えにはあたらない　2 考えとは言えないだろう
3 考えではないだろうか　4 考えであるはずがない

42

1 あいにく　2 それ以来　3 ところが　4 ほかにも

43

1 そこで　2 そうはいっても　3 それから　4 それなのに

44

1 つながるのか　2 つながりかねない
3 つながりえない　4 つながるわけなんかない

45

1 第一に考えた　2 大前提にしてほしい
3 考えるきらいがある　4 大切にしたことがある

問題８ 次の（１）から（４）の文章を読んで、後の問いに対する答えとして最もよいものを、１・２・３・４から一つ選びなさい。

（1） 次は丸山恵（まるやまめぐみ）さんが清水里美（しみずさとみ）さんに出したメールである。

> 清水（しみず）さん
>
> このたびは個展の開催、本当におめでとうございます。
>
> これほどの準備をするのは、とても大変だったことと思います。お疲れさまでした。
>
> ずっと目標にされていたことが実現され、清水（しみず）さんのモダンなフラワーアレンジが多くの人に見てもらえるようになり、私も嬉しいです。清水（しみず）さんのお弟子さんたちの作品も楽しみにしています。残念ながら展示会の初日は、出張の予定が入っていますので、二日目には拝見しにまいります。
>
> 清水（しみず）さんのこれからのご活躍を心から応援しています。
>
> 丸山恵（まるやまめぐみ）

46 この文章の内容に合っているものはどれか。

1 丸山（まるやま）さんは展示会の会場には来られない。

2 清水（しみず）さんは丸山さんにお花を習っている。

3 清水（しみず）さんはフラワーアレンジメントの先生である。

4 丸山（まるやま）さんは個展に向けて準備を進めている。

（2）

子どもは本来、欲ばりで、自分にとって面白いことなら、大人から強制されなくてもやります。ですから、本はとても面白くて楽しいものだということを、小さいころから体験していくことが大切です。

その第一歩は、お母さんやお父さんがお子さんに本を読んであげることから始まります。本を読んでもらう間、子どもたちは、ふだん忙しいお母さんやお父さんを独り占めできます。それが小さな子どもたちにとって楽しくないわけがありません。この楽しさや喜びの記憶が、子どもの成長とともに育ち、それが読書への興味へとつながっていきます。

47　筆者は、どうすれば子どもが本好きになると考えているか。

1　子どもが本を読むように強制する
2　お母さんやお父さんと一緒に本を読む
3　できるだけ子ども一人で本を読むようにする
4　おもしろい本をたくさん買ってあげる

（3）

　猫と犬は見た目にもさまざまな違いがあるが、習性も大きく異なる。

　犬は群れで行動することに慣れ、集団で生活する動物である。一般的に社交性が高くフレンドリーな性格で、食事を与えてくれる家族に喜んで従属する傾向がある。狩りも集団で獲物を追跡しながら追い込むような方法で、猫と比べるとかなりアクティブな性格のことが多いだろう。その一方で、猫は単独行動する習性の動物である。一瞬で獲物を仕留める瞬発力が発達しており、犬と違って群れる必要がない。高い身体能力を持ち合わせ、とくに夕方や明け方に活動する。

48　筆者は、犬と猫の習性についてどのようにとらえているか。

1　猫は活動的で集団で狩りをする

2　猫はエサをやる家族に従順である

3　犬は群れで行動することが多い

4　犬は夕方や明け方に行動することが多い

（4）

多くの農産物は、土のある田畑で栽培される。自然の中で農産物は土の中の微生物が有機物を分解し、植物がそれを吸収して育つ。しかし一部の野菜は、土の上ではなく、工場のような施設で人工的に育てることもできる。化学的な栄養液と機械的な照明で栽培するのである。このような栽培方法を一般的に水耕栽培と呼ぶ。最近では、レタスなどの葉物野菜を水耕で大規模生産する「植物工場」が増えている。

このような栽培方法は、基本的に有機農業にはならない。なぜなら、土を使わない農法は、「自然循環機能を活用する」という有機農業の定義にそぐわないからである。なので農薬や化学肥料に頼らず、太陽・水・土地・そこに住む微生物など自然の恵みを生かす方法を考え続けなければならない。

49　このような栽培方法とあるが、何を指しているか。

1　土を使わず、化学的栄養液と照明を活用して作物を栽培すること

2　土を使わず、自然循環機能を活用して用して栽培すること

3　土の中で化学肥料を使わず作物を栽培すること

4　土の中で自然循環機能を活用せず作物を栽培すること

問題9　次の（1）から（4）の文章を読んで、後の問いに対する答えとして最もよいものを、1・2・3・4から一つ選びなさい。

（1）

1960年代、アメリカのある小学校で、生徒たちの将来の学習能力を予測する「学習能力予測テスト」と名付けた普通の知能テストが行われた。テストの際、学級担任に「これから数カ月の間、成績が向上する生徒を割り出すための知能テスト」と説明をし、テスト後に、①無作為に抽出した生徒の名簿を見せ、「この生徒たちが成績が向上する生徒である」と伝達したのである。

すると、学級担任に「成績が向上する生徒」と見せた生徒の成績は向上していったのだ。研究報告では、学級担任が期待のこもった目で一部の生徒を見たことと、一部の生徒も自分が期待されていることを意識したことが成績向上の要因になったと主張している。

これは人材育成の場でも活用されている。まず、上司が部下に対して期待をかけることをきっかけとしよう。それを受けて部下は、上司の期待に応えようとして、自分自身で考え、行動を起こすようになるだろう。部下の行動によって、上司への報告、連絡、相談の機会が増えるという好循環を生み出し、その結果、部下の営業成績も向上するのである。

誰かの期待に応えようとする姿勢が成果につながるという現象をピグマリオン効果という。ただ、ピグマリオン効果には注意点がある。それは、②褒めすぎに注意することだ。部下を褒めすぎると、現状に甘んじてしまったり、手を抜いてしまったりするといような逆効果につながってしまう場合がある。褒められすぎて、成長を自ら止めてしまうのである。

もちろん、期待をかけられることでその期待をしっかりと受け止め、自己鍛錬していく部下もいる。しかし、中には、褒められたことで満足してしまう部下もいることを念頭に置いておかなければならない。部下の性格やタイプによって期待のかけ方に工夫しながら、ピグマリオン効果を有効に活用してみょう。心理的行動をしっかりと認識し、人材育成や良好な人間関係の構築に向けて効果的に生かしていこう。

50 ①無作為に抽出したとあるが、なぜか。

1 テストの検査結果は何の意味も持たないから

2 テストの検査結果によって将来の学習能力が予測できるから

3 テストの検査結果を生徒に知られてはいけないから

4 テストの検査結果が知能と関係があったから

51 ②褒めすぎに注意することだとあるが、なぜか。

1 上司の期待に負担を感じてしまい、営業がうまくいかないから

2 上司に反感を持つようになり、仕事をいい加減にするから

3 上司の期待に反し、部下が自分を成長させようとしないから

4 上司の期待に応えようと無理に仕事をするから

52 筆者の考えに合うのはどれか。

1 上司から期待をかけられた部下は頑張るものだ。

2 上司に褒められると、ほとんどの部下は現状に満足するようになる。

3 上司と相談する社員は営業成績が上がるものだ。

4 上司の期待が部下にとって仕事の成果につながることもある。

（2）

母が認知症と診断されてから５年が経つ。認知症になる前の母は、明るく活発な性格だったが、認知症が進行するにつれて驚くほど変わってしまい以前より何事に対しても意欲が低下し、寝ている時間が増えてきたのである。

外出する意欲が減り、おしゃれに対する関心も薄れていった。以前はおしゃれ好きで身だしなみには気を使っていたのだが、いまではほぼ毎日同じ服、髪の毛はボサボサである。

毎月通っていた美容院に行くのさえ、ためらうようになった。「美容院に行きたい」と言っておきながら、出かけるのが億劫（おっくう）になったのか①ドタキャンすることも頻繁にある。

認知症になると脳の障害により以前よりも脳を働かさなければ、周囲とうまく馴染めなくなってくる。周囲と関わる際に多くのエネルギーを使うことで、心身共に疲れやすくなるのである。

その結果、いままで楽しいと思っていたことが楽しめなくなり、意欲の低下に繋がると考えられている。

そんな母の姿を見て私は、「②少しでも何か楽しみを持って過ごしてもらいたい」と感じていた。母に「一緒に買い物へ行こう」「散歩へ行こう」と誘い、外出する機会を増やそうと試みたのである。最初は、「眠い」「疲れている」と何かと理由をつけて外出を渋ることが多かったが、何度か誘うとあっさりと応じてくれることもあった。母にとって、私の子供（孫）と一緒に出かけることが、楽しみのひとつとなったのである。

私は、母の外出時に「一緒に服を選ぶ」「化粧を手伝う」ことを心がけた。おしゃれをして外出をすることは、脳にとってとてもいい刺激になる。おしゃれや身だしなみに興味を持つことは、認知症の母にとって自信や喜びとなり、積極的に外へ出てみたいという気持ちに繋がったのではないかと感じた。

53　①ドタキャンすることも頻繁にあるとあるが、なぜか。

1　今のヘアスタイルを変えたくないから

2　外出するのが面倒くさくなったから

3　出かけるときに着る服がなかったから

4　寝不足で昼寝をすることが多くなったから

54　②少しでも何か楽しみを持って過ごしてもらいたいとあるが、筆者が考えたことは何か。

1　おしゃれをして出かけること

2　運動をしてエネルギーをたくさん使うこと

3　自分の娘の面倒を見させること

4　寝る時間を減らすようにすること

55　筆者は母の現在の症状についてどうとらえているか。

1　栄養不足による体調の不良

2　脳の障害による意欲の低下

3　無理な活動による睡眠不足

4　摂食障害による身体機能の低下

（3）

私はこれまで、職場では徹底してタメ口ではなく敬語を使うようにしてきた。同僚や後輩など立場を問わず、職場にいる間はどんなときでも敬語である。もちろん、休憩時間やランチタイムも。周囲からどう思われていたかはわからないが自分なりの考えがあり、常に敬語でいることでメリットだらけだと思っている。

私の場合、あくまでも職場は仕事をしに行く場所だと割り切っている。なのでたとえ同期だとしても、仕事上の付き合いとして敬語を徹底するようにしている。常に敬語だとおそらくどこかとっつきにくい存在になるので、踏み込んだ話をされたり ① 詮索（せんさく）(注1)されたりすることも少なくなっていたように感じた。職場に行くと何かしら仕事関係の悩みが生まれるので、そこに人間関係の余計な悩みがプラスされてしまうのは非常に面倒である。あまり深い関係になる気はないよ、というオーラ(注2)を出せるのが敬語の利点だと思っている。

同期や後輩に対してだけタメ口で話す人はおそらく多いと思うが、② はたから見ていると器用だなと感心してしまう。たとえば、突然話しかけてきた相手を瞬時に判断し、上司には敬語を使い、同期や後輩にはタメ口を使う。私は後輩にもタメ口で接したことがないので想像ではあるが、とっさの判断で間違えたりしそうだ。また、一瞬でもその区別をするためにワンクッション(注3)おかなければいけないのが面倒に思ってしまう。それなら、「職場の人間なら誰にでも敬語」と決めていれば、「後輩でも年上だから敬語で話すべき？」「先輩だけど年下だしタメ口でいいのかな？」なんてわずらわしいことで悩む必要もないのだ。

私を含め、職場で敬語を徹底する人に共通しているのは「人付き合いが面倒」ということだと思う。なのでこういったタイプは、たとえ「タメ口でいいよ！」などと言われても頑なに敬語を貫くことが多いのである。

（注１）詮索（せんさく）する：細かいところまで調べ求める。

（注２）オーラを出す：独特な雰囲気を感じさせる

（注３）ワンクッションおく：物事の間に何か別のものを入れて衝撃を和らげる

56　① 詮索（せんさく）されたりするとあるが、どのようなことか。

1　相手に見くびられタメ口を聞かされる。

2　自分の敬語の使い方を指摘される。

3　仕事に関わる困った質問を受ける。

4　プライベートなことにまで干渉される。

57　② はたから見ていると器用だなと感心してしまうとあるが、何に感心するのか。

1　上司にも場合によってはタメ口をうまく使うこと

2　会社での人間関係を気にせず仕事に集中すること

3　とっさに上下関係を判断し、敬語とタメ口を使い分けること

4　敬語を使って自分の意見をはっきり伝えることができること

58　敬語に対する筆者の考えはどれか。

1　場面によって敬語を使用するかしないか決めるべきである。

2　敬語で話すのは常識で、誰とでも一定の距離を保てる。

3　人付き合いが苦手な人は日常的に敬語を使った方がいい。

4　仕事の上でコミュニケーションをとるときはタメ口を使うべきだ。

問題10 次の文章を読んで、後の問いに対する答えとして最もよいものを、1・2・3・4から一つ選びなさい。

駅弁の起源は明治時代に鉄道開通に伴って誕生した。当時は握り飯を竹皮で包んだ簡便なものであったが、1970年の大阪万国博覧会を機に、鉄道を利用した個人旅行ブームが到来した。各地の素材や郷土料理、観光地などをテーマにした郷土色溢れる駅弁が次々に登場し、人気を博した。

お弁当は、そのお弁当に適したシチュエーションがセットとなって、より一層美味しく感じるものである。そうしたことから、その地域で食べる駅弁は旅の楽しみの一つともなり、今でもその人気は続いている。それと、器や食材からその地域を感じ取れることも駅弁の魅力と言える。

駅弁は①コンビニ弁当等に比べ割高である。賞味期限が短い為、廃棄率も高く、その分かかる廃棄処分代の価格上乗せや、鉄道ならではの販売価格規制、国産食材の使用などの理由がある。では、どうして割高なのに、駅弁の人気が熱いのだろう。その土地の名産品を使った駅弁を車内で頂くのは、やはり格別な旅情感をかきたてられる。家族で鳥取へ旅行した時、蓋をあけたら溢れんばかりのカニに家族で歓声をあげた「かに寿司」。新社会人となり上京する際に、「体に気を付けて。」と親に持たされたお昼ご飯の「峠の釜めし」。駅弁は、各地域の名産品を味わえるとともに、それを誰とどこでどんな場面で食べたのか、食べた人の思い出もぐっと深いモノにしてくれる。（中略）

また、②お花見、家族総出の運動会、特別な時のお弁当は、色彩豊かで、白いご飯が見えないくらいおかずが沢山あるとテンションもあがる。③この視覚効果は、駅弁にも活かされているようである。ある調査によれば、駅弁大会出品の103種類のうち、白ご飯が見えていたのは、たった1種類のみだったとか。白ご飯が「日常」であるのに対し、おかずが沢山あって白ご飯が見えないお弁当は「非日常」という心理である。この非日常的なワクワク感は、白ご飯の見えないほどおかずが盛り沢山であることから来ていると言えるようだ。

出張先のビジネスマンのお腹と心を満たす駅弁は時間が経って冷えても美味しい工夫がされている。出張先のホテルに夜遅く着いて、外食するのも面倒だし、いつものコンビニ弁当も味気ない、という忙しいビジネスマンには、地元の名産品を使った冷えても美味しい駅弁は、お腹も心も丁度よく満たしてくれるようである。

旅行は、非日常そのものである。それを駅弁を通して味わいたいという心理が駅弁の人気を熱くさせているのかもしれない。本物の車内で食する駅弁ではなく、デパ地下などで催される駅弁大会が人気なのもうなずける。旅の思い出を、確かに駅弁はぐっと深くしてくれるんだろうなとつくづく思う。

59　① コンビニ弁当等に比べ割高であるとあるが、その理由に当てはまらないのはどれか。

1 お弁当の値段を自由に設定できないこと

2 おいしく食べられる期間が短いこと

3 鉄道の駅や列車の中でしか食べられないこと

4 日本で生産された材料で作られること

60　② お花見、家族総出の運動会、特別な時のお弁当とあるが、何を表しているか。

1 非日常

2 旅情感

3 テンション

4 満足感

61　③ この視覚効果とあるが、何をさしているか。

1 色のついたご飯がたくさんあること

2 白いご飯がボリュームたっぷりあること

3 おかずの上にご飯がたくさん載せてあること

4 様々なおかずがたくさんあること

62　筆者の考えに合うのはどれか。

1 駅弁は冷めたものより温かいものの方が人気がある。

2 出張に行ったらその地域の駅弁を味わうべきだ。

3 駅弁には旅行の持つ非日常感があって楽しい。

4 駅弁は観光地で食べる料理よりも深い思い出になる。

問題11 次のAとBの文章を読んで、後の問いに対する答えとして最もよいものを、1・2・3・4から一つ選びなさい。

A

裁判員制度は、国民が刑事裁判に参加し、被告人の有罪・無罪をはじめ量刑をも決める裁判制度のことを指す。2009年5月から導入され、これまでに多くの事件が裁判員裁判にて裁かれてきた。 裁判員裁判は、直接国民が司法制度に参加することにより、一般感覚から離れた判決を防ぐことができるという利点がある。これまで国民から司法が切り離されているという批判があったが、この問題の改善が期待できるだろう。もっとも、裁判の準備に時間がかかり判決までの時間が伸びてしまうとの批判もある。

B

裁判員制度は、国民の関心の高い重大事犯につき、裁判官と裁判員で構成される合議体によって裁判が行われる。裁判員となった国民は刑事裁判に参加し、被告人の有罪・無罪を判断する。 裁判員制度の導入によって、国民にとって分かりやすい裁判が実現されることも期待されている。

裁判員裁判で候補者となった場合、原則として辞退は認められない。しかし、事件と利害関係がある場合や、仕事や介護・学校などを理由に辞退が認められる人は呼出しが取り消される。実際に運用していくと辞退率の高さが問題となっている。辞退率を下げるために、とりわけ職場での理解を促す対策等も必要と考えられている。

63 ＡとＢの認識で共通しているのはどれか。

1 一般国民の司法制度への参加は好ましいことだ。

2 裁判員の意見は一般感覚から離れた場合が多い。

3 制度の導入により、迅速な裁判が可能になった。

4 裁判員の参加により裁判が分かりにくくなった。

64 裁判員制度の課題について、ＡとＢはどのように述べているか。

1 ＡもＢも裁判員の候補者の辞退率を下げる対策が必要だと述べている。

2 ＡもＢも国民の司法参加は期待したほどの成果がないと評価している。

3 Ａは裁判の準備に時間がかかると述べ、Ｂは辞退率を下げるべきだと述べている。

4 Ａは迅速な裁判が実現できないと述べ、Ｂは裁判員の資格を強化すべきだと述べている。

問題12 次の文章を読んで、後の問いに対する答えとして最もよいものを、１・２・３・４から一つ選びなさい。

睡眠薬は非常によく処方される治療薬の一つである。病院から処方されている睡眠薬を服用している患者は成人の２０人に１人。睡眠薬を頼りにしている患者はとても多く、他の薬は飲み忘れても、睡眠薬だけは毎晩キッチリ服用する人が少なくない。「睡眠薬がないと眠れない」「残りが少なくなっただけで心配になる」などと話す人もいる。

ところが、このような心配性の患者の中にも、実は自分の力だけで眠れている人がかなりいる。例えば、それまで服用していた睡眠薬を、実薬(注１)と見かけ上区別のつかない偽薬(注２)にこっそり置き換えても、本人が気付かないままに、それ以前と同じように眠れる患者が相当数いることが臨床研究などで示されている。つまり不眠症に悩み始めた当時は睡眠薬が必要でも、ある程度の期間服用して不眠症が治ると、自力で眠れるようになっているということだ。反対に、「睡眠薬を服用すれば眠れているようだから、試しに睡眠薬を減量、中止してみよう」とお話しすると、尻込みをする患者が圧倒的に多く、実際こわごわチャレンジしてみると、ちょっと減らしただけでも ① <u>ギブアップしてしまうこと</u>がしばしばある。

睡眠薬の臨床試験では、患者に ② <u>二つのグループ</u>に分かれてもらい、実薬と偽薬のいずれかを本人にも分からないように服用してもらう。実薬の効果が偽薬の効果を上回るか調べるためだ。すると、偽薬を服用した患者でも相当の割合で不眠症が改善する。いわゆるプラセボ効果と呼ばれる現象だ。プラセボ効果のメカニズムは複雑だが、「治療を受けている」という安心感が自己治癒能力を高めていると考えられている。

私たちが治療薬によって病気が治るときは、「薬理作用」に加えてこの「③ <u>プラセボ効果</u>」を利用しているのだ。プラセボ効果は大なり小なり全ての治療薬で認められている。数ある治療薬の中でも、特に睡眠薬はこれが非常に大きいことが知られている。

睡眠薬の中には、急に減薬や中止をすると禁断(注３)症状が出現するものがある。そのため、患者が主治医に相談せずに自己判断で睡眠薬を中止するのは危険だ。ところが、先の「ちょっと減らしただけで眠れなくなる患者」などのように、すでに不眠症は治っていて、また禁断症状が出ないように慎重に少しずつ減薬しても、失敗してしまうケースがある。それは睡眠薬の心理効果に頼りすぎ、自分の睡眠力を過小評価して、「睡眠薬なしに眠れるわけがない」と決めつけているためだ。

睡眠薬をうまく使いこなすポイントは、薬は自分の睡眠力が回復するまでの「サポーター」と考え、過度に頼らず、時期を見て適切な方法で減薬にチャレンジすることを服用開始時から意識することだ。

（注１）実薬：　本物の薬。実際に効果があると確認された薬。
（注２）偽薬：　にせの薬。プラセボ
（注３）禁断症状：　慢性中毒となった者が、急にその摂取を中断した場合に起こす精神的、身体的症状

65　①ギブアップしてしまうとあるが、話し方の例として近いものはどれか。

1　薬は飲まなくてもよかったんですね！
2　心配するほどではありませんでした！
3　やっぱり全然眠れませんでした！
4　ぐっすり眠れるようになりました！

66　②二つのグループの説明として合うのはどれか。

1　Ａ：既存の睡眠薬を使うグループ、Ｂ：新薬の睡眠薬を使うグループ
2　Ａ：本物の薬を服用するグループ、Ｂ：ニセの薬を服用するグループ
3　Ａ：プラセボ効果を学習したグループ、Ｂ：プラセボ効果を学習しなかったグループ
4　Ａ：不眠症が改善したグループ、Ｂ：不眠症が改善されなかったグループ

67　③プラセボ効果と言い換えることができるのはどれか。

1　治癒能力
2　禁断症状
3　投薬効果
4　心理作用

68　この文章で筆者の言いたいことは何か。

1　睡眠薬は、できるだけ使用を控えた方がいい。
2　睡眠薬を飲むときはプラセボ効果を最大限に活用すべきだ。
3　睡眠薬は安全性の高いものを服用しなければならない。
4　睡眠薬は、症状が改善するまでの補助的ものと考えるべきだ。

問題13 右のページは、案内である。下の問いに対する答えとして最もよいものを、１・２・３・４から一つ選びなさい。

69 東山市（ひがしやまし）にある東西大学の留学生であるハリーさんとアリスさんは来週の日曜日に博物館を見学してから玉作り体験と土器作り体験に参加したいと思っている。ハリーさんは玉を１個、アリスさんは３個作るつもりである。二人が出す体験の利用料金はどのようになるか。

1 ハリーさん　500円、アリスさん　700円

2 ハリーさん　1,000円、アリスさん　1,000円

3 ハリーさん　1,000円、アリスさん　1,400円

4 ハリーさん　1,400円、アリスさん　1,400円

70 鈴木さんは奥さんと小学３年生の子供と家族３人で、10月18日の青銅鏡作り体験教室に参加しようと思っている。申し込みの方法として合っているのはどれか。

1 10月11日に申し込んで、10月18日に体験センターに行く。

2 ９月11日に申し込んで、10月18日に体験センターに行く。

3 10月18日当日体験センターの案内デスクに行く。

4 体験センターの体験コースに申し込むことはできない。

古代の生活を体験しよう

東山市立古代博物館では、少人数向けの古代の火起こし体験など４つの体験を随時行っております。この機会に、ぜひ古代博物館へご来館いただくとともに古代の体験も楽しみませんか。

① 予約

体験希望日の１週間以上前に、古代博物館の体験センターまで体験希望日、時間、体験内容を問い合わせの上、予約を行ってください。

② 体験当日

a. 博物館見学

まず東山市立古代博物館に来館し、博物館を見学します。

※ 古代博物館受付にて体験の旨をお伝えください。参加費が必要な体験は、参加費をお支払いください。

b. 古代体験

古代体験は博物館のとなりにある体験センターで行います。

※ 体験は、古代博物館を見学された方に限らせていただきます。見学と移動の時間を含んだ時間設定をしてください。

※ すべての体験は、体験者１名から対応いたします。

※ 体験は１週間以上前に予約してください。ただし、青銅鏡作りは準備等の都合により１か月以上前にご予約ください。

体験メニュー	参加費	対象・時間
① 古代の火起こし体験	無料	対象：小学生以上 所要時間：40分程度
② 玉作り体験	１個 200円～ （１人 ３個まで）	対象：小学生以上 所要時間：60分程度 （人数・個数により変動します）
③ 土器づくり体験	１個 800円	対象：小学生以上 所要時間：２時間程度
④ 青銅鏡作り体験	１枚 5,000円	対象：小学校５年生以上 所要時間：約５～６時間 開催時間：10時～16時頃（含む昼食時間）

※ ①②③の体験は、小学校３年生以下は保護者の同伴が必要となります。

※ ②③④の体験は、小学生以下に限り、半額となります。

東山市立古代博物館　体験センター

電話 012-345-6789 受付時間（開館時間）午前 8 時 30 分～午後 5 時

月曜休館（祝日の場合はその翌日）、祝日の翌日。年末年始。その他に臨時開館、休館があります。

N1

聴解（ちょうかい）

（５５分）

注　　意
Notes

1. 試験が始まるまで、この問題用紙を開けないでください。
   Do not open this question booklet until the test begins.
2. この問題用紙を持って帰ることはできません。
   Do not take this question booklet with you after the test.
3 受験番号と名前を下の欄（らん）に、受験票と同じように書いてください。
   Write your examinee registration number and name clearly in each box below as written on your test voucher.
4. この問題用紙は、全部で１２ページあります。
   This question booklet has 12 pages.
5. この問題用紙にメモをとってもかまいません。
   You may make notes in this question booklet

受験番号（じゅけんばんごう） Examinee Registration Number	

名　前 Name	

問題 1

問題 1 では、まず質問を聞いてください。それから話を聞いて、問題用紙の 1 から 4 の中から、最もよいものを一つ選んでください。

例

1 参加者名簿の送信
2 卒業生への連絡
3 店への電話
4 参加者名簿の修正

1番

1 ドレスをクリーニング店に預ける。

2 汚れた箇所を軽く洗う。

3 ドレスを返却しに行く。

4 追加料金を支払う。

2番

1 防災グッズのチェックリスト

2 災害時の行動についてのイラスト

3 水害時の対応

4 災害用伝言板のＱＲコード

3番

1 休学願の提出

2 教授との面談の予約

3 語学学校の申し込み

4 奨学金の手続き

4番

1 夕食を食べる。

2 部屋の鍵を受け取る。

3 自分の荷物を受け取る。

4 一日の感想をまとめる。

5番

1 電源コードを入れなおす。

2 新しいコーヒーマシンを購入する。

3 業者に問い合わせる。

4 総務課に行く。

問題2

問題2では、まず質問を聞いてください。そのあと、問題用紙のせんたくしを読んでください。読む時間があります。それから話を聞いて、問題用紙の1から4の中から、最もよいものを一つ選んでください。

例

1 油の吸収率が低いこと
2 安価で入手可能なこと
3 アレルギー症状の心配がないこと
4 米の消費拡大に貢献すること

1番

1 動画の制作コストの削減

2 商品のターゲット層への確実なアプローチ

3 人気動画クリエイターとのやり取り

4 臨機応変な対応が可能なこと

2番

1 家の収納空間が増えたこと

2 残業をしなくなったこと

3 交際費の節約に繋がったこと

4 気持ちにゆとりを持てるようになったこと

3番

1 ヒット作の上映期間を延長したこと

2 独立映画の上映をメインにしたこと

3 父親からのアドバイスを参考にしたこと

4 地域住民の交流の場を作ったこと

4番

1 別のことをしながらでも読書ができるから

2 倍速再生の機能があるから

3 本を読むのが好きではなかったから

4 朗読の声が心地いいから

5番

1 町の魅力を十分理解している人

2 県外に在住経験がある人

3 外国語が堪能な人

4 多くの人々に発信可能な場を持っている人

6番

1 仕事が丁寧でプロフェッショナルなこと

2 家事代行の業務範囲が多様なこと

3 スタッフと両親の相性がいいこと

4 親子のコミュニケーションが活発になったこと

問題 3

問題3では、問題用紙に何もいんさつされていません。この問題は、全体としてどんな内容かを聞く問題です。話の前に質問はありません。まず話を聞いてください。それから、質問とせんたくしを聞いて、1から4の中から、最もよいものを一つ選んでください。

－ メモ －

問題4

問題4では、問題用紙に何もいんさつされていません。まず文を聞いてください。それから、それに対する返事を聞いて、１から３の中から、最もよいものを一つ選んでください。

－メモ－

問題5

問題5では、長めの話を聞きます。この問題には練習はありません。
問題用紙にメモをとってもかまいません。

1番

問題用紙に何もいんさつされていません。まず話を聞いてください。それから、質問とせんたくしを聞いて、１から４の中から、最もよいものを一つ選んでください。

－ メモ －

2番

まず話を聞いてください。それから、二つの質問を聞いて、それぞれ問題用紙の１から４の中から、最も よいものを一つ選んでください。

質問１

1 一つ目

2 二つ目

3 三つ目

4 四つ目

質問２

1 一つ目

2 二つ目

3 三つ目

4 四つ目

정답

1교시 언어지식(문자・어휘・문법)・독해

문제 1 1 ① 2 ① 3 ③ 4 ④ 5 ② 6 ②

문제 2 7 ③ 8 ③ 9 ② 10 ① 11 ① 12 ③ 13 ④

문제 3 14 ④ 15 ③ 16 ② 17 ① 18 ② 19 ②

문제 4 20 ① 21 ③ 22 ③ 23 ④ 24 ② 25 ②

문제 5 26 ② 27 ② 28 ③ 29 ③ 30 ① 31 ④ 32 ① 33 ④ 34 ① 35 ③

문제 6 36 ② (1423) 37 ④ (2341) 38 ③ (2431) 39 ② (1423) 40 ② (1423)

문제 7 41 ③ 42 ④ 43 ① 44 ② 45 ②

문제 8 46 ③ 47 ② 48 ③ 49 ①

문제 9 50 ① 51 ③ 52 ④ 53 ② 54 ① 55 ② 56 ④ 57 ③ 58 ②

문제 10 59 ③ 60 ① 61 ④ 62 ③

문제 11 63 ① 64 ③

문제 12 65 ③ 66 ② 67 ④ 68 ④

문제 13 69 ③ 70 ④

2교시 청해

문제 1 예 ③ 1 ③ 2 ④ 3 ③ 4 ③ 5 ④

문제 2 예 ④ 1 ② 2 ③ 3 ④ 4 ③ 5 ② 6 ④

문제 3 예 ② 1 ④ 2 ④ 3 ③ 4 ① 5 ④

문제 4 예 ① 1 ③ 2 ② 3 ② 4 ① 5 ② 6 ① 7 ③ 8 ③ 9 ② 10 ① 11 ②

문제 5 1 ④ 2-1 ④ 2-2 ③

해석 및 청해 스크립트

1교시 언어지식(문자·어휘·문법)·독해

문제1

1 모처럼의 기회를 놓치면 안 된다.

2 원고 측 주장을 뒤집을 만한 증거는 아직 나오지 않았다.

3 회사 안팎의 방대한 자료를 분석하여 비즈니스에 활용하고 싶다.

4 할머니는 미신을 깊이 믿는다.

5 협상을 통해 갈등을 해결하도록 하겠다.

6 그녀는 주어진 일을 솜씨 좋게 진행했다.

문제2

7 그는 명품 시계를 자랑스럽게 과시했다.

8 퇴직금이 나오면 집의 융자를 일괄로 갚을 생각이다.

9 이 사건의 배경에는 거물급 정치인이 관련돼 있다는 소문이 돌고 있다.

10 기자 회견에서 대신이 한 저속한 발언이 물의를 일으켰다.

11 양사의 의견 차이가 커서 합병으로 가는 합의에는 아직 도달하지 못했다.

12 예산안이 부결되면서 정부는 난처한 처지에 놓였다.

13 심한 더위 때문에, 무엇을 하는 것도 귀찮다.

문제3

14 그의 건방진 태도는 모두에게 환영받지 못할 것이다.

15 사고는 사전 점검을 충분히 하지 않은 것이 원인이었다.

16 이 팀은 끈기가 부족해서 항상 마지막에 지고 만다.

17 연구 주제와 관련된 문헌을 공들여 조사하고 있다.

18 큰 소리에 깜짝 놀라 눈이 떠졌다.

19 이 단체는 널리 시민에게 지원받고 있다.

문제4

20 구인 사이트에 아르바이트 구인 광고를 게재했다.

21 기업의 해외 진출은 위험은 있지만 성공하면 이익은 크다.

22 아이에게 부담이 되므로 과도하게 기대하는 것은 금물이다.

23 보고서를 쓰느라 이틀이나 밤새웠더니 다리가 휘청거린다.

24 그의 설명은 헷갈리기 때문에 착각하기 쉽다.

25 오랜만의 동창회에서는 대화가 고조되어 목소리가 커지기 시작했다.

문제5

26 오늘은 바쁘신 데에 와 주셔서 정말 감사드립니다.

27 이제 곧 리포트 마감이라서 지금은 영화나 볼 때가 아니다.

28 새 스마트폰 발매 이벤트는 다음 주 교토에서 개최되는 것을 시작으로 전국을 돌며 실시된다고 한다.

29 해산물, 산해진미를 균형 있고 고급스럽게 완성한 이 여관의 요리는 노포만의 장인의 솜씨를 느낄 수 있다.

30 그녀는 사람들이 듣고 있든 말든 혼자서 계속 이야기한다.

31 모르면 남에게 물어보면 될 텐데 혼자 하려고 하니까 그런 실수를 하고 마는 것이다.

32 (육아 상담 코너에서)

Q 아기 약을 우유에 섞어서 먹여도 괜찮습니까?

A 우유는 소중한 영양원입니다. 맛이 바뀌어 먹다 남기거나 우유를 싫어하게 될 우려가 있으므로 섞지 마세요.

33 당신이 아무리 일에 전념해도 당신 혼자서 그 일을 처리하는 것은 무리겠지요.

34 시청 주변 보도는 표면이 매끄러운 타일 스타일로 되어 있다. 비 오는 날에는 걸어도 자전거로 통행해도 미끄러지기 쉬워서 위험하기 짝이 없다.

35 현재 일본도 그 어느 때보다 정치의 힘이 중요하다. 지금의 정치인 중에 자기 나라를 지키고 번영으로 이끄는 기개가 있는 사람은 과연 몇 명이나 될까.

문제6

36 2 (1423)
무대에 가수가 등장하자마자 기다리고 있었다는 듯이 큰 환성이 터졌다.

37 4 (2341)

투자라고 하면 듣기는 좋지만, 돈을 빌려서까지 하는 것은 큰 변동 위험을 안게 된다.

38 3 (2431)

부모는 아이의 입장을 생각하지 않고 아이를 그저 꾸짖으면 되는 것이 아니다. 부모 자식의 관계는 신뢰 관계에 기반을 둔 것이기 때문에 그것이 없다면 아이는 부모에게 반발할 뿐이다.

39 2 (1423)

만화와 애니메이션은 오랫동안 많은 사람에게 사랑받아 왔다. 바야흐로 일본을 말할 때 만화와 애니메이션은 빠질 수 없는 존재라고 하겠다.

40 2 (1423)

저출생 고령화를 배경으로 생산 연령 인구가 감소해 인력 부족이 심각해지고 있는 가운데 대기업뿐만 아니라 중소기업도 IT화와 산업용 로봇 도입에 힘쓰고 있다.

문제7

인스타그램 등 SNS에 보기 좋은 음식이나 관광지 등을 올리는 '인스타 인생샷'이 화제인데 여러 가지 문제도 생기고 있다. 예를 들어, 최근 기억에 생생한 것으로는 아이스크림을 먹다 남긴 문제가 있었다. 이는 '인생샷'으로 인기인 아이스크림 가게 쓰레기통에 그 가게의 상품을 먹지 않고 대량으로 버렸다는 깜짝 놀랄 만한 사건이다. 상품을 제대로 먹지 않고 사진만 찍고 버리는 행태에 대해 큰 비판이 쏟아졌다.

'돈을 내면 그 음식을 버리든 남기든 손님 마음'이라고 주장하는 사람이 있다. 그러나 이는 너무 도덕성이 낮은 **41** 생각이 아닐까. 요리는 만드는 사람이 열심히 만들어낸 것이고, 그것을 소홀히 대하는 것은 사람으로서 너무나 안타까운 행동이다.

먹지도 않는데 사진을 찍기 위해서만 음식을 주문하는 사람이나 음식을 소홀히 하는 행동을 막으려면 어떻게 해야 할까? 음식점 중에는 예약제를 도입해 재료 구입 낭비를 없애는 곳이 있다. 이렇게 하면 인원수만큼만 요리를 만들면 되므로 그때그때의 양에 따라 식자재도 준비할 수 있어 식품 손실이 줄어든다.

42 그밖에도 소량의 음식 메뉴를 제공하는 음식점도 있다. 인스타그램 인생샷을 목적으로 가게를 찾는 손님들은 조금이라도 더 많은 음식을 촬영해 제각기 겉보기와 맛을 즐기고 싶어할 것이다. **43** 그래서 물품 수를 늘려 다 먹을 수 있는 양으로 제공해 보는 것이다. 손님도 다양한 맛을 즐길 수 있고, 가게 측에도 음식 홍보가 되어 그야말로 일석이조이다.

지금까지 음식점에서 폐를 끼치는 사례에 대해 전했지만, 관광지에서도 인스타그램 때문에 폐를 끼치는 행위가 문제되기도 한다. 인스타 인생샷에 너무 집착하면 식품 낭비와 관광지 자연 파괴 등의 문제로 **44** 이어질 수 있다.

인스타그램 인생샷은 확실히 즐겁고 사진으로 추억을 남기는 일도 중요하다. 하지만 생생한 경치와 음식 맛을 순수하게 즐기면서 예의를 지켜나가는 것을 **45** 대전제로 삼으면 좋겠다.

문제8

(1) 다음은 마루야마 메구미 씨가 시미즈 사토미 씨에게 보낸 메일이다.

시미즈 씨

이번에 개인전 개최하게 된 것을 진심으로 축하드립니다.

이렇게 준비하는 건 무척 힘드셨으리라 생각됩니다. 수고하셨습니다.

줄곧 목표였던 것이 실현되어 시미즈 씨의 현대적인 꽃꽂이를 많은 사람이 보게 되어 저도 기쁩니다. 시미즈 씨 제자분들의 작품도 기대하고 있습니다. 아쉽게도 전시회 첫날은 출장 일정이 잡혀 있어서 둘째 날에 보러 가겠습니다.

시미즈 씨의 앞으로의 활약을 진심으로 응원합니다.

마루야마 메구미

46 이 문장의 내용에 맞는 것은 무엇인가?

1 마루야마 씨는 전시회장에는 못 온다.

2 시미즈 씨는 마루야마 씨에게 꽃을 배우고 있다.

3 시미즈 씨는 꽃꽂이 선생님이다.

4 마루야마 씨는 개인전을 앞두고 준비하고 있다.

(2)

아이는 본래 욕심이 많고, 자신에게 재미있는 일이라면 어른이 강요하지 않아도 합니다. 그러므로 책은 매우 재미있고 즐거운 것이라는 점을 어릴 때부터 체험하는 것이 중요합니다.

그 첫걸음은 엄마나 아빠가 아이에게 책을 읽어주는 것으로 시작됩니다. 책을 읽는 동안 아이들은 평소 바쁜 엄마나 아빠를 독차지할 수 있습니다. 그것이 어린아이들에게 즐겁지 않을 리가 없습니다. 이 즐겁고 기쁜 기억이 아이가 성장하면서 함께 자라고, 그것이 독서에 대한 흥미로 이어집니다.

47 필자는 어떻게 하면 아이가 책을 좋아하게 된다고 생각하는가?

1 아이가 책을 읽도록 강제한다.

2 엄마나 아빠와 함께 책을 읽는다.

3 되도록 아이 혼자 책을 읽게 한다.

4 재미있는 책을 많이 사 준다.

(3)

고양이와 개는 생김새에도 여러 가지 차이가 있지만 습성도 크게 다르다.

개는 무리를 지어 행동하는 것에 익숙하고 집단으로 생활하는 동물이다. 일반적으로 사교성이 높고 친근한 성격이며 식사를 주는 가족에게 기꺼이 종속되는 경향이 있다. 사냥도 집단으로 사냥감을 추적하면서 몰아가는 방법을 쓰며 고양이와 비교하면 상당히 적극적인 성격인 경우가 많을 것이다. 한편 고양이는 단독으로 행동하는 습성이 있는 동물이다. 순식간에 사냥감을 잡는 순발력이 발달해 있어 개와 달리 무리 지을 필요가 없다. 높은 신체 능력을 갖추고 있으며 특히 저녁이나 새벽에 활동한다.

48 필자는 개와 고양이의 습성에 대해 어떻게 파악하고 있는가?

1 고양이는 활동적이고 집단 사냥을 한다.

2 고양이는 먹이를 주는 가족에게 순종한다.

3 개는 무리를 지어 행동하는 경우가 많다.

4 개는 저녁이나 새벽에 행동하는 경우가 많다.

(4)

많은 농산물은 흙이 있는 논밭에서 재배된다. 자연에서 농산물은 흙 속 미생물이 유기물을 분해하고 식물이 그것을 흡수하여 자란다. 그러나 일부 채소는 흙 위가 아닌 공장 같은 시설에서 인공적으로 키울 수도 있다. 화학적 영양액과 기계적 조명으로 재배하는 것이다. 이러한 재배 방법을 일반적으로 수경 재배라고 부른다. 최근에는 양상추 등 엽채소를 수경으로 대규모 생산하는 '식물 공장'이 늘고 있다.

이런 재배 방법은 기본적으로 유기농법이 아니다. 왜냐하면 흙을 사용하지 않는 농법은 '자연 순환 기능을 활용한다'라는 유기농업의 정의에 맞지 않기 때문이다. 그러므로 농약이나 화학 비료에 의존하지 않고 태양·물·토지·거기에 생물 등 자연의 혜택을 활용하는 방법을 계속 고민해야 한다.

49 이런 재배 방법이라고 했는데 무엇을 가리키는 말인가?

1 흙을 사용하지 않고 화학적 영양액과 조명을 활용하여 작물을 재배하는 것

2 흙을 사용하지 않고 자연 순환 기능을 활용하여 재배하는 것

3 흙 속에서 화학 비료를 사용하지 않고 작물을 재배하는 것

4 흙 속에서 자연 순환 기능을 활용하지 않고 작물을 재배하는 것

문제9

(1)

1960년대 미국의 한 초등학교에서 학생들의 미래 학습 능력을 예측하는 '학습 능력 예측 테스트'라고 이름 붙인 보통 지능 테스트가 시행되었다. 테스트 때 학급 담임에게 '앞으로 몇 달 동안 성적이 향상하는 학생을 가려내기 위한 지능 테스트'라고 설명했고, 시험 후 ① 무작위로 추출한 학생들의 명단을 보여주며 '이 학생들이 성적이 향상하는 학생들'이라고 전달했다.

그러자 학급 담임에게 '성적이 향상하는 학생'이라고 보여준 학생의 성적은 향상되어 갔다. 연구 보고에서는 학급 담임이 기대에 찬 눈으로 일부 학생을 본 것과 일부 학생도 자신이 기대받는 것을 의식한 점이 성적 향상의 요인이 되었다고 주장했다.

이것은 인재 육성을 하는 곳에서도 활용된다. 먼저 상사가 부하 직원에 대해 기대를 거는 것을 계기라고 하자. 그 결과, 부하는 상사의 기대에 부응하려고 스스로 생각하고 행동하게 될 것이다. 부하의 행동에 따라 상사에 대한 보고, 연락, 상담의 기회가 증가하는 선순환을 만들어내고, 그 결과 부하의 영업 성적도 향상되는 것이다.

누군가의 기대에 부응하려는 자세가 성과로 이어지는 현상을 피그말리온 효과라고 한다. 다만 피그말리온 효과에는 주의점이 있다. ② 지나치게 칭찬하는 것에 주의해야 한다. 부하를 지나치게 칭찬하면 현상에 만족해 버리거나 일을 대충 하는 역효과로 이어지는 경우가 있다. 칭찬을 너무 많이 받아서 스스로 성장을 멈춰 버리는 것이다.

물론 기대받음으로써 그 기대를 확실히 받아들이고 스스로 단련하는 부하도 있다. 하지만 그중에는 칭찬받는 것으로 만족하는 부하도 있다는 점을 염두에 두어야 한다. 부하의 성격이나 유형에 따라 기대 거는 법을 연구하면서 피그말리온 효과를 효과적으로 활용해 보자. 심리적인 행동을 확실하게 인식하여 인재 육성이나 양호한 인간관계 구축을 위해 효과적으로 활용해 보자.

50 ① 무작위로 추출한이라고 했는데 왜인가?

1 테스트 검사 결과는 아무런 의미도 없으므로

2 테스트 검사 결과에 따라 장래의 학습 능력을 예측할 수 있으므로

3 테스트 검사 결과를 학생들이 알면 안 되므로

4 테스트 검사 결과가 지능과 관계가 있었으므로

51 ② 지나치게 칭찬하는 것에 주의해야 한다라고 했는데 왜인가?

1 상사의 기대에 부담을 느껴서 영업이 잘되므로

2 상사에게 반감을 품게 되어 일을 대충 하므로

3 상사의 기대와는 달리 부하가 스스로 성장하려고 하지 않으므로

4 상사의 기대에 부응하려고 무리하게 일하므로

52 필자의 생각에 맞는 것은 어떤 것인가.

1 상사가 기대를 건 부하는 열심히 한다.

2 상사에게 칭찬받으면 대부분의 부하는 현 상황에 만족하게 된다.

3 상사와 상담하는 사원은 영업 실적이 올라가는 법이다.

4 상사의 기대가 부하에게 일의 성과로 이어지기도 한다.

(2)

엄마가 치매 진단을 받은 지 5년이 지났다. 치매에 걸리기 전 엄마는 밝고 활발한 성격이었지만, 치매가 진행되면서 놀라울 정도로 변해 버려서 예전보다 매사에 의욕이 떨어지고 자는 시간이 늘었다.

외출하려는 의욕이 줄면서 꾸밈에 관한 관심도 시들해졌다. 예전에는 멋 내기를 좋아해서 옷차림에 신경을 썼지만, 지금은 거의 매일 같은 옷을 입고 머리카락은 부스스하다.

매달 다니던 미용실에 가는 것조차 주저하게 되었다. '미용원에 가고 싶다'라고 말했으면서, 외출하는 것이 귀찮아졌는지 ① 갑자기 취소하는 일도 빈번하다.

치매에 걸리면 뇌의 장애로 인해 전보다 뇌를 작동시키지 않는 데다가 주위와 잘 어울리지 못하게 된다. 주위와 관련되는 일이면 에너지를 많이 사용하게 되어서 심신이 쉽게 피로해진다.

그 결과, 지금까지 즐겁다고 생각했던 것을 즐길 수 없게 되어 의욕 저하로 이어진다고 생각된다.

그런 엄마의 모습을 보고 나는 '② 조금이라도 뭔가 즐거움을 느끼며 지내면 좋겠다'라고 느꼈다. 엄마에게 '같이 쇼핑하러 가자', '산책하러 가자'라고 권유하여 외출할 기회를 늘리려고 시도했다. 처음에는 '졸리다', '피곤하다' 같은 이런 저런 이유를 대며 외출을 꺼리는 경우가 많았지만 몇 번 더 권유했더니 흔쾌히 응해준 때도 있다. 엄마에게는 내 아이(손주)와 함께 외출하는 것이 한 즐거움이 되었다.

나는 엄마와 외출할 때 '같이 옷을 고른다', '화장을 돕는다' 같은 점을 명심했다. 멋을 내고 외출을 하는 것은 뇌에 아주 좋은 자극이 된다. 멋 내기나 옷차림에 관심을 두는 것은 치매에 걸린 엄마에게 자신감을 주고 기쁨이 되어서 적극적으로 밖에 나가 보고 싶은 마음으로 이어진 게 아닐까 하는 생각이 들었다.

53 ① 갑자기 취소하는 일도 빈번하다라고 했는데 왜인가?

1 지금의 머리 모양을 바꾸고 싶지 않기 때문에

2 외출하기 귀찮아졌기 때문에

3 나갈 때 입을 옷이 없었기 때문에

4 잠이 부족해서 낮잠을 자는 일이 많아졌기 때문에

54 ② 조금이라도 뭔가 즐거움을 느끼며 지내면 좋겠다고 했는데 필자가 생각한 것은 무엇인가?

1 멋을 내고 외출하는 것

2 운동하고 에너지를 많이 사용하는 것

3 자기 딸을 돌보게 하는 것

4 잠자는 시간을 줄이도록 하는 것

55 필자는 어머니의 현재 증상에 대해 어떻게 생각하는가.

1 영양 부족으로 인한 컨디션 불량

2 뇌 장애로 인한 의욕 저하

3 무리한 활동으로 인한 수면 부족

4 섭식 장애로 인한 신체 기능 저하

(3)

나는 지금까지 직장에서는 철저하게 반말이 아닌 존댓말을 쓰려고 했다. 동료나 후배 등 입장을 불문하고 직장에 있는 동안에는 어떤 때나 존댓말이다. 물론 휴식 시간이나 점심시간에도. 주위에서 어떻게 생각하는지는 모르겠지만, 내 나름대로 생각이 있고 항상 존댓말을 쓰는 것은 장점이 많다.

내 경우, 직장은 어디까지나 일하러 가는 장소이다. 그래서 비록 동기라도 업무상 교제로서 존댓말을 철저히 쓴다. 늘 존댓말을 쓰면 왠지 친숙해지기 어려운 존재가 되기 때문에, 선을 넘는 이야기를 하거나 ① 시시콜콜 캐묻는(주1) 일도 줄어든 것처럼 느껴진다. 직장에 가면 어째서인지 업무 관련 고충이 생기므로 거기에 인간관계의 불필요한 고충까지 더해지면 몹시 귀찮다. 너무 깊은 관계가 될 생각은 없다는 오라를 풍기는(주2) 것이 존댓말의 이점이라고 생각한다.

동기나 후배에게는 반말하는 사람도 아마 많을 텐데 ② 옆에서 보고 있으면 요령이 좋다고 감탄하게 된다. 예를 들어 갑자기 말을 건 사람을 순식간에 판단하여 상사에게는 존댓말을 쓰고 동기나 후배에게는 반말을 쓴다. 나는 후배에게도 반말을 해본 적이 없어서 상상이긴 하지만 순간적인 판단으로 틀릴 수도 있을 것 같다. 또 순간적으로 그 구별을 하기 위하여 한 단계를 두어야 하는(주3) 것이 귀찮다. '직장 사람이라면 누구에게나 존댓말'이라고 정하면 '후배라도 연상이니까 존댓말을 써야 할까?', '선배지만 연하니까 반말해도 될까?'라는 번거로운 일로 고민할 필요도 없다.

나를 포함해서 직장에서 존댓말을 철저히 쓰는 사람들의 공통점은 '사람과 교제하는 것이 귀찮음'이라고 생각한다. 그래서 이런 타입은 '반말해도 돼!'라는 말을 들어도 완고하게 존댓말을 관철하는 경우가 많다.

(주1) 캐묻는다: 세세한 부분까지 조사한다

(주2) 오라를 풍기다: 독특한 분위기를 느끼게 한다

(주3) 사이에 한 단계를 둔다: 사물 사이에 뭔가 다른 것을 넣어 충격을 완화한다

56 ① 시시콜콜 캐묻는이라고 했는데 무엇을 말하는가?

1 상대방에게 무시당하고 반말을 듣게 된다.

2 자신이 존댓말을 사용하는 것을 지적받는다.

3 일에 관련한 난처한 질문을 받는다.

4 사적인 일까지 간섭받는다.

57 ② 옆에서 보고 있으면 요령이 좋다고 감탄하게 된다라고 했는데, 무엇에 감탄하는가?

1 상사에게도 때에 따라서는 반말을 잘 사용하는 것

2 회사에서의 인간관계를 신경 쓰지 않고 일에 집중하는 것

3 순간적으로 상하관계를 판단하여 존댓말과 반말을 구분하여 사용하는 것

4 존댓말을 사용하여 제 의견을 분명하게 전달할 수 있는 것

58 존댓말에 대한 필자의 생각은 어느 것인가?

1 상황에 따라 존댓말을 사용할지 말지 결정해야 한다.

2 존댓말로 이야기하는 것은 상식이고 누구와도 일정한 거리를 유지할 수 있다.

3 사람과의 교제가 서툰 사람은 일상적으로 존댓말을 쓰는 편이 낫다.

4 업무상에서 의사소통할 때는 반말을 사용해야 한다.

문제 10

에키벤(철도 역이나 전차 안에서 파는 도시락)의 기원은 메이지 시대 철도 개통과 함께 탄생했다. 당시에는 주먹밥을 대나무 껍질로 싼 간편한 것이었지만 1970년 오사카 만국 박람회를 계기로 철도를 이용한 개인 여행이 유행했다. 각지에서 나는 재료와 향토 요리, 관광지 등을 주제로 한 향토색 짙은 에키벤이 속속 등장하여 인기를 끌었다.

도시락은 그 도시락에 적합한 상황이 세트가 되어야 더욱 맛있게 느껴지는 법이다. 그런 까닭에 그 지역에서 먹는 에키벤은 여행의 즐거움 중 하나가 되었고 지금도 그 인기는 계속되고 있다. 그리고 그릇이나 식자재에서 그 지역을 느낄 수 있는 것도 에키벤의 매력이라고 할 수 있다.

에키벤은 ① 편의점 도시락에 비해 비싼 편이다. 유통기한이 짧아서 폐기율도 높으므로 그만큼 들어가는 폐기 처분 가격이 더해지고, 철도만의 판매 가격 규제, 국산 식자재 사용 등의 이유 때문이다. 그렇다면 왜 비싼데도 에키벤의 인기가 뜨거운 것일까? 그 고장의 특산품을 사용한 에키벤을 차내에서 먹으면 역시 각별하게 여행하는 느낌을 불러일으킬 수 있다. 가족끼리 돗토리에 여행했을 때 뚜껑을 열면 넘쳐흐르는 게에 가족끼리 환호성을 질렀던 '게 초밥', 사회초년생이 되어 상경할 때 '몸조심해.'라며 부모님이 들려주신 점심밥 '도우게노가마메시(군마현 요코가와역에서 파는 솥밥)'. 에키벤은 각 지역의 특산품을 맛볼 수 있는 동시에 그것을 누구와 어디에서 어떤 상황에서 먹었는지 먹은 사람의 추억도 한층 더 깊게 만들어 준다. (중략)

또한 ② 꽃놀이, 온 가족이 함께하는 운동회, 특별한 때의 도시락은 색채가 풍부하고 흰밥이 보이지 않을 정도로 반찬이 많으면 흥이 난다. ③ 이 시각 효과는 에키벤에도 활용되는 것으로 보인다. 어느 조사에 따르면 에키벤 대회 출품 100종류 중 흰쌀밥이 보인 것은 고작 한 종류뿐이었다고 한다. 흰쌀밥이 '일상'인 것에 반해 푸짐한 반찬 때문에 밥이 보이지 않는 도시락은 '일상적이지 않다는' 심리이다. 이 일상적이지 않은 설렘은 흰쌀밥이 보이지 않을 만큼 반찬이 푸짐한 것부터 시작된다고 말할 수 있는 듯하다.

출장지 사업가의 배와 마음을 채워주는 에키벤은 시간이 흘러 식어도 맛이 좋도록 공을 들였다. 출장지 호텔에 밤늦게 도착하여 외식하기도 귀찮고 평소 먹는 편의점 도시락도 맛이 없다는 바쁜 사업가에게는 지역 특산품을 사용한 식어도 맛있는 에키벤이 배도 마음도 제대로 채워주는 것 같다.

여행은 일상적이지 않은 것 그 자체이다. 그것을 에키벤을 통해 맛보고 싶은 심리가 에키벤의 인기를 뜨겁게 하는 것일지도 모른다. 진짜 차내에서 먹는 에키벤이 아니라 백화점 지하 등에서 열리는 에키벤 대회가 인기인 것도 수긍이 간다. 에키벤은 확실히 더 여행의 추억을 깊게 해줄 것이라고 깊이 생각한다.

59 ① 편의점 도시락에 비해 비싼 편이다라고 했는데, 그 이유에 해당하지 않는 것은 어느 것인가?

1 도시락 가격을 자유롭게 설정할 수 없는 점
2 맛있게 먹을 수 있는 기간이 짧은 점
3 철도역이나 열차 안에서밖에 먹을 수 없는 점
4 일본에서 생산된 재료로 만들어지는 점

60 ② 꽃놀이, 온 가족이 함께하는 운동회, 특별한 때의 도시락이라고 했는데, 무엇을 나타내고 있는가?

1 일상적이지 않은 점
2 여행하는 느낌
3 긴장감
4 만족감

61 ③ 이 시각 효과라고 했는데 무엇을 가리키는가?

1 색깔이 있는 밥이 많이 있는 것
2 흰밥이 푸짐할 것
3 반찬 위에 밥이 많이 올려져 있을 것
4 다양한 반찬이 많이 있는 것

62 필자의 생각에 맞는 것은 어떤 것인가?

1 에키벤은 식은 것보다 따뜻한 것이 인기가 있다.
2 출장을 가면 그 지역의 도시락을 맛보아야 한다.
3 에키벤에는 여행이 갖는 일상적이지 않은 느낌이 있어 즐겁다.
4 에키벤은 관광지에서 먹는 음식보다도 깊은 추억이 된다.

문제11

A

배심원 제도는 국민이 형사 재판에 참여해 피고인의 유·무죄를 비롯해 형량도 정하는 재판 제도를 말한다. 2009년 5월부터 도입되어 지금까지 많은 사건이 배심원 재판에서 재판받았다. 배심원 재판은 직접 국민이 사법 제도에 참여함으로써 일반적인 감각에서 벗어난 판결을 막을 수 있다는 이점이 있다. 그동안 국민과 사법부가 분리되어 있다는 비판이 있었지만, 이 문제의 개선을 기대할 수 있을 것이다. 다만 재판 준비에 시간이 걸려 판결까지의 시간이 늘어난다는 비판도 있다.

B

배심원 제도는 국민의 관심이 높은 중대 사범에 대해 판사와 배심원으로 구성된 합의체에 의해 재판이 이루어진다. 배심원이 된 국민은 형사 재판에 참여해 피고인의 유·무죄를 판단한다. 배심원 제도의 도입으로, 국민이 알기 쉬운 재판이 실현될 것으로 기대되고 있다.

배심원 재판에서 후보자가 된 경우 원칙적으로 사퇴는 인정되지 않는다. 그러나 사건과 이해관계가 있거나 일과 돌봄·학교 등을 이유로 사퇴가 인정되는 사람은 호출이 취소된다. 실제로 운용해 나가면 사퇴율의 높이가 문제가 되고 있다. 사퇴율을 낮추기 위해서, 특히 직장에서의 이해를 촉진하는 대책 등도 필요하다고 생각되고 있다.

63 A와 B의 인식에서 공통적인 것은 어떤 것인가?

1 일반 국민의 사법 제도 참여는 바람직하다.
2 배심원의 의견은 일반 감각에서 벗어난 경우가 많다.
3 제도 도입으로 신속한 재판이 가능해졌다.
4 배심원의 참여로 재판을 더 이해하기 어려워졌다.

64 배심원 제도의 과제에 대해 A와 B는 어떻게 말하고 있는가?

1 A도 B도 배심원 후보자 사퇴율을 낮추는 대책이 필요하다고 말했다.
2 A도 B도 국민의 사법 참여는 기대만큼 성과가 없다고 평가한다.
3 A는 재판 준비에 시간이 걸린다고 말했고, B는 사퇴율을 낮춰야 한다고 말했다.
4 A는 신속한 재판이 실현되지 않는다고 말했고, B는 배심원 자격을 강화해야 한다고 말했다.

문제12

수면제는 매우 잘 처방되는 치료제 중 하나이다. 병원에서 처방받는 수면제를 복용하는 환자는 성인 스무 명 중 한 명. 수면제를 의지하는 환자는 너무 많아서 다른 약은 먹는 것을 잊어도 수면제만큼은 매일 밤 확실히 복용하는 사람이 적지 않다. '수면제가 없으면 잠잘 수 없다' '남은 약이 줄어드는 것만으로도 걱정된다'와 같이 이야기하는 사람도 있다.

그런데 이렇게 걱정이 많은 환자 중에도 사실은 자기 힘만으로 잠자는 사람이 꽤 있다. 예를 들면, 지금까지 복용하고 있던 수면제를 진짜 약(주1)과 외관상 구별이 되지 않는 속임약(주2)으로 몰래 바꾸어 놓아도 본인이 눈치채지 못한 채 그 이전과 마찬가지로 잠잘 수 있는 환자가 상당수 있는 것이 임상 연구 등에서 나타났다. 즉 불면증에 시달리기 시작할 당시에는 수면제가 필요해도 어느 정도 기간 복용해서 불면증이 나으면 자력으로 잠잘 수 있게 되는 것이다. 반대로 '수면제를 복용하면 잠이 오는 것 같으니 시험 삼아 수면제를 감량, 중지해보자'라고 말하면 망설이는 환자가 압도적으로 많고 실제로 조심조심 도전해 보면 조금만 줄여도 ① 포기해 버리는 경우가 종종 생긴다.

수면제 임상 시험에서는 환자를 ② 두 그룹으로 나누어 진짜 약과 속임약 중 하나를 본인도 모르게 복용하게 한다. 진짜 약의 효과가 속임약의 효과를 능가하는지 알아보기 위해서이다. 그러면 속임약을 복용한 환자라도 상당한 비율로 불면증이 개선된다. 이른바 플라세보 효과라고 불리는 현상이다. 플라세보 효과의 메커니즘은 복잡하지만 '치료받고 있다'라는 안도감이 자가 치유 능력을 높인다고 여겨진다.

우리가 치료제에 의해 병이 나을 때는 '약리작용'에 더해 이 '③ 플라세보 효과'를 이용한다. 플라세보 효과는 크든 작든 모든 치료제에서 인정된다. 수많은 치료제 중에서도 특히 수면제는 이 효과가 무척 크다고 알려져 있다.

수면제 중에는 갑자기 약을 줄이거나 중지하면 금단증상(주3)이 생기는 것이 있다. 그래서 환자가 주치의와 상의하지 않고 자기 판단으로 수면제를 중단하면 위험하다. 그런데 앞서 '조금만 줄여도 잠이 오지 않는 환자' 등과 같이 이미 불면증이 나았고, 또 금단증상이 생기지 않도록 조심스럽게 약을 줄여도 실패하는 때가 있다. 수면제의 심리적 효과에 지나치게 의존하고 자신의 수면 능력을 과소평가하여 '수면제 없이는 잠들 리가 없다'라고 단정하는 탓이다.

수면제를 잘 사용하는 요점은 약은 자신의 수면 능력이 회복될 때까지의 '도우미'라고 생각하여 과도하게 의존하지 말고 시기를 보며 적절한 방법으로 약을 줄이게 도전하는 것을 복용 시작 때부터 의식하는 것이다.

(주1) 진짜 약: 진짜 약. 실제로 효과가 있는 것으로 확인된 약.

(주2) 속임약: 가짜 약. 플라세보

(주3) 금단증상: 만성중독자가 갑자기 그 섭취를 중단하면 일으키는 정신적, 신체적 증상

65 ① 포기해 버리는이라고 했는데 말투의 예로 가까운 것은 어떤 것인가?

1 약은 안 먹어도 괜찮았어요.

2 걱정할 정도는 아니었습니다.

3 역시 전혀 잠을 못 잤습니다!

4 푹 잘 수 있게 되었습니다.

66 ② 두 그룹에 대한 설명으로 맞는 것은 어떤 것인가?

1 A: 기존 수면제를 사용하는 그룹, B: 신약 수면제를 사용하는 그룹

2 A: 진짜 약을 복용하는 그룹, B: 가짜 약을 복용하는 그룹

3 A: 플라세보 효과를 학습한 그룹, B: 플라세보 효과를 학습하지 않은 그룹

4 A: 불면증이 개선된 그룹, B: 불면증이 개선되지 않은 그룹

67 ③ 플라세보 효과와 바꿔 말할 수 있는 것은 어느 것인가?

1 치유 능력

2 금단증상

3 투약 효과

4 심리 작용

68 이 글에서 필자가 하고 싶은 말은 무엇인가?

1 수면제는 가급적 사용을 자제하는 편이 좋다.

2 수면제를 먹을 때는 플라세보 효과를 최대한 활용해야 한다.

3 수면제는 안전성이 높은 것을 복용해야 한다.

4 수면제는 증상이 개선될 때까지 보조적인 것으로 봐야 한다.

문제13

69 히가시야마시에 있는 도자이 대학교 유학생인 해리 씨와 앨리스 씨는 다음 주 일요일 박물관을 견학하고 나서 구슬 만들기 체험과 토기 만들기 체험에 참여하고자 한다. 해리 씨는 구슬을 한 개, 앨리스 씨는 세 개 만들 생각이다. 두 사람이 내는 체험의 이용요금은 어떻게 되는가?

1 해리 씨 500엔, 앨리스 씨 700엔

2 해리 씨 1,000엔, 앨리스 씨 1,000엔

3 해리 씨 1,000엔, 앨리스 씨 1,400엔

4 해리 씨 1,400엔, 앨리스 씨 1,400엔

70 스즈키 씨는 부인, 초등학교 3학년 어린이 가족 세 명이 10월 18일 청동거울 만들기 체험교실에 참여하고자 한다. 신청 방법으로 맞는 것은 어떤 것인가?

1 10월 11일 신청하고 10월 18일 체험센터로 간다.

2 9월 11일 신청하고 10월 18일 체험센터로 간다.

3 10월 18일 당일 체험센터 안내데스크로 간다.

4 체험 센터 체험 코스에 신청할 수 없다.

고대 생활을 체험하자

히가시야마 시립 고대 박물관에서는, 소수를 대상으로 하는 고대의 불 피우기 체험 등 네 가지 체험을 수시로 진행하고 있습니다. 이번 기회에 꼭 고대 박물관에 오시는 겸 고대 체험도 즐기지 않겠습니까?

① 예약

체험 희망일 일주일 이상 전에 고대박물관 체험센터로 체험 희망일, 시간, 체험 내용을 문의하신 후 예약을 진행해 주세요.

② 체험 당일

a. 박물관 견학

먼저 히가시야마 시립 고대 박물관에 내관하여 박물관을 견학합니다.

※ 고대 박물관 접수처에서 체험 내용을 알려주세요. 참가비가 필요한 체험은 참가비를 내 주시기 바랍니다.

b. 고대 체험

고대 체험은 박물관 옆에 있는 체험센터에서 진행합니다.

※ 체험은 고대 박물관을 견학하신 분에 한합니다. 견학과 이동 시간을 포함한 시간 설정을 해주세요.

※ 모든 체험은 체험자 한 명부터 대응합니다.

※ 체험은 일주일 이상 전에 예약해 주세요. 단, 청동거울 만들기는 준비 등의 사정으로 한 달 이상 전에 예약해 주십시오.

체험 메뉴	참가비	대상·시간
① 고대 불 피우기 체험	무료	대상: 초등학생 이상 소요 시간: 40분 정도
② 구슬 만들기 체험	1개 200엔~(1명 3개까지)	대상 : 초등학생 이상 소요 시간 : 60분 정도 (인원수, 개수에 따라 변동됩니다.)
③ 토기 만들기 체험	1개 800엔	대상 : 초등학생 이상 소요 시간: 2시간 정도
④ 청동거울 만들기 체험	1장 5,000엔	대상 : 초등학교 5학년 이상 소요 시간: 약 5~6시간 개최 시간 : 10시~16시경 (점심시간 포함)

※ ①②③ 체험은 초등학교 3학년 이하는 보호자 동반이 필요합니다.

※ ②③④ 체험은 초등학생 이하에 한해 반액입니다.

히가시야마 시립 고대 박물관 체험센터

전화 012-345-5678 접수 시간(개관 시간) 오전 8시30분~오후 5시

월요일 휴관(공휴일의 경우 그다음 날), 공휴일 다음 날, 연말연시, 그 밖에 임시 개관, 휴관이 있습니다.

2교시 청해

문제1

예

大学で女の学生と男の学生が話しています。男の学生はこれから何をしなければなりませんか。

F　山田君。今度の新入生歓迎会のことなんだけど、参加者の名簿、私にも送ってくれないかな。

M　了解。ちなみに予約してた店のキャパからすると、もう少し入りそうなんだけど、卒業した先輩たちにも声かけてみる？

F　あれ？ お店、貸し切りだっけ？

M　いや？ でもあそこ、いつもほぼそんな状態じゃん？

F　念のためお店に言っといた方がいいんじゃない？

M　そうだね。このあとすぐ連絡してみるよ。

F　うん。そしたら先輩たちには私から連絡してみるね。出欠の連絡は山田君宛に行くようにするから、悪いんだけど名簿の修正もお願いできる？

M　うん、わかった。

男の学生はこれから何をしなければなりませんか。

대학에서 여학생과 남학생이 이야기하고 있습니다. 남학생은 이제 무엇을 해야 합니까?

F　야마다, 이번 신입생 환영회 말인데, 참가자 명단 나한테도 보내줄래?

M　알겠어, 그리고 예약했던 가게 규모로 봐서는 조금 더 들어갈 것 같은데 졸업한 선배들도 부를까?

F　어? 가게 대절이었나?

M　아니? 그런데 거기는 늘 그런 상태지 않아?

F　혹시 모르니까 가게에 말해두는 게 낫지 않을까?

M　그래, 이따가 바로 연락해볼게.

F　응, 그러면 선배들에게는 내가 연락해볼게. 출결 연락은 야마다 앞으로 가도록 할 테니까 미안하지만, 명단 수정도 부탁할 수 있어?

M　응, 알았어.

남학생은 이제 무엇을 해야 합니까?

1　참가자 명단 송부

2　졸업생에게 연락하기

3　가게에 전화하기

4　참가자 명단 수정

1

電話で女の人がレンタルドレス店のスタッフと話しています。女の人はこのあとまず、何をしますか。

F　あのう、先日お借りしたドレスなんですが、食事中汚れがついてしまいまして…。大変申し訳ないのですが、クリーニングに出してから返却させていただきますので、レンタル期間を延長することは可能でしょうか。

M　さようでございますか。どのような汚れでしょうか。

F　赤ワインをこぼしてしまいまして…。

M　赤ワインのシミですね。シミになったところはお客様の方で何か処置をされましたか。

F　いいえ、そのままにしてあるんですが。

전화로 여자가 대여 드레스 가게 직원과 이야기하고 있습니다. 여자는 이후에 먼저 무엇을 합니까?

F　저기, 저번에 빌린 드레스 말인데 식사 중에 얼룩이 묻어서요. 대단히 죄송하지만, 클리닝을 맡기고 나서 반납할 테니 대여 기간을 연장할 수 있을까요?

M　그렇습니까? 어떤 얼룩이신가요?

F　레드와인을 쏟아서요.

M　레드와인 얼룩이군요. 얼룩진 곳은 고객님 쪽에서 뭔가 조처를 하셨나요?

F　아니요, 그대로 두었는데요.

M　生地を傷めてしまう可能性がありますので、処置はけっこうです。恐れ入りますが、できるだけ早くお持ちいただくことは可能でしょうか。その後の対処はこちらで行いますので。

F　お手数おかけします。あのう、追加料金はかかるのでしょうか。

M　そうですね。汚れの状態次第かと。いったん現物を見て確認いたしますので、必要な際は別途お伝えいたします。

F　わかりました。ありがとうございます。

女の人はこのあとまず、何をしますか。

M　원단 손상 가능성이 있으니 조치는 안 하셔도 됩니다. 죄송하지만 될 수 있는 대로 빨리 가져다 주실 수 있을까요? 그 후 대처는 저희가 하겠습니다.

F　번거롭게 해드리네요. 혹시 추가 요금이 붙나요?

M　글쎄요, 오염 상태에 따라 다를 듯합니다. 일단 물건을 보고 확인할 테니 필요시 따로 말씀드리겠습니다.

F　알겠습니다. 감사합니다.

여자는 이후에 먼저 무엇을 합니까?

1　드레스를 세탁소에 맡긴다.

2　더러워진 부분을 가볍게 씻는다.

3　드레스를 반납하러 간다.

4　추가 요금을 지불한다.

2

会社で男の人と部長が話しています。男の人はマニュアルに何を追加しますか。

M　部長、防災マニュアルの見直しの件なんですが、修正が必要な部分は一通り終わりましたので、一度ご確認いただけますか。

F　もうできたの？ 相変わらず仕事が早いね。

M　ありがとうございます。最近、社員の入れ替わりもあったので、緊急連絡網と災害時における各任務の責任者情報をアップデートしておきました。それから、防災グッズのチェックリストもあった方がいいかなと思ったんですが。

F　そうね、あるに越したことはないけど、それは総務部の方で定期的に確認してるから大丈夫かな。

M　わかりました。

F　災害時の行動だけど、イラストを追加したことでかなりわかりやすくなったわね。それから、この間の会議で水害時の対応についても追加することになったと思うんだけど…。

M　あ、水害時の対応ですね。こちらをご参照ください。

F　うん。ここもよくまとまってるわね。あと、今思いついたんだけど、何かあった時に家族や友人とも安否確認がすぐ取れるように、災害用伝言板のＱＲコードを追加するのはどうかな。

회사에서 남자와 부장이 이야기하고 있습니다. 남자는 매뉴얼에 무엇을 추가합니까?

M　부장님, 재난 대응 매뉴얼의 재검토 건 말인데 수정이 필요한 부분은 얼추 끝났으므로 한번 확인해 주시겠습니까?

F　벌써 됐어? 여전히 일이 빠르네.

M　감사합니다. 최근 직원 교체도 있었으므로 긴급 연락망과 재해 시 각 임무의 책임자 정보를 업데이트해 두었습니다. 그리고 재난 물품의 체크 리스트도 있는 것이 좋겠다고 생각합니다.

F　글쎄, 있는 게 가장 좋긴 한데 그건 총무부 쪽에서 정기적으로 확인하니까 괜찮지 않을까.

M　알겠습니다.

F　재해 시의 행동 말인데 삽화를 추가하면서 이해하기 꽤 쉬워졌어. 그리고 지난번 회의에서 수해가 났을 때의 대응도 추가하기로 한 것 같은데.

M　아, 수해 시 대응이요. 이쪽을 참조해 주세요.

F　응, 여기도 잘 정리되어 있네. 그리고 지금 생각났는데, 무슨 일이 있을 때 가족이나 친구와도 안부 확인을 바로 할 수 있도록 재해용 안부 게시판 QR코드를 추가하는 것은 어떨까.

M　確かに災害時は電話がなかなか繋がらないことも多いので、重宝しそうですね。わかりました。

男の人はマニュアルに何を追加しますか。

M　확실히 재해 시에는 전화가 좀처럼 연결되지 않는 경우도 많아서 편리할 것 같네요. 알겠습니다.

남자는 매뉴얼에 무엇을 추가합니까?

1　재난 대응 물품 체크리스트

2　재해 시 행동에 관한 삽화

3　수해 시 대응

4　재해용 안부 게시판 QR코드

3

大学の事務室で女の学生と職員が話しています。女の学生はこのあとまず、何をしなければなりませんか。

F　すみません。来年の春から一年間休学を考えているんですが、どのような手続きを行えばいいんでしょうか。

M　そうですか。ではまず、休学の理由を伺ってもいいでしょうか。

F　はい。海外に語学留学に行く予定なんですが。

M　その場合ですと、こちらの用紙に記載されている書類をすべて提出していただくことになります。

F　休学願、学習計画書、留学先の受入許可書の３点ですね。それから、ここに面談の予約とあるんですが…。

M　あ、学科の教授と面談していただき、承認を得る必要があるんですよ。ゼミに所属しているのであれば、指導教授で大丈夫です。

F　そうなんですか。うちの教授、外部での講義や執筆活動などでなかなか捕まらないことが多いので、すぐにでも面談の予約をとった方がよさそうですね。

M　面談の予約なんですが、必要書類の提出後からとなりますので、スケジュールに余裕を持って手続きを行ってください。

F　わかりました。

M　ちなみに留学先からの受入許可書はすでに入手済みでしょうか。

F　いえ、行きたい学校は決めたんですが、手続きはこれからなんです。

대학 사무실에서 여학생과 직원이 이야기하고 있습니다. 여학생은 이후에 먼저 무엇을 해야 합니까?

F　죄송합니다. 내년 봄부터 1년간 휴학을 생각하고 있는데 어떤 절차를 밟아야 할까요?

M　그렇군요. 그럼, 먼저 휴학 이유를 여쭤봐도 될까요?

F　네, 해외로 어학 유학할 예정인데요.

M　그 경우라면, 이 용지에 기재되어 있는 서류를 모두 제출해 주셔야 합니다.

F　휴학원, 학습계획서, 유학처 수용허가서 세 가지군요. 그리고 여기 면담 예약이라고 쓰여 있는데.

M　아, 학과 교수님과 면담하고 승인받아야 하거든요. 세미나에 소속되어 있다면 지도 교수님도 괜찮습니다.

F　그렇군요. 저희 교수님, 외부 강의나 집필 활동 등으로 좀처럼 뵙지 못할 때가 많으니 바로 면담 예약을 잡는 것이 좋겠네요.

M　면담 예약 말인데 필요한 서류를 제출하고 난 후에 가능하므로 일정에 여유를 가지고 절차를 진행해 주십시오.

F　알겠습니다.

M　이와 관련해서 유학처로부터 수입 허가서는 이미 받으셨나요?

F　아니요, 가고 싶은 학교는 정했는데 절차는 이제부터 하려고요.

M　私の経験上、そこに手間がかかる学生が一番多かったので、最優先で準備した方がいいかもしれませんね。それから、奨学金の手続きも必要でしょうか。

F　奨学金についてはさっき担当職員の方から説明していただいたので大丈夫です。

M　わかりました。

女の学生はこのあとまず、何をしなければなりませんか。

M　제 경험상 그 일에 품이 드는 학생이 가장 많았으므로 최우선으로 준비하는 편이 좋을지도 모르겠네요. 그리고 장학금 절차도 필요한가요?

F　장학금에 관해서는 아까 담당 직원분께서 설명해 주셨으므로 괜찮습니다.

M　알겠습니다.

여학생은 이후에 먼저 무엇을 해야 합니까?

1　휴학원 제출
2　교수와의 면담 예약
3　어학교 신청
4　장학금 절차

4

修学旅行のバスの中で先生が生徒に話しています。生徒は旅館に着いたあと、まず何をしますか。

F　皆さん、もうすぐ旅館に到着します。みんなお腹空いたでしょう？ 着いたらすぐ夕食の時間にしましょう。旅館の方がおいしい食事を用意して待っていてくださってるので、楽しみにしていてくださいね。旅館に着いたらグループごとに部屋の鍵を渡しますので、各自荷物を受け取った上で、全員そろって先生のところに来てください。あ、それから夕食の時に今日一日の感想を簡単に発表してもらいますので、あらかじめ考えておいてくださいね。

生徒は旅館に着いたあと、まず何をしますか。

수학여행 버스 안에서 선생님이 학생에게 이야기하고 있습니다. 학생은 여관에 도착한 후 먼저 무엇을 합니까?

F　여러분, 곧 여관에 도착합니다. 다들 배고프지요? 도착하면 바로 저녁을 먹겠습니다. 여관에서 맛있는 식사를 준비하고 기다리고 있으므로 기대하십시오. 여관에 도착하면 그룹별로 방 열쇠를 줄 테니 각자 짐을 받은 후에 모두 모여 선생님께 와 주십시오. 아, 그리고 저녁 식사 때 오늘 하루의 소감을 간단하게 발표해야 하니 미리 생각해 두세요.

학생은 여관에 도착한 후 먼저 무엇을 합니까?

1　저녁밥을 먹는다.
2　방 열쇠를 받는다.
3　자기 짐을 받는다.
4　하루 감상을 정리한다.

5

会社で男の人と女の人が話しています。男の人はこれからまず、何をしなければなりませんか。

M　給湯室のコーヒーマシンなんだけど、故障しちゃったみたいで。

F　え？ 電源コード抜いて、もう一度入れなおしてみた？

회사에서 남자와 여자가 이야기하고 있습니다. 남자는 이제 무엇을 먼저 해야 합니까?

M　탕비실 커피머신 말인데, 고장 났나 봐.

F　뭐? 전원 코드 빼고 다시 끼워 봤어?

M　うん。給水タンクも確認したし、カプセルもちゃんと装着されたけど、電源ボタンがずっと点滅してて動かないんだよね。これを機に買い換えるしかないかな。

F　そういえばこの前、総務課の森さん、業者に問い合わせしてなかったっけ？

M　それは初耳だけど。買い換えの件？

F　いや、その前に原因がわかったら何とかなるかもって。ちょっと森さんに聞いてみたら？

M　そうだね。

男の人はこれからまず、何をしなければなりませんか。

M　응, 급수 탱크도 확인했고 캡슐도 잘 장착됐는데 전원 버튼이 계속 깜빡거리면서 작동이 안 되더라고. 이걸 계기로 새로 바꾸는 수밖에 없지 않을까.

F　그러고 보니 요전에 총무과 모리 씨, 업체에 문의하지 않았었나?

M　그 이야기는 못 들었는데. 새로 사는 건으로?

F　아니, 그전에 원인을 알면 어떻게든 되지 않겠냐고 했는데. 모리 씨한테 좀 물어보는 게 어때?

M　그래.

남자는 이제 먼저 무엇을 해야 합니까?

1　전원 코드를 다시 끼워 본다.

2　새 커피머신을 구입한다.

3　업자에게 물어본다.

4　총무과에 간다.

문제2

예

家で夫婦が食事をしながら話しています。女の人が米粉を使い始めた一番の理由は何ですか。

M　あれ？ この天ぷら、いつもと何か違う気がするんだけど…。

F　わかる？ 天ぷら揚げる時の粉を米粉にしてみたんだ。小麦粉よりも油を吸収しにくいみたいで、ヘルシーだし触感もさくさくしておいしいって聞いて。

M　なるほどね。たしかにおいしいよ。

F　米粉はお米で作られてるでしょ？ 日本のお米の自給率がほぼ100％だから、小麦粉みたいに海外情勢の影響で価格が高騰するなんて心配もないし、家計にも優しいのよ。

M　そうだね。それに、最近は小麦アレルギーの人も増えてるみたいだから、そういう人たちも安心して食べられるよね。

F　本当、こんなにメリットばかりなのに、どうして今まで知らなかったんだろう。実はこの前テレビで日本人のお米離れが進んでるっていう特集を見てね。それでものすごい危機感を感じちゃって…。

집에서 부부가 식사하면서 이야기하고 있습니다. 여자가 쌀가루를 사용하기 시작한 가장 큰 이유는 무엇입니까?

M　어? 이 튀김 평소랑 뭔가 다른 것 같은데….

F　알아챘어? 튀김 튀길 때 가루를 쌀가루로 해봤어. 밀가루보다 기름을 잘 흡수하지 않는 듯해서 건강에 좋고, 촉감도 바삭바삭하니 맛있다고 해서.

M　그렇구나. 확실히 맛있네.

F　쌀가루는 쌀로 만들어졌잖아. 일본 내 쌀 자급률이 거의 100%니까 밀가루처럼 해외 정세의 영향으로 가격이 급등할까 봐 걱정할 필요도 없으니까 가계에도 좋아.

M　그렇네. 게다가 요즘은 밀 알레르기가 있는 사람도 느는 것 같던데 그런 사람도 안심하고 먹을 수 있겠네.

F　정말, 이렇게 장점만 있는데 왜 여태껏 몰랐을까. 실은 얼마 전 텔레비전에서 일본인의 쌀 섭취량이 갈수록 준다는 특집을 봤어. 그래서 굉장히 위기감을 느꼈지 뭐야.

私も何かせずにはいられなかったのよ。
女の人が米粉を使い始めた一番の理由は何ですか。

나도 뭐라도 해야 할 것 같았어.
여자가 쌀가루를 사용하기 시작한 가장 큰 이유는 무엇입니까?

---

1 기름 흡수율이 낮은 점
2 저렴한 가격으로 살 수 있는 점
3 알레르기 증상 걱정이 없는 점
4 쌀 소비 확대에 공헌하는 점

1

企画会議で女の人と男の人が新商品のプロモーションについて話しています。女の人は今回の戦略の一番の狙いは何だと言っていますか。

F 今度新発売するメンズ向けのフェイスクリームなんだけど、今回はちょっと趣向を変えて、人気の動画クリエイターに宣伝してもらうのはどうかな。

M あ～ 最近、そういうの流行ってるよね。

F うん。プロモーション動画の制作コストの削減にも繋がるし、動画クリエイターのファンの人たちにも見てもらえるし。

M 誰か考えてる人はいるの？

F うん。えーっとね、この人なんだけど…。

M うわ、めちゃくちゃイケメンじゃん。本当は仕事を口実に会いたいだけじゃないの？

F 誤解しないでよ。このチャンネル、登録者が50万人くらいなんだけど、美容に関心のある若い男性の視聴者が多いんだよね。今回の商品のターゲット層と一致してるから、かなりの宣伝効果が見込めるんじゃないかなあと思って。だから推してるの！

M そんなに全力で否定しなくても。さっきのは冗談だよ。そしたらいったん、これで進めてみようか。他の会社に外注するよりもいろいろ融通が利きそうだしね。

女の人は今回の戦略の一番の狙いは何だと言っていますか。

기획 회의에서 여자와 남자가 신상품 프로모션에 대해 이야기하고 있습니다. 여자는 이번 전략의 가장 큰 목적이 뭐라고 하나요?

F 이번에 새로 출시하는 남성용 페이스 크림인데, 이번에는 취향을 좀 바꿔서 인기 있는 동영상 크리에이터에게 홍보해달라는 것은 어떨까?

M 아, 요즘 그런 거 유행이지.

F 응, 프로모션 영상 제작비 절감도 되고 영상 크리에이터 팬분들도 볼 수 있고.

M 누구 생각하는 사람 있어?

F 응. 음, 이 사람인데….

M 우와, 너무 잘생겼잖아. 사실은 일을 핑계로 만나고 싶은 것 아니야?

F 오해하지 마. 이 채널 구독자가 50만 명 정도인데 미용에 관심 있는 젊은 남자 시청자가 많거든. 이번 상품의 대상층과 일치하니까 상당한 홍보 효과가 있지 않을까 해서. 그래서 추천하는 거야.

M 그렇게 열심히 부정하지 않아도. 아까 건 농담이야. 그러면 일단 이걸로 진행해볼까? 다른 회사에 외주를 주는 것보다 여러 가지 융통성이 있을 것 같고.

여자는 이번 전략의 가장 큰 목적이 뭐라고 하나요?

---

1 동영상 제작 비용 절감
2 상품 대상층에 대한 확실한 접근
3 인기 동영상 크리에이터와의 거래
4 임기응변 대응이 가능한 점

2

ラジオで男の人が話しています。男の人はミニマリストになって感じた意外なメリットは何だと言っていますか。意外なメリットです。

M ここ数年で「ミニマリスト」という言葉を頻繁に耳にするようになりました。ミニマリストとは「最低限の物だけを持って生活する人」のことを指すんですが、実は僕も去年からそんな生活を心がけているんです。以前は服を買うのが趣味だったんですが、そのうち服を収納するスペースが足りなくなってしまい、始めたことがきっかけでした。すっきりした部屋を見た時の快感は、もう言葉にはできないくらい。それからはもう、家で過ごす時間が楽しみで、仕事を早く片づけて、まっすぐ家に帰るようになりました。今までは何となく家に帰りたくなくて、同僚や友人としょっちゅう飲み歩いてたんですが、その分のお金が浮いて余裕ができたのは、思いがけない効果でしたね。今は心にも懐にも余裕ができて、充実した毎日を過ごしています。

男の人はミニマリストになって感じた意外なメリットは何だと言っていますか。

라디오에서 남자가 이야기하고 있습니다. 남자는 미니멀리스트가 되면서 느낀 의외의 장점이 뭐라고 하나요? 의외의 장점입니다.

M 최근 몇 년 사이에 '미니멀리스트'라는 말을 자주 듣게 되었습니다. 미니멀리스트란 '최소한의 물건만 가지고 생활하는 사람'을 말하는데, 사실 저도 작년부터 그런 생활에 관심이 있습니다. 예전에는 옷을 사는 게 취미였지만 어느새 옷을 수납할 공간이 부족하게 되어 시작한 것이 계기였습니다. 깔끔해진 방을 보았을 때의 쾌감은 이제 말로 표현할 수 없을 정도입니다. 그 후로는 이제 집에서 보내는 시간이 기대되어 일을 빨리 끝내고 곧장 집으로 돌아가게 되었습니다. 지금까지는 왠지 집에 가고 싶지 않아서 동료나 친구와 자주 술을 마시며 돌아다녔는데, 그만큼의 돈이 남아서 여유로워진 것은 뜻밖의 효과였습니다. 지금은 마음에도 지갑에도 여유가 생겨서 알찬 나날을 보내고 있습니다.

남자는 미니멀리스트가 되면서 느낀 의외의 장점이 뭐라고 하나요?

1 집 수납공간이 늘어난 점

2 야근하지 않게 된 점

3 사교비 절약으로 이어진 점

4 마음에 여유를 가질 수 있게 된 점

3

テレビでアナウンサーと映画館の館長が話しています。館長は映画館が復活した一番の要因は何だと言っていますか。

M 今日は地元の方々に愛されている町の映画館、「谷町キネマ」の佐藤社長にお話を伺います。一時は廃業寸前だったとのことですが、どのように立て直されたのでしょうか。

텔레비전에서 아나운서와 영화관 관장이 이야기하고 있습니다. 관장은 영화관이 부활한 가장 큰 요인은 무엇이라고 하나요?

M 오늘은 지역 사람들에게 사랑받는 마을 영화관, '다니마치 키네마'의 사토 사장님에게 이야기를 들어보겠습니다. 한때는 폐업 직전이었다고 하는데 어떻게 다시 일으켰나요?

F　この映画館は父の代から運営しているのですが、時代の流れと共に客足が遠のいていました。大手の映画館と差別化を図るために、ヒット作の上映期間を伸ばしたり、コアなファンの多い独立映画を中心にしたラインナップに変えたりしたのですが、これが裏目に出てしまって。本気で何とかしなきゃと思ったのはそこからですね。もう一度原点に立ち返ってみることにしました。

M　原点と言いますと？

F　父が映画館を始めたのは、ここが町の人たちが集まり、交流できる場所になってほしいという思いからでした。その思いを受け継いで、映画の上映に限らず、文化施設としても幅広く使っていただけるように、改装を行いました。今では地域コミュニティのイベントの場や、展示会スペースなど、様々な用途にご活用いただいています。

M　なるほど。お父様の思いがヒントになったというわけですね。

館長は映画館が復活した一番の要因は何だと言っていますか。

F　이 영화관은 아버지 대부터 운영하고 있는데, 시대의 흐름에 따라 손님의 발길이 뜸해졌습니다. 대형 영화관과 차별화를 꾀하기 위해 히트작 상영 기간을 늘리거나 핵심 팬이 많은 독립영화 위주의 라인업으로 바꿨는데 이것이 역효과를 낳았지요. 진심으로 뭐라도 해야겠다고 생각한 것은 그때부터네요. 다시 원점으로 돌아가 보기로 했습니다.

M　원점이라고 하면요?

F　아버지가 영화관을 시작한 것은 이곳이 동네 사람들이 모여 교류할 수 있는 장소가 되었으면 하는 생각에서였습니다. 그 생각을 이어받아 영화 상영뿐만 아니라 문화시설로도 폭넓게 사용할 수 있도록 리모델링을 했습니다. 지금은 지역 커뮤니티 행사장이나 전시회 공간 등 다양한 용도로 활용되고 있습니다.

M　그렇군요. 아버님의 생각이 힌트가 되었다는 말씀이시군요.

관장은 영화관이 부활한 가장 큰 요인은 무엇이라고 하나요?

1　히트작의 상영 기간을 연장한 것
2　독립영화 상영을 핵심으로 한 것
3　아버지의 조언을 참고한 것
4　지역주민 교류의 장을 마련한 것

4

会社で男の人と女の人が話しています。男の人はどのような理由からオーディオブックを利用し始めましたか。男の人です。

M　あれ？ 伊藤さんもオーディオブック利用してるの？

F　うん。もう半年くらいになるかな。移動中とか家事をしながらでも読書が楽しめるから、重宝してるの。

M　わかる。僕もよく運転しながら聞いてるよ。あと、倍速再生の機能があるじゃん？時間がない時はすごく助かってるんだ。

F　へえ、機能があるのは知ってたけど、私はまだ使ったことないな。

회사에서 남자와 여자가 이야기하고 있습니다. 남자는 어떤 이유로 오디오북을 이용하기 시작했나요? 남자입니다.

M　어? 이토 씨도 오디오북 이용해?

F　응, 벌써 반년 정도 되었으려나. 이동 중이거나 집안일을 하면서도 독서를 즐길 수 있어서 편리해.

M　알지, 나도 운전하면서 자주 들어. 또 배속 재생 기능이 있잖아? 시간이 없을 때는 도움이 많이 돼.

F　와, 기능이 있는 건 알았는데 나는 아직 사용해 본 적이 없네.

M　実を言うと、僕、読書が苦手なタイプだったんだ。学生の時に課題でどうしても本を一冊読まなきゃいけなくて、その時にたまたまオーディオブックがあるのを見つけてね。試しに聞いてみたらはまっちゃって。音楽感覚で聞けるのが合ってたみたい。

F　なるほどね。朗読してくれる声優さんたちもみんないい声してるしね。

男の人はどのような理由からオーディオブックを利用し始めましたか。

M　사실 내가 독서를 잘 못 하는 타입이었어. 학생 때 과제 때문에 어떻게든 책을 한 권 읽어야 해서 그때 우연히 오디오북이 있는 걸 발견했어. 시험 삼아 듣다 보니 빠져 버려서. 음악 감각으로 들을 수 있는 게 잘 맞았나 봐.

F　그렇구나. 낭독해 주는 성우분들도 다 목소리가 좋으니까.

남자는 어떤 이유로 오디오북을 이용하기 시작했습니까?

1　다른 일을 하면서 독서를 할 수 있어서

2　배속 재생 기능이 있어서

3　책을 읽는 것을 좋아하지 않았기 때문에

4　낭독 소리가 마음이 편해서

5

新聞記者が町役場の職員にインタビューしています。町役場の職員はどんな人を採用したいと話していますか。

F　現在、町おこしのための新しいスタッフを募集中とのことですが、具体的にどのような人材を求めていらっしゃるのでしょうか。

M　えーと、そうですね。よく勘違いされやすいのが、この町のPRポイントを熟知していなければならないということなんですが、そもそも魅力というのは、他との比較によって生じたり、感じるものだと思うんですよ。ですから、極端な話、この町の魅力は住みながらたくさん見つけてもらえたらいいんです。それよりも大事なのは、ここが素晴らしい、ここをPRすべきだというポイントを察知できる力。そのためには県外、できれば都市部で生活したことがある方に来ていただきたいですね。海外に住んだことがあるという方も大歓迎です。

F　最近はインバウンド需要も高まってきていますし、外国語でのアピール力も必要ですよね。

신문기자가 지방 자치 단체 직원을 인터뷰하고 있습니다. 지방 자치 단체 직원은 어떤 사람을 채용하고 싶다고 이야기하고 있습니까?

F　현재 지역 활성화를 위한 새 직원을 모집 중이라고 하는데 구체적으로 어떤 인재를 구하고 계시는가요?

M　음, 그렇네요. 흔히 착각하기 쉬운 게 이 동네 홍보 포인트를 숙지하고 있어야 한다는 건데 원래 매력이라는 게 다른 사람들과의 비교를 통해서 생기거나 느끼는 거로 생각하거든요. 그래서 극단적인 얘기, 이 동네의 매력은 살면서 많이 찾으셨으면 좋겠어요. 그것보다 중요한 것은, 여기가 훌륭하다, 여기를 알려야 한다는 포인트를 알아차리는 힘. 그러기 위해서는 현 외, 가능하면 도시 지역에서 생활한 적이 있는 분이 와 주셨으면 합니다. 해외에 살아보신 분도 대환영입니다.

F　최근에는 외국인의 방일 여행 수요도 높아지고 있으므로 외국어로 어필하는 능력도 필요하겠네요.

M　そうですね～ それもできる方ならベストですが、まずは国内向けにと思ってますので、必ずしも必要というわけではありません。

F　では、国内向けのアピール力という点から、ＳＮＳを活用した情報発信のスキルはどの程度必要だとお考えでしょうか。

M　まったく利用したことがないという方は厳しいですが、その分野に詳しいスタッフを別途採用する予定ですので、あまり難しく考えないでいただきたいと思っています。

町役場の職員はどんな人を採用したいと話していますか。

M　그렇죠, 그것도 가능하신 분이라면 아주 좋겠지만 우선 국내용으로 생각하고 있어서 꼭 필요한 것은 아닙니다.

F　그럼 국내용 어필력이라는 점에서 SNS를 활용한 정보 발신 기술은 어느 정도 필요하다고 생각하시나요?

M　전혀 이용해본 적이 없다는 분들은 어렵지만, 그 분야에 정통한 스태프를 따로 채용할 예정이니 너무 어렵게 생각하지 않으셨으면 좋겠습니다.

지방 자치 단체 직원은 어떤 사람을 채용하고 싶다고 이야기하고 있습니까?

1　마을의 매력을 충분히 이해하는 사람　　2　현 외에 거주한 경험이 있는 사람

3　외국어에 능통한 사람　　4　많은 사람에게 발신할 수 있는 창구(SNS)를 가진 사람

6

テレビで女の人が家事代行サービスについて話しています。女の人は家事代行サービスを利用して一番良かったことは何だと言っていますか。

F　家事代行サービスを利用してもう１年ほど経つんですが、うちではなく、離れて暮らす両親の家に行ってもらってるんです。掃除や洗濯はもちろんのこと、オプションで買い物もお願いしているんですが、特に母は足が不自由なのでとても助かっているようです。スタッフの方ともとても気が合うようで、今日はこんな話をしたとか、一日の報告をしてくれるようになったんです。私も両親も連絡をマメにするタイプではなかったんですが、こうして会話のきっかけができたことが何よりもうれしいですね。

女の人は家事代行サービスを利用して一番良かったことは何だと言っていますか。

텔레비전에서 여자가 집안일 대행 서비스에 관해 이야기하고 있습니다. 여자는 가사 대행 서비스를 이용해서 가장 좋았던 점은 무엇이라고 하나요?

F　집안일 대행 서비스를 이용한 지 벌써 1년 정도 지났는데, 우리 집이 아니라 떨어져 생활하는 부모님 집에 가주시고 있습니다. 청소나 빨래는 물론이거니와 옵션으로 쇼핑도 요청했는데, 특히 어머니는 다리가 불편한지라 도움이 많이 되는 것 같습니다. 스태프 분과도 마음이 잘 맞는 듯 오늘은 이런 이야기를 했다든가 같은 하루 보고를 해주게 되었습니다. 저도 부모님도 연락을 귀찮아하는 편은 아니지만 이렇게 대화의 계기가 생긴 게 무엇보다도 기쁘네요.

여자는 집안일 대행 서비스를 이용해서 가장 좋았던 점은 무엇이라고 하나요?

1　일을 잘하고 전문적인 점　　2　집안일 대행의 업무 범위가 다양한 점

3　스태프와 부모님의 합이 잘 맞는 점　　4　부모와 자식 간에 의사소통이 활발해진 점

문제3

예

大学職員が学生たちに話しています。

M　現在、うちの大学では新学期から新たに入学する留学生の大学生活や学習、研究を手助けするチューターを募集しています。国際交流に関心のある大学２年以上の学部生、または大学院生であればどなたでも応募可能です。ただし、休学中の学生は対象から外れますので、今後そのような予定がある学生は注意してください。関心のある学生は今から配布する用紙に必要事項を記入の上、来週の金曜日までに学生課の窓口に提出するようにしてください。

대학 직원이 학생들에게 이야기하고 있습니다.

M　현재 우리 대학에서는 신학기부터 새로 입학하는 유학생의 대학 생활과 학습, 연구를 도와줄 튜터를 모집하는 중입니다. 국제 교류에 관심이 있는 대학 2학년 이상의 학부생, 또는 대학원생이라면 누구나 응모할 수 있습니다. 단, 휴학 중인 학생은 대상에서 제외되므로 앞으로 그런 예정이 있는 학생은 주의하시기 바랍니다. 관심 있는 학생은 지금부터 배부하는 용지에 필요 사항을 기재해서 다음 주 금요일까지 학생과 창구로 제출해 주시기 바랍니다.

大学職員は何について話していますか。

1　交換留学生の募集内容について
2　チューターの募集内容について
3　休学の手続きについて
4　留学生の特徴について

대학 직원은 무엇에 대해 이야기하고 있습니까?

1　교환학생 모집 내용에 대하여
2　튜터 모집 내용에 대해서
3　휴학 절차에 대하여
4　유학생의 특징에 대하여

1

テレビでアナウンサーの男の人がガラスメーカーの職員にインタビューしています。

M　５０年前のデザインを復刻したグラスが人気を集めているそうですね。

F　大変ありがたいことに、特に若い世代の女性の方々にご好評いただいております。ただ、企画段階では、こんな古臭い商品をいまさら販売したところで売れるわけがないと、会社の上層部からかなり反対されましてね。トレンド調査の結果や最近のレトロブームを利用したマーケティング戦略案を基に、約１年かけて何とか上層部を説得しました。それからテスト販売を経て、正式に全国展開へとこぎつけたという感じですね。

텔레비전에서 아나운서 남자가 유리 제조업체 직원과 인터뷰하고 있습니다.

M　50년 전 디자인을 복각한 유리가 인기를 끌고 있다는군요.

F　대단히 감사하게도 특히 젊은 세대의 여성분들에게 호평받고 있습니다. 다만 기획 단계에서는 이런 케케묵은 상품을 인제 와서 판매해 봤자 팔릴 리 없다고 회사 윗선에서 상당히 반대했습니다. 트렌드 조사 결과와 최근 레트로 열풍을 이용한 마케팅 전략안을 바탕으로 약 1년에 걸쳐 어떻게든 윗선을 설득했습니다. 그리고 테스트 판매를 거쳐 정식으로 전국에서 팔게 되었네요.

ガラスメーカーの職員は何について話していますか。

1 レトロブームのきっかけ
2 商品がヒットした理由
3 会社の体制に対する不満
4 企画が通るまでの苦労話

유리 제조업체의 여자는 무엇에 대해 이야기하고 있습니까?

1 레트로 붐의 계기
2 상품이 히트한 이유
3 회사 체제에 대한 불만
4 기획이 통과되기까지의 고생담

2

会社の会議で女の人が話しています。

F 最近、様々な企業が食品ロスを減らすための取り組みを行っていますが、うちの会社でも社員食堂での食べ残しを減らすために、何か対策をとるべきではないでしょうか。具体的にどのようなことができるかを考えてみたんですが、まずは現在のビュッフェスタイルを廃止するべきだと思います。豊富な種類の中から食べたい料理を好きなだけ取って食べられるのはメリットでもありますが、栄養が偏りがちになりますし、あまり人気のないメニューは食品ロスに直結すると思います。ビュッフェの代わりに、日替わりで数種類の定食メニューを出すようにすれば、食品ロスの減少だけでなく、栄養バランスの取れた食事メニューで社員の健康も守ることができ、一石二鳥ではないでしょうか。

회사 회의에서 여자가 이야기하고 있습니다.

F 최근 다양한 기업이 식품 낭비를 줄이려고 노력하는데 우리 회사에서도 구내식당에서의 남은 음식을 줄이기 위해 뭔가 대책을 마련해야 하지 않을까요. 구체적으로 어떤 것을 할 수 있을지 생각해봤는데 우선은 현재의 뷔페 스타일을 폐지해야 할 것 같아요. 풍부한 종류 중에서 먹고 싶은 요리를 원하는 만큼 덜어 먹을 수 있는 것은 장점이지만 영양이 치우치기 쉬우며 인기가 별로 없는 메뉴는 식품 낭비와 직결된다고 생각합니다. 뷔페 대신 매일 여러 종류의 정식 메뉴를 내놓으면 식품 낭비 감소뿐만 아니라 영양 균형이 잡힌 식사 메뉴로 직원의 건강도 지킬 수 있으니 일석이조이지 않을까요?

女の人は何を提案していますか。

1 社員食堂の廃止
2 ビュッフェメニューの変更
3 社員の健康を守るための取り組み
4 食品ロスを減らすためのアイデア

여자는 무엇을 제안하고 있습니까?

1 구내식당 폐지
2 뷔페 메뉴 변경
3 사원의 건강을 지키기 위한 대처
4 식품 낭비를 줄이기 위한 아이디어

3

テレビで女のアナウンサーが男の人にインタビューしています。

F 最近新しい働き方として、ワークとバケーションを組み合わせたワーケーションという形が徐々に浸透してきていますが、今日は実際に長野でワーケーションを体験している林さんにお話を伺いたいと思います。

텔레비전에서 여자 아나운서가 남자를 인터뷰하고 있습니다.

F 최근 새로운 일하는 방식으로써 워크(일)와 베케이션(휴가)를 조합한 워케이션이라는 형태가 서서히 퍼지고 있는데 오늘은 실제로 나가노에서 워케이션을 체험하고 있는 하야시 씨에게 이야기를 들어보려고 합니다.

M　今回、会社での勤務スタイルが完全に在宅ワークに変わったのをきっかけに、休暇も兼ねてワーケーションをしてみたいと思い、長野にやってきました。

F　実際にワーケーションをしてみて、いかがでしたか。

M　何と言っても、自然豊かな環境の中で、リフレッシュしながら仕事ができるのがメリットですね。東京では一日中オフィスに缶詰めで、うまく気分転換ができないことも多く、作業効率がよくなかったのですが、長野に来てからは、メリハリのある生活を送ることができています。

F　それは大きな変化ですね。

M　はい。それに地域や自治体の方々も様々なサポートをしてくださっているので、とても居心地よく暮らしています。

F　例えばどのようなことが印象的だったんですか。

M　畑で採れた野菜をおすそ分けしてくださったり、この前は地域のお祭りにも呼んでいただいて。そうした人の温かさに触れる機会が多くて、ありがたいですね。また、今の住まいは自治体で準備してくださった家なんですが、仕事に必要なネットワーク環境もしっかり整っていますし、東京の住まいよりもずっと広くて解放感があり、とても気に入っています。

男の人は何について話していますか。

1　ワーケーションの意味
2　効率的な仕事の仕方
3　ワーケーションの魅力
4　田舎生活の素晴らしさ

M　이번에 회사 근무 스타일이 완전히 재택근무로 바뀐 것을 계기로 휴가도 겸해서 워케이션을 해 보고 싶어서 나가노에 왔습니다.

F　실제로 워케이션을 해보니 어떠셨나요?

M　뭐니 뭐니 해도 자연이 풍요로운 환경 속에서 재충전하면서 일할 수 있는 것이 장점이네요. 도쿄에서는 온종일 사무실에 갇혀서 기분 전환을 잘할 수 없는 경우도 많아 작업 효율이 높지 않았지만, 나가노에 와서는 탄력 있는 생활을 할 수 있습니다.

F　그건 큰 변화네요.

M　네, 게다가 지역이나 지자체 분들도 다양한 지원을 해주시니 아주 편안하게 생활하고 있습니다.

F　예를 들면 어떤 것이 인상적이었나요?

M　밭에서 채취한 채소를 나눠주시고 요전에는 지역 축제에도 불러주시고요. 그렇게 사람들의 따뜻한 마음을 접할 기회가 많아서 감사하지요. 또 지금의 거주지는 지자체에서 준비해 주신 집인데, 일에 필요한 네트워크 환경도 잘 갖추어져 있고, 도쿄의 거주지보다 훨씬 넓고 해방감이 있어 아주 마음에 듭니다.

남자는 무엇에 대해 이야기하고 있습니까?

1　워케이션의 의미
2　효율적인 업무 방법
3　워케이션의 매력
4　시골 생활의 훌륭함

4

留学生向けの就職説明会で、企業の人事担当者が話しています。

M　弊社では近年、外国人留学生の方々の採用に力を入れています。単なる少子高齢化による人材不足という理由ではなく、優秀な皆さんに入社していただくことで、企業の国際競争力を高め、組織を成長させていきたいという狙いがあります。また、皆さんにとっても、海外事務所が複数あるため、日本でビジネスの基礎を学んだあと、ゆくゆくは母国や他の海外拠点で働くというキャリアプランも選択可能です。皆さんの先輩方も多数入社されていますので、ぜひ関心を持っていただけたらと思います。

유학생을 위한 취업 설명회에서 기업 인사 담당자가 이야기하고 있습니다.

M　당사에서는 최근, 외국인 유학생의 채용에 힘쓰고 있습니다. 단순한 저출생 고령화로 인한 인재 부족이라는 이유가 아니라 우수한 분들을 입사하게 하여 기업의 국제 경쟁력을 높이고 조직을 성장시키려는 의도입니다. 또, 여러분도 해외 사무소가 여러 개 있으므로 일본에서 사업의 기초를 배운 후, 언젠가는 모국이나 다른 해외 지점에서 일한다는 커리어 플랜도 선택할 수 있습니다. 여러분의 선배도 많이 입사했으니까 관심을 꼭 가져주시면 좋겠습니다.

人事担当者は何について話していますか。

1　留学生採用による双方のメリット
2　少子高齢化による影響
3　会社の事業内容
4　留学生の採用状況

인사 담당자는 무엇에 관해 이야기하고 있습니까?

1　유학생 채용에 의한 쌍방의 이점
2　저출생 고령화에 의한 영향
3　회사의 사업 내용
4　유학생 채용 상황

5

テレビでアナウンサーが話しています。

M　今年の４月から森下市では一部区間で市内バスの自動運転が実用化されることになりました。森下市では人手不足の解消などを目的に、３年前から自動運転の実証実験を行っていて、安全輸送に十分な実績が得られたとして、４月からの実用化を決定しました。自動運転では、バスの底にあるセンサーが、路面に整備された磁気マーカーを読み取りながら走行します。自動運転中も運転士が乗務して安全管理を行い、自動運転以外の区間では手動運転に切り替えます。実用化を前に来月１日からの三日間、試乗会が行われるとのことです

텔레비전에서 아나운서가 이야기하고 있습니다.

M　올해 4월부터 모리시타시에서는 일부 구간에서 시내버스 자율주행이 실용화되었습니다. 모리시타시에서는 인력 부족 해소 등을 목적으로 3년 전부터 자율주행 실험을 진행하고 있어 안전 수송에 충분한 실적을 얻었다며 4월부터 실용화를 결정했습니다. 자율주행에서는 버스 바닥에 있는 센서가 노면에 정비된 자기 표지를 읽으며 주행합니다. 자율주행 중에도 기사가 탑승하여 안전 관리를 하고 자율주행 이외 구간에서는 수동 운전으로 전환합니다. 실용화를 앞두고 다음 달 1일부터 사흘간 시승회가 진행된다고 합니다.

アナウンサーは何について話していますか。

1　試乗会のお知らせ
2　自動運転の安全性
3　自動運転の仕組み
4　自動運転の実用化

아나운서는 무엇에 대해 이야기하고 있습니까?

1　시승회 알림
2　자율주행의 안전성
3　자율주행의 구조
4　자율주행의 실용화

문제4

예

M この料理、田舎ならではの新鮮な野菜がふんだんに使われてるね。

F 1 本当。こんなにおいしいの、初めて。

2 うん。田舎ではなかなか手に入らないよね。

3 田舎に行けばもっと新鮮な野菜が食べられるね。

M 이 요리 시골 특유의 신선한 채소가 풍성하게 쓰이네.

F 1 진짜 이렇게 맛있는 거 처음이야.

2 응. 시골에선 구하기 쉽지 않지.

3 시골에 가면 더 신선한 채소를 먹을 수 있겠네.

1

F 今度の飲み会、絶対参加しないといけないってわけじゃないみたいだよ。

M 1 そっかあ。やっぱり全員参加かあ。

2 絶対に参加しないの？

3 え？ 行かなくてもいいってこと？

F 이번 회식에 꼭 참석해야 하는 건 아닌 것 같아.

M 1 그렇구나. 역시 전원 참가인가.

2 절대 참여 안 해?

3 어? 안 가도 된다는 거야?

2

F あれ？ なくしたって騒いでた資料、ここにあるじゃないですか。

M 1 やっぱりそこにもないですか。

2 え？ 本当ですか。

3 確かにそこにあったはずなんですが。

F 어? 잃어버렸다고 난리 친 자료, 여기 있잖아요.

M 1 역시 거기에도 없어요?

2 네? 정말요?

3 분명히 거기에 있었을 텐데요.

3

F こんなにおいしいなんて、一時間並んで待った甲斐あったね。

M 1 本当、一時間なんてあり得ないよね。

2 うん。待ってよかったよ。

3 ええ？そんなに並ぶの？

F 이렇게 맛있다니 한 시간 줄을 서서 기다린 보람이 있었네.

M 1 정말 한 시간이라니 말도 안 돼.

2 응. 기다리길 잘했어.

3 응? 그렇게 줄을 서?

4

M 今回の仕事、新人の山田さんには荷が重すぎるんじゃないでしょうか。

F 1 そう？ 山田さんはやる気満々だったけど。

2 荷物、そんなに重くないと思うけど。

3 本当、山田さんのおかげだね。

M 이번 일, 신인인 야마다 씨에게는 너무 벅차지 않을까요?

F 1 그래? 야마다 씨는 의욕이 넘치던데.

2 짐, 그렇게 무겁지 않은 것 같은데.

3 정말 야마다 씨 덕분이네.

5

M　このレストラン、味もさることながら接客も一流ですね。

F　1　確かに味はいまひとつですね。

2　今度の会食でもぜひ利用したいですね。

3　はい、ちょっと期待しすぎてたのかもしれません。

M　이 레스토랑, 맛만큼이나 접객도 일류입니다.

F　1　확실히 맛은 조금 떨어지네요.

2　다음 회식에서도 꼭 이용하고 싶어요.

3　네, 좀 기대를 너무 많이 했는지도 모르겠습니다.

6

M　今回の件は起こるべくして起こった事故だと思います。

F　1　そうならないうちに対策を講じるべきでしたね。

2　予想もしてなかった事故で、びっくりしましたよ。

3　え？ 誰がそんなに怒ったんですか。

M　이번 건은 일어날 만해서 일어난 사고라고 생각해요.

F　1　그렇게 되기 전에 대책을 마련했어야 했어요.

2　예상치 못한 사고로 깜짝 놀랐습니다.

3　뭐? 누가 그렇게 화를 냈어요?

7

F　佐藤さんとはまだ知り合って間もないけど、気が置けない間柄なんだ。

M　1　そっか、まだ知り合ったばかりだもんね。

2　そんなに難しい人なの？

3　いい友達ができてよかったね。

F　사토 씨와는 아직 알게 된 지 얼마 되지 않았지만 허물없는 사이야.

M　1　그렇구나, 아직 알게 된 지 얼마 안 되었는걸.

2　그렇게 어려운 사람이야?

3　좋은 친구가 생겨서 잘되었네.

8

M　伊藤さん、さっきそこで泣き出さんばかりの顔してたけど、何かあったのかな。

F　1　え？ 伊藤さん泣いてたの？

2　伊藤さんっていつも泣いてばかりだよね。

3　ええ、それは心配だね。

M　이토 씨, 아까 거기서 울 것 같은 얼굴이던데 무슨 일 있었나?

F　1　어? 이토 씨 울고 있었어?

2　이토 씨는 항상 울기만 해.

3　음, 걱정이네.

9

F　これくらいの熱なら病院に行くまでもないですよ。

M　1　そっか。一人で行けるんだね。

2　一応行っといた方がいいんじゃない？

3　病院に行く暇もないの？

F　이 정도의 열이라면 병원에 갈 것까지는 없어요.

M　1　그렇구나. 혼자 갈 수 있구나.

2　일단 가보는 편이 낫지 않아?

3　병원에 갈 틈도 없어?

10

M　今回の契約は大野さんの努力あっての結果ですね。

F　1　いえいえ、部長のご指導のおかげです。

2　次回は必ず契約を取りたいと思います。

3　努力したんですが、残念です。

M　이번 계약은 오노 씨의 노력이 있기에 가능한 결과네요.

F　1　아니에요, 부장님의 지도 덕분이에요.

2　다음번에는 꼭 계약을 따고 싶습니다.

3　노력했는데 아쉽습니다.

11

F あなたがしたことは、社会人としてあるまじき行為ですよ。

M 1 自分の行動が正しかったようで何よりです。

2 大変申し訳ございません。深く反省しております。

3 よかったです。ようやく社会人らしくなれました。

F 당신이 한 일은 사회인으로서 있을 수 없는 행위예요.

M 1 제 행동이 옳았다니 다행입니다.

2 대단히 죄송합니다. 깊이 반성하고 있습니다.

3 다행입니다. 이제야 사회인다워졌어요.

문제5

1

会社で上司と社員二人が話しています。

F1 最近、社会的にメンタルヘルスケアの重要性が叫ばれてるけど、うちの会社でも何か取り組みを行おうということになってね。今度の会議で各部署から一つずつ案を持ち寄ることになったんだけど、何かいいアイデアないかな。

M そうですね。この前、ストレスチェックがありましたけど、あれって回答率何パーセントくらいだったんでしょう。ストレスチェックって、自分のストレスがどのくらいなのか客観的に知れるので、回答率を上げるだけでも効果があるんじゃないでしょうか。

F1 うーん、それはそうなんだけど、うちの会社はけっこう回答率が高くて、毎回９５%以上なのよ。

F2 へぇ、みんなちゃんと回答してるんですね。その結果を基に、上司との面談を増やすのはどうでしょう。せっかくチェックしてもやりっぱなしで、結果をあまり活かせてない気がするんですよね。

F1 それは私も同感だな。チェック結果は本人とリーダーにも共有されるんだけど、そのあとの対応は各部署でまちまちなのよね。

M 僕は職場での悩みは上司よりも、例えばカウンセラーの方みたいに、外部の人の方が話しやすいってとこがあるんですよね。産業医とまではいかなくても、気軽に話を聞いてもらえるカウンセラーの方がいたら助かるなぁと思います。

회사에서 상사와 직원 두 명이 이야기하고 있습니다.

F1 요즘 사회적으로 정신 건강 관리의 중요성이 제기되고 있는데 우리 회사에서도 뭔가 대응을 마련하려고 해서 다음 회의 때 각 부서에서 하나씩 안을 가지고 모이기로 했는데 무슨 좋은 아이디어 없을까?

M 그러게요. 요전에 스트레스 검사를 했는데, 그거 응답률이 몇 퍼센트 정도였을까요? 스트레스 검사는 자기 스트레스가 어느 정도인지 객관적으로 알 수 있으니까 응답률을 높이는 것만으로도 효과가 있지 않을까요?

F1 음, 그건 그런데 우리 회사는 응답률이 꽤 높아서 매번 95% 이상이야.

F2 와, 다들 제대로 응답하고 있군요. 그 결과를 바탕으로 상사와의 면담을 늘리는 것은 어떨까요? 이왕 검사했는데 방치하니까 그 결과를 별로 활용하지 못하는 것 같아요.

F1 그건 나도 동감이야. 검사 결과는 본인과 팀장에게 공유되는데 그 후 대응은 부서마다 제각각이니까.

M 저는 직장에서의 고민은 상사보다도, 예를 들어, 상담사분처럼 외부인이 이야기하기 쉽거든요. 산업의는 아니더라도 부담 없이 이야기를 들어줄 수 있는 상담사가 있으면 도움이 될 것 같아요.

F1 확실히 전문가 있으면 안심이지.

F2 저, 전문성이라는 관점에서 잠깐 생각했는데, 부하의 정신 건강 관리 방법에 관한 지식을 익힐 수 있도록 팀장 연수로 교육받는 것은 어떨까요? 사실 얼마 전 후배가 일 문제로 상담했는데 뭔가 뻔한 얘기밖에 못 했거든요.

F1 確かに専門家がいると安心よね。

F2 あのう、専門性という観点からちょっと思ったんですが、部下のメンタルヘルスのケアの仕方について知識を身につけられるよう、リーダー研修で教育してもらうというのはどうでしょうか。実はこの前、後輩に仕事の相談をされたんですが、何だかありきたりのことしか言えなくて…。

F1 そうね。面談の回数だけ増やしても、肝心の中身が伴ってなかったら時間ももったいないし、いい考えだと思う。専門家を置くのもいいと思うんだけど、人件費のこともあるし、ちょっと時間がかかりそうかな。まずはさっきの案、提案してみるよ。

F1 맞아, 면담 횟수만 늘려도 중요한 실속이 없으면 시간도 아까우니까 좋은 생각이라고 생각해. 전문가를 두는 편도 좋겠지만 인건비 문제도 있어서 시간이 걸릴 것 같고. 우선 방금 말한 안을 제안해 볼게.

上司は今度の会議でどんな提案をすることにしましたか。

1 ストレスチェックの回答率を上げる
2 上司との面談回数を増やす
3 カウンセラーを雇用する
4 研修内容にメンタルヘルスケアの項目を追加する

상사는 이번 회의에서 어떤 제안을 하기로 했나요?

1 스트레스 체크 응답률을 올린다.
2 상사와의 면담 횟수를 늘린다.
3 상담사를 고용한다.
4 연수 내용에 정신 건강 관리 항목을 추가한다.

2

テレビのニュースを聞いて、男の人と女の人が話しています。

F1 生まれた故郷や応援したい自治体に寄付ができる「ふるさと納税」。ふるさと納税をすると、その地域の特産品などがお礼品としてもらえることもあり、納税者の数は年々増加傾向にあります。本日は全国の自治体のお礼品の中から、人気の物を４つご紹介したいと思います。まず一つ目は、北海道青山町から１万５千円以上の寄付でもらえる海鮮セット。続いて二つ目は熊本県黒山町から５千円以上の寄付でもらえる黒毛和牛のハンバーグ。三つ目は山形県桃山町から７千円以上の寄付でもらえる、旬の果物を詰め合わせたフルーツバスケット。そして四つ目は群馬県緑山町から１万円以上の寄付でもらえるクラフトビール２４缶セットです。

텔레비전 뉴스를 듣고 남자와 여자가 이야기하고 있습니다.

F1 태어난 고향이나 응원하고 싶은 지자체에 기부할 수 있는 '고향 납세'. '고향 납세'를 하면 그 지역의 특산품 등을 답례품으로 받기도 해서 납세자의 수는 해마다 증가하는 중입니다. 오늘은 전국 지자체의 답례품 중에서 인기 있는 물건을 네 가지 소개해 드리도록 하겠습니다. 우선 첫 번째는 홋카이도 아오야마초에서 1만 5천 엔 이상을 기부하면 받을 수 있는 해산물 세트. 이어서 두 번째는 구마모토현 구로야마초에서 5천 엔 이상을 기부하면 받을 수 있는 구로게와규 햄버그스테이크. 세 번째는 야마가타현 모모야마초에서 7천 엔 이상을 기부하면 받을 수 있는 제철 과일을 모은 과일 바구니. 그리고 네 번째는 군마현 미도리야마초에서 1만 엔 이상을 기부하면 받을 수 있는 수제 맥주 24캔 세트입니다.

M ふるさと納税かぁ。前からちょっと興味あったんだよね。この中だったらどこの自治体に寄付したい？ 君の故郷も紹介されてたね。

F2 そうなの。びっくりしちゃった。でもフルーツバスケットか。毎年実家から旬のもの送ってもらってるしね。お礼品だけ見たら、私は海鮮セットがいいな。新鮮な海産物をうちにいながら食べられることなんてなかなかないからね。

M そうだね。僕も肉よりは魚派だからそれ気になってたよ。でも寄付金にしてはちょっと高いかな。金額と品物を考慮したら、僕はクラフトビールかな。最近、アルコール価格、値上がりしたしね。

F2 確かに、還元率はビールが一番かもね。長持ちするし。

M そしたら試しに今度、そこに寄付してみようか。

F2 うーん。ふるさと納税の利用には私も賛成なんだけど、本音を言うとやっぱり自分の故郷に寄付したいかな。お礼品がどうとかは関係なくね。

M 고향 납세? 예전부터 관심이 좀 있었는데. 이 중에서라면 어느 지자체에 기부하고 싶어? 네 고향도 소개되었네.

F2 맞아. 깜짝 놀랐어. 그런데 과일 바구니라니. 매년 본가에서 제철 과일을 보내주니까. 답례품만 보면 나는 해물 세트가 좋아. 신선한 해산물을 집에 있으면서 먹을 수 있는 일은 별로 없으니까.

M 맞아. 나도 고기보다는 생선을 더 좋아하니까 그거 궁금했어. 근데 기부금치고는 좀 비싼 느낌이라서. 금액과 물건을 고려하면 나는 수제 맥주? 요즘 술 가격도 올랐으니까.

F2 확실히, 맥주가 제일 이득일지도 몰라. 오래 가고.

M 그러면 시험 삼아 다음에 거기 기부해볼까?

F2 아니, 고향 납세 이용에는 나도 찬성하지만, 본심을 말하자면 역시 내 고향에 기부하고 싶어. 답례품이 어떤 건지는 상관없고 말이야.

質問1 男の人はどの自治体に納税したいですか。

1 一つ目
2 二つ目
3 三つ目
4 四つ目

질문1 남자는 어느 지자체에 납세하고 싶습니까?

1 첫 번째
2 두 번째
3 세 번째
4 네 번째

質問2 女の人はどの自治体に納税したいですか。

1 一つ目
2 二つ目
3 三つ目
4 四つ目

질문2 여자는 어느 지자체에 납세하고 싶습니까?

1 첫 번째
2 두 번째
3 세 번째
4 네 번째

✂

N１ ｜ 模擬テスト　言語知識(文字・語彙・文法)・読解　解答用紙

受 験 番 号 Examinee Registration Number	

名 前 Name	

< ちゅうい Notes >

1. くろいえんぴつ（ＨＢ、Ｎｏ.２）でかいてください。
   Use a black medium soft (HB or No.2) pencil.
2. かきなおすときは、けしゴムできれいにけしてください。
   Erase any unintended marks completely.
3. きたなくしたり、おったりしないでください。
   Do not soil or bend this sheet.
4. マークれい　Marking examples

よい Correct	わるい Incorrect
●	⊘ ◒ ◯ ◎ ⦶ ◍

問 題 1				
1	①	②	③	④
2	①	②	③	④
3	①	②	③	④
4	①	②	③	④
5	①	②	③	④
6	①	②	③	④
問 題 2				
7	①	②	③	④
8	①	②	③	④
9	①	②	③	④
10	①	②	③	④
11	①	②	③	④
12	①	②	③	④
13	①	②	③	④
問 題 3				
14	①	②	③	④
15	①	②	③	④
16	①	②	③	④
17	①	②	③	④
18	①	②	③	④
19	①	②	③	④
問 題 4				
20	①	②	③	④
21	①	②	③	④
22	①	②	③	④
23	①	②	③	④
24	①	②	③	④
25	①	②	③	④

問 題 5				
26	①	②	③	④
27	①	②	③	④
28	①	②	③	④
29	①	②	③	④
30	①	②	③	④
31	①	②	③	④
32	①	②	③	④
33	①	②	③	④
34	①	②	③	④
35	①	②	③	④
問 題 6				
36	①	②	③	④
37	①	②	③	④
38	①	②	③	④
39	①	②	③	④
40	①	②	③	④
問 題 7				
41	①	②	③	④
42	①	②	③	④
43	①	②	③	④
44	①	②	③	④
45	①	②	③	④
問 題 8				
46	①	②	③	④
47	①	②	③	④
48	①	②	③	④
49	①	②	③	④

問 題 9				
50	①	②	③	④
51	①	②	③	④
52	①	②	③	④
53	①	②	③	④
54	①	②	③	④
55	①	②	③	④
56	①	②	③	④
57	①	②	③	④
58	①	②	③	④
問 題 10				
59	①	②	③	④
60	①	②	③	④
61	①	②	③	④
62	①	②	③	④
問 題 11				
63	①	②	③	④
64	①	②	③	④
問 題 12				
65	①	②	③	④
66	①	②	③	④
67	①	②	③	④
68	①	②	③	④
問 題 13				
69	①	②	③	④
70	①	②	③	④

N1 | 模擬テスト　聴解　解答用紙

受験番号 Examinee Registration Number	

名前 Name	

＜　ちゅうい　Notes　＞

1. くろいえんぴつ（HB、No.2）でかいてください。
   Use a black medium soft (HB or No.2) pencil.
2. かきなおすときは、けしゴムできれいにけしてください。
   Erase any unintended marks completely.
3. きたなくしたり、おったりしないでください。
   Do not soil or bend this sheet.
4. マークれい　Marking examples

よい Correct	わるい Incorrect
●	

問題 1				
例	①	②	●	④
1	①	②	③	④
2	①	②	③	④
3	①	②	③	④
4	①	②	③	④
5	①	②	③	④

問題 2				
例	①	②	③	●
1	①	②	③	④
2	①	②	③	④
3	①	②	③	④
4	①	②	③	④
5	①	②	③	④
6	①	②	③	④

問題 3				
例	①	●	③	④
1	①	②	③	④
2	①	②	③	④
3	①	②	③	④
4	①	②	③	④
5	①	②	③	④

問題 4			
例	●	②	③
1	①	②	③
2	①	②	③
3	①	②	③
4	①	②	③
5	①	②	③
6	①	②	③
7	①	②	③
8	①	②	③
9	①	②	③
10	①	②	③
11	①	②	③

問題 5					
1		①	②	③	④
2	(1)	①	②	③	④
	(2)	①	②	③	④